珊瑚礁の思考

琉球弧から太平洋へ

喜山荘一

藤原書店

珊瑚礁の思考　目次

III　生と死の分離を超えて

本書でたびたび言及される島（地域）と島人

珊瑚礁の思考

——琉球弧から太平洋へ

ヤポネシアというのは、そばの南太平洋周辺にミクロネシアだとか、メラネシア、ポリネシア、インドネシアなどがありますね。われわれは、これまでいつも大陸の方ばかり眺めてきたような気がするんです。地図を見ても、大陸を真中に置くから、日本はもう大陸に振り落とされまいと、はじっこの方にしがみついている形に見える。そういう視点からだけじゃなく、半分は太平洋に面しているんですから、そうした側から日本を見れば、（中略）南太平洋のもう一つの島々のグループだというふうな気がするわけです。

（島尾敏雄「回想の想念・ヤポネシア」）

はじめに　「ネシア」の野生の精神史

文字を持たなかった時代へ

この本では、九州と台湾の間に連なる島々、琉球弧を舞台に、文字を持たなかった時代の島人《シマンチュ》の精神（心）史を辿るという試みが行なわれています。

琉球弧で最初に文字が記録されたのは十五世紀ですから、わたしたちはそれ以前の時代に向かうことになります。しかし、なにしろ「文字以前」なので、文献を当てにすることができません。琉球弧よりはやく文字を使っていた日本や中国の文献を頼みにしたいところですが、琉球に関する記述はかなり限られていますし、そのうえ七世紀より前に遡ることはできないので、時代としても新しすぎることになります。そこで、手がかりになりそうな民俗学や人類学、考古学の知見を大いに活用させてもらうことにしました。

するとどうでしょう。鮮明にというわけにはいかないけれど、思いもしなかった光景が次から次へと立ち現われてくるではないですか。わたしは遠い昔の島人と心を通わせることができる気がして嬉しくなり、夢中になりました。そして現世からはるかに遠ざかってしまうような没頭の後に、今まで見たこともない世界を共有したくなって書いたのが、本書です。

探究にひと区切りをつけて振り返ってみると、それは発見に満ちた冒険のようでした。残された伝承や島人の振る舞いや儀礼の意味が分かりかけると、それが次の謎めいた伝承や振る舞いや儀礼の意味につながっていて、そうした連鎖がどこまでも続いているような感じです。ですから、螺旋をひと回りした感触を持ったところで区切りをつけましたが、ある意味でそれは無理矢理そうしたようなものです。こうして立ち止まってみると、かつての島人は、人間を、この世界を、今のわたしたちとはまるで違うふうに捉えていたことに改めて感じ入ります。

たとえば、かつての島人は、どうやら人間は生まれ変わるものだと考えていたようです。写真家の比嘉康雄は久高島で、「子供は親（祖先）の生まれ変わり（『日本人の魂の原郷』）」と聞き取っていますが、わたしは琉球弧で、これ以外、「再生」に対する言い伝えを耳にしたことはありません。そういう意味では「再生」の伝承はない。にもかかわらず、水に対する信仰や、アマン（ヤドカリ）を祖先としたこと、母系社会の痕跡（第3章）、風葬（第4章）など、「再生」を示唆あるいは暗示する儀礼や所作には、何度も出会います。この気づきを繰り返すうち、「再生」を直接に指示する伝承は残されていないけれど、島人に手渡されている民俗は、「再生」を指しているのを認めないわけにいかないと思えてきました。そしてそうだとしたら、驚くことに、死者に対して今の「祖先崇拝」とは全く異なる態度を採っていたことになるのです。

生まれ変わるということに強くかかわっているのは、「霊力」です。耳馴れない言葉だと思いますが、今のわたしたちと異なる考え方をしていたとすれば、それに添うような言葉で探究していったほうが、かつての島人に接近しやすくなります。とはいっても、「霊力」は全く未知のものごとではなく、それどころか、今のわたしたちも持っているものなのでしょう。

「霊力」とは、文字を持たなかった島人の野生の「心」です。かつて「心」は、今のように個体に封じ込められたものではなく、身体に充満し、溢れ出る流動的なエネルギーのようなものとして捉えられていました。この「流動的なエネルギー」は、言いようがないけれど、それに近しい概念を探すと、「霊力」という言葉に突き当たるので、ここでは「心」の原型であるエネルギーの流動体を「霊力」と呼ぶことにしました。

もうひとつのキーワードは、これは耳にしたことがあるでしょう、「霊魂」です。「霊力」と「霊魂」は、それぞれが独立していて、霊力による思考と霊魂による思考とが、文字を持たなかった島人の考え方の基になっていました。

霊力思考と霊魂思考の編み物

この本は、「野生の精神（心）」史を、霊力の思考と霊魂の思考の編み物として捉えるという方法で書かれています。人間や動植物、自然物、そして自然現象に流動的なエネルギーである「霊力」を感じ、そこに似ているもの同士を見い出してつなげていく霊力思考が全面的だった段階から、やがて、物事のあいだに区別を打ち立てて仕組みを見い出していく霊魂思考が現われ、「霊魂」という巨大な発明を経て、前面化していく過程がここにはあります。

しかし、この方法も探究の過程で気づかれたもので、はじめはただやみくもと言っていい、琉球弧の野生の精神（心）のありように示唆を与える民俗を求めて、琉球弧の島々や本土ヤポネシア、太平洋の島々に当たっていきました。ところが、そうしているうちに、ここにはふたつの異なる思考の型があるのに気づくことがあり、両者は大きな流れとしては霊力思考が全面的なところから、霊魂思考が前面化して優位になるという道筋を辿るけれど、たどり方は一様ではなく、各種族の精神（心）史の特徴は、このふたつの思考の編まれ方の違いとして言うことができるのではないかという考えに導かれました。特に、「霊魂」は、野生の精神（心）観の結晶と言えるので、わたしは、霊魂観をみれば、その種族がどのように霊力思考と霊魂思考を編み、世界観を構成しているのか、見通しを立てることができると考えています（第6章）。

とはいえ、本書で「霊力」と「霊魂」の思考の編み物を充分に展開できたとは言えません。わたしは当初、文字を使用する前の段階に届くであろうキーワード——アマン（第1、2章）、をなり神（第3章）、風葬（第4章）、ニライカナイ［他界］（第5章）、マブイ［霊魂］（第6章）、クチ［呪言］、ユタ［シャーマン］（第7章）、来訪神（第9章）、御嶽《ウタキ》（第10章）——を手がかりにして探っていきました。しかしそれは、ひときわ輝く星を見つけ、その星同士をつなげて星座を見い出したようなもので、見えていない星や、引かれるべき線が、まだたくさんあるはずです。本書で触れられなかった「唄」や「踊り」などは、見い出されるべき主な星と言うべきですが、取り上げたことのなかにも、勘違いを含め、まだ気づかれていないこと、感じ取り切れていないことが、たくさんあるというもどかしさのなかに、今もいます。特に、霊力思考については、思考と呼んでいますが、これは頭で考えるというより、身体で考えると言ったほうがよいものなので、いまのわたしたちには容易に近づけない領域が潜んでいるはずです。このもどかしさを少しでも解消してゆくことは、この先の探究に委ねるしかありません。

琉球弧からヤポネシアへ、太平洋のネシアへ

ここでの探究の対象は、南ヤポネシアの琉球弧ですが、日本語で書かれているのですから、本土ヤポネシアの人々も手にすることがあるでしょうし、またそれを望んでもいます。本土の人で

あれば、ここに出てくる「ニライカナイ」を「根の国」や「常世《とこよ》」に、「御嶽」を「神社」に置き換えれば、本土に対応させながら読むことができるはずです。あるいは人はここに、これまでよく言われてきた「古い日本」の姿を見い出すかもしれません。それは間違っているわけではありませんが、しかし、『古事記』の世界さながらというより、探究の目はそれ以前にも向けられています。

また、この探究を通じて、「古い日本」を見つけやすい構造があるのに気がつきました。たとえば、認知考古学の教えるところによれば、地球の温暖化期に当たる後期旧石器時代から縄文時代前期（とはいっても、それは約二万年前から七〇〇〇～六〇〇〇年前までの長期にわたるのですが）の間に、植物資源への依存が高まり、定住という新しい社会が生み出されました。この温暖化は、琉球弧では珊瑚礁の形成を促し、それが多くの島で現在の形になるのが、六〇〇〇～四〇〇〇年前と言われています。ここで気づかされるのは、琉球弧では、珊瑚礁の形成が島人に定住を促した大きな出来事だったのではないかということです。そう見なすと、本土で定住化が進んだ時期の終わりに踵を接するように、その後に、琉球弧では定住化が進んだと考えられます。そうであれば、定住が生み出した儀礼や習俗等に限ってみても、本土から琉球弧を見れば、古いものが新しく生まれたことになります。もちろん、ここにはそれらがよく保存されたという条件も手伝っていますが、「古い日本」を見い出すことになるひとつの要因は、古いものの新しい出現に依っているのです。

その一方で、「古い日本」と言っても同一というわけではないのは言うまでもありません。たとえば、本土の文化が「山」との関係を抜きに語れないとしたら、琉球弧でそれに当たるのは「海」であり、もう少し細かくみれば、本土の「森」は琉球弧の「珊瑚礁」に対応させることができる等の違いがあるのは当然のことです。

ただ、その違いを踏まえても似ていると感じさせるものがあるとしたら、それは両者の交流や移住という側面以外にも、島という地勢の環境の同一性に依ると考えられます。琉球弧は小さな島々ですが、本土ヤポネシアは、大きな島と小さな島の集まりであり、その意味では、どちらの人々も島人であるには違いありません。そしてそう言うなら、琉球弧と本土ヤポネシアについてだけではなく、太平洋の島々にも同じことが言えます。

というのも、島人の野生の精神（心）に接近するのに、太平洋の島々はたくさんの示唆を与えてくれました。作家の島尾敏雄は六〇年代のはじめに、日本列島をアジア大陸との関係で見るのではなく、太平洋に連なる島々のひとつとして捉えようと、「ヤポネシア」という概念を提起しました（「ヤポネシアの根っこ」）。島尾の提起は控えめなものでしたが、探究を通じて、その視点の意味がリアリティを持って迫ってくる実感がありました。

しかも、示唆の強弱は島の大小にかかわらない。むしろ、探究の道すがら驚いたのは、小さな集落《シマ》や島に、とても重要だと思える神話や習俗が残されていることでした。こんな小さな集落《シマ》（あるいは島）にこんな宝物があるのか。わたしは、島人が口にする、「島は世界であり宇宙」という言葉の奥深さを思い知らされるようでした。ヤポネシアという観方で、島尾さんが大事にしようとしたのは、一つひとつの島が主人公であるということではなかったでしょうか。

当初、琉球弧の島人に向けて書くつもりだったのが、本土ヤポネシアや太平洋のネシアの島人とも共有したいと思うようになったのは、こうした手応えがあるからです。

ざわめきに背中を押されて

文字を持たなかった頃、島人は島を、この世界をどのように感じ、捉えていたのだろう。そこには、いまのわたしたちに手渡されているものもある気がするけれど、気がするだけで本当のところは分からない。しかし、できればかつての島人のように感じてみたい。本書は、そういう欲求に従っています。

思えばもう長いあいだ、そんな欲求を感じ続けてきた気がします。それなのに、いままで取り組む機会がなかったのは、単に、古代より前の島人の気持ちや考えを理解する力量はないということに尽きていて、それだから見果てぬ願望のように、いつか取り組むことリストのなかに残り続けてきました。

それが思いがけず、突然のように始めることになったのはどうしてだったのか。考えてみると、ふたつの契機があります。

ひとつには沖縄県の反対にもかかわらず、時の政権が辺野古への新基地の建設を、有無を言わさぬ形で進行させていることです。ここに計画されている滑走路と軍港には、当然、戦闘機と戦闘艦が寄ることが想定されているわけですが、ここではあまりにも対極的なものが対立的に向きあわされています。言ってみれば、科学技術の粋を集めたものと天然の自然とが（三上智恵監督の映画『戦場ぬ止み』をみると、あまりにも対極的ということが権力意思と生身の人間の対峙という形に変奏されて肉感的に伝わってきます）。この対置のなかで、科学技術の粋についてなら、機密はあるにしても既知のものには違いありません。しかし、一方の大浦湾の珊瑚礁とジュゴンに象徴されている天然の自然についてはどうでしょう。いったい何が破壊されようとしているのか。珊瑚礁はもはや希少な自然であり、ジュゴンは「神の使い」として説明されることはあります。しかし、珊瑚礁も美しい希少な自然というだけではなく、ジュゴンも「神の使い」というだけではなく、島人にとってもっと広くて深い存在なのではないか。なにより、辺野古への新基地の建設に、身体が痛むような感じを覚えるのはなぜだろう。そこに言葉を与えたくなりました。

そしてそうするには、かつての島人を訪ねるのがいちばんのはずです。

他方で、政権の押しつけに併走するように、琉球独立論も言挙げされています。日本が理想的な国家であるなら、琉球独立論が展開されることはないでしょう。ですから、琉球独立論は、その生まれからして「反日本」という性格を帯びざるを得ません。そして、本土の無関心に対する反発から、「反日本」というだけではなく「反日本人」という心情へ傾斜しがちです。また、琉球独立の主体は「琉球民族」とされますが、そう名乗ればそうなるというように、「民族」とはもはや人類学や民俗学の言葉ではなく、政治の言葉になっています。さらに、国家を持った過去の実績として「琉球王朝」に言及されることもしばしばです。

こう並べてみるとどうでしょう。独立を目指す国家は、「琉球王朝」を根拠にした「反日本」としての「琉球」であり、その主体となるのは、「反日本人」としての「琉球人」から構成される「琉球民族」、かつ、政治言語としての「琉球民族」である、という構図が浮かび上がってきます。

しかし、これでは息苦しいし、琉球独立論がこの構図のなかに収束してしまうのを望んでいるわけでもないはずです。おそらくわたしは、そうした息苦しさへの予感から、そこから解放された領域を確保したくなったのだと思います。そのとき、「国家」も「民族」も関係なかった島人の姿が、その領域を見せてくれるはずだと感じたのでした。

内省してみると、こうしたきわめて現在的でハードな情況がきっかけになっています。

島尾敏雄はかつて、「日本の歴史の曲り角では、必ずこの琉球弧の方が騒がしくなる」と書きました。「(このとき—引用者)琉球弧の方からあるサインが本土の方に送られてくるのです。そしてそのために日本全体がざわめきます」(「ヤポネシアと琉球弧」一九七〇)、と。四十五年前の島尾の言葉は予言的で、今もまさに「歴史の曲り角」に来ているようにみえます。その意味でここでの探究は、このざわめきに背中を押されて取り組まれることになったと言えるのかもしれません。

I　円環する生と死

波照間島　撮影・仲程長治

1　われらアマンの子——祖先

アマンから生まれた

アマンの子。琉球弧の島人をひとことで言うとしたら、これほどふさわしい言葉はないのかもしれません。

アマンは琉球語でオカヤドカリのこと。南の島の浜辺で見かけたことがある方もきっと多いでしょう。実はアマンは、はじめから陸上で生活しているのではなく、海辺で生まれて、しばらくは海中で生活します。何度か脱皮を繰り返して、小さいながらもわたしたちの知っている姿になると、陸にあがります。どうやって見つけるのか不思議ですが、身の丈に合った貝殻にお腹を入れて、お馴染みのアマンになるわけです。アマンはどこでも生きていけるわけではありません。

宿になる貝殻が豊富にないといけませんし、海辺から五〇〇メートルの範囲で暮らしていかなければなりません。十五度以下の気温も苦手です。幸いなことに、琉球弧は彼らにとって絶好の場所だったらしく、オカヤドカリことアマンは、浜辺ならどこでも出会うと言っていいほど普遍的な生き物なのです。

島人が、そのアマンの子だというのはどういうことでしょう。

一九二〇年代、大正の終りから昭和の始めにかけてのこと。貝を採ろうとしていたのでしょうか、潮待ちのためにアダンの木陰で休んでいるとき、少年は「人間の始まりは何からなったの?」と、そばに腰かけていた叔父に話しかけました。いかにも子供らしい素朴な、でも本質的な問いかけです。ふたりの前をコソコソと小さなアマン(アマン小《グワァ》)が這《は》っています。そのアマン小《グワァ》を見ながら、叔父は琉球語で、「人間の始まりは、アマンから生まれたそうじゃないか」とにっこり笑って答えました。人間はアマンから生まれた。少年は長く叔父の言葉が忘れられませんでした。そしてそれを忘れられないということが、後年、与論島の民俗研究家となる野口才蔵の宿命を物語っていたと言うべきでしょう。野口はのちにこの貴重な会話を記すことになりますし、そのおかげで、わたしたちも生きた証言として拾いあげることができるのでした(『与論島の俚諺と俗信』)。アマンの大好物で、その昔は人も食べていたアダンの木陰で、こんな会話ができたなんて羨ましくなります。

しかし、人間がアマンからうまれたなんて、科学的な思考を身につけてしまったわたしたちには信じられるはずもなく、失笑すらしてしまいかねません。でも、二十世紀の壮年の男性がそう信じて、甥に真面目に答える姿には笑って済ませられないものがあります。

幸い、アマンから生まれたことを物語る物的な証拠が残っていました。針突（ハジチ、ハリツキ）と呼ばれた入墨がそうです。記録された資料では、女性が両手の甲に針突《ハジチ》をしていました。それもワンポイントではなく、手の甲全体を覆うよう刻まれています。奄美大島などでは手首まで、宮古島では腕まで広げていたほどでした。

なぜ、針突をしたのでしょう。聞き取りでは、おしゃれ、好奇心から、大和に連れて行かれないため、といった理由が聞かれました。でもこれらは本当のところが分からなくなってから考えられたものです。「夫欲しさもひととき／刀自《トジ》欲しさもひととき／彩入墨《アヤハンジ》欲しさは／命かぎり」と唄われたように、針突は結婚以上のものであり、「彩《アヤ》」という美称辞まで添えられて女性たちに執着されてきたのです。そこにはおしゃれにとどまらない、大和に連れて行かれるという恐怖とはちがう、もっと積極的な心理が潜んでいるはずです。

小アマン（与論島）（撮影・Erina Ohara）

古い思考に届いているのは、「針突がないと後生《グショウ》に行けない」という理由で、それがもっとも多く聞かれた回答でもありました。しかし、これでもまだ野口少年が叔父から聞いた言葉としっかり対応してくれません。幸運なことに、証言は得られています。

一九五〇年代、奄美が日本に復帰して以降のことだと思われます。針突の研究としては比較的早い時期に調査した小原一夫は、沖永良部島で、「わたしたちの祖先は『アマン』から産まれてきたのだから、その子孫であるわたしたちも『アマン』の入墨をした」(『南嶋入墨考』)という内容の話を聞くことができました。野口少年と叔父の会話は、記録に間に合った貴重な例ですが、これも、辛うじて間に合った幸運な証言といわずに何といえばいいでしょう。

水草色の花のような青みを帯びた針突は、その美しさだけではない理由を持っていたのです。針突の文様をはっきりアマンと聞き取りできた限りでは、それは左手首の尺骨頭部(尖ったところ)と、ときに左手の背に描かれることが多かったようですが、そのデザインは「円」や「渦巻き」を基調にして象《かたど》られていました。この、円と渦巻きというデザインには心惹かれるものがあります。円は完全な対称性を保っていて美的ですが、それと似た渦巻きには生命的な意味があると言います。

解剖学者の三木成夫《しげお》は、生命現象は「波(リズム)」と「螺旋」で表現されると言っています(『胎児の世界』)。リズムとしての波といえば、わたしたちはすぐに、寄せては返す波そのものを思い浮かべます。心臓は収縮と弛緩を絶え間なく繰り返しますし、睡眠と覚醒もリズムです。冬には琉球弧の海域でしばしば鯨が目撃されますが、出産と子育てにやってきた鯨も、暖かくなれば北上していきます。秋にヤポネシアの列島を南下して琉球弧にも訪れ、春には北上する不思議な蝶アサキマダラは、世代に継承される往復運動を行ないます。こんな地球規模の往復運動も波（リズム）だと、三木は指摘しています。

螺旋はどうでしょう。わたしたちの風土ですぐに思い出されるのは台風の渦巻きです。また、朝顔の蔓草も螺旋を描いて伸びますし、髪の毛も、はじめは直毛で、伸びるとくるっと曲がる緩急をつけた螺旋です。見えない世界でもＤＮＡの構造は二重螺旋であることをわたしたちは知っています。

アマン・デザインの渦巻きは、巻貝にならって描かれたものでしょうが、島人も、きっとその螺旋に根源的なものを見い出していたのでしょう。

しかし、アマンのデザインは「円」と「渦巻き」を基調にしたものに限らなかった可能性もあります。八重山では、花びらのような放射線が描かれていて「菊」や「風車（カジマヤー）」などと聞き取りされています。けれど、八重山にはアマンにまつわる伝承があることや、針突に表現されたアマンの思考の深さを考えれば、放射線の模様もアマン図形の可能性があるでしょう。一方、宮古島やその周辺の島では、オカヤドカリとしてのアマンが途絶えますが、代わって腕の部分に「蟹」が出現します。蟹の描かれ方は、アマンの「円」に対して「四角」を基調にしているのが異なりますが、対称性を保った落ち着きがあるのは同じです。鋏も描かれているので、なんとなく蟹に見えてきますし、曲線を使った池間島のデザインも見事なものです（次頁参照）。

こうして見聞できた範囲では、針突は女性たちのものですから、さかのぼれば女性のイニシエー

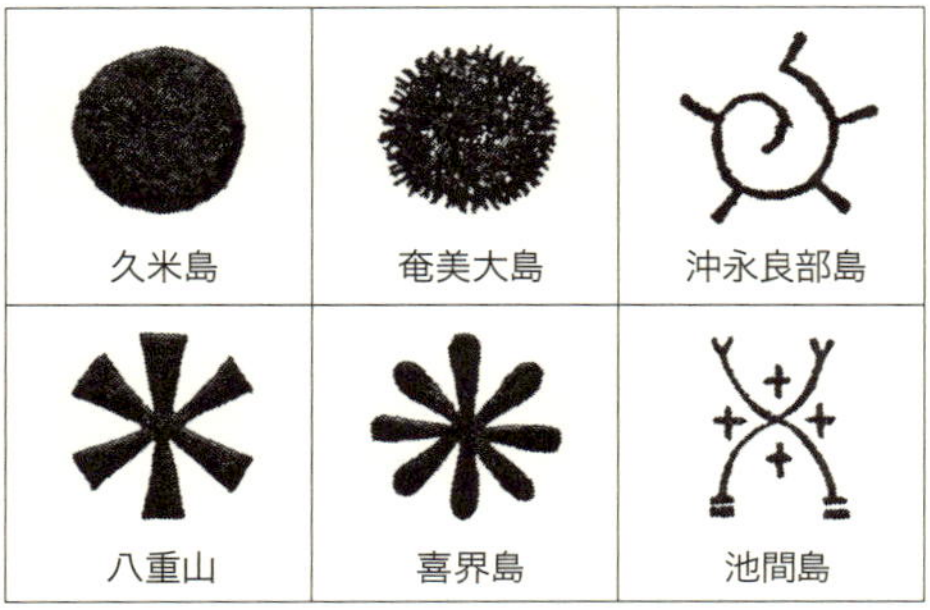

「針突」例：「アマン」（久米島、奄美大島、沖永良部島）、「蟹」（池間島）
（小原一夫『南嶋入墨考』、市川重治『南島針突紀行』から抽出）

ション（通過儀礼）の行為だったのでしょう。「未開」と呼ばれる社会を人類学者たちが観察したなかでは、男性のイニシエーションほど記録されていませんが、女性の場合は、初潮を機に始められたといいます。琉球弧の記録でも、十二、三歳というのが開始年齢であることが多いようです。しかし、イニシエーションとしての意味を失くしていった後だからでしょう、結婚前や、なかには五歳のときという例もあります。その子が早熟だったわけではなく、学校でも禁止されたので、入学前に済ませたというのですからすごいものです。近代日本に組み込まれ、一九三二年の禁止令を契機に針突は衰退していきますが、それでも「後生に行くため」という信仰はなかなか消えませんでした。すでに消滅したと言われていますが、いまもどこかの島に、針突の手をした老女がいるのかもしれません。いてほしいなと思います。

アマン—人、人—アマン

しかし、アマンは祖先で人間はアマンから生まれたという思考をたどれたとしても、どうしてそんなことを考えたのかは不明なままです。まして、信じるなんて到底できません。なぜ、そんなことを考えたのでしょう。

わたしたちはここでいったん琉球弧から離れて、人類学の知見に視野を移してみる必要がありそうです。古《いにしえ》の人々の考え方が分からないのは、わたしたちには見えなくなってしまっていることがあるはずだからです。手がかりを探してみましょう。

未開の社会の人々が、動植物や自然物と並々ならない深さで結んでいる親縁関係を、ヨーロッパの人類学者たちはトーテミズムと呼びました。この言葉は、北米インディアンで、「一族の者」という程の意味をあらわす「オトテマン」から来ていると言われていますが、自分の所属する氏族名を動物の名前で呼んでいるのが人類学者たちの関心を惹いたのでした。北米インディアンのように多くの氏族が共存していた社会では、トーテム名は、氏族と氏族の違いを表わす記号の意味も担うようになりますが、人間が動植物や自然物（石や風もトーテムになりえたのです）と深い関係を結ぶのがその元にある考えです。

ここで深い親縁関係というとき、実は、「祖先はアマン」というだけにとどまりません。たとえば、オーストラリアでカンガルーをトーテムとした人々は、祖先を「人―カンガルー、あるいはカンガルー―人」と考えたというのです。カンガルー人間、または人間カンガルーというのですから驚きます。それなら、琉球弧では、「アマン―人、人―アマン」が大元の祖先像だったとでも言うのでしょうか。

けれども先を急ぎすぎてはいけないようです。琉球弧のことを問う前に、「人―カンガルー、あるいはカンガルー―人」をイメージできるというのはどういうことかを考えてみなくてはなりません。それが少しでも分かれば、改めて琉球弧に戻ることができるはずです。

しかし、とはいうものの、ここから先はわたしにも実感的には分からない、というしかありません。でも、アマンを祖先だと、同じように信じられないまでも、おぼろげでも理解することを諦めたくはないので、「人―カンガルー、カンガルー―人」と祖先を考えたオーストラリアのアボリジニが、この世界をどのように受容し了解しているかを学んでみようではありませんか。

エネルギーの流動体としての霊力

根本的だと思えるのは、まず彼らには時間という概念がありません。そもそも「時間」に当たる言葉がないのです。時間という概念がないということは、時間が存在しないということではもちろんありません。昨日も明日もあるけれど、それはわたしたちが直線的に一方向に流れるものとしてイメージするのとは違っています。ここで、三木成夫の言った波（リズム）のことを思い出してみましょう。満ちては欠ける月、昇っては沈む太陽。琉球弧に即していえば、天気雨の降る暑く長い夏と曇りがちで肌寒い風の吹く短い冬が交替する季節。そういった波（リズム）、もしくは反復として捉えられていて、時間は永遠の現在のなかで循環しているのです。

「時間」の概念がないとしたら、光が届くまでの時間から距離を測るように、空間もわたしたちの捉える三次元のものではないでしょう。実際、アボリジニを研究した人類学者は、空間とは「意識」を指すと捉えています。知覚が見たり触わったりして捉えている範囲のことだと受け取れますが、しかし、それだけではなく、無意識も含むのだと言います。わたしたちは、無意識はもっぱら睡眠や夢のなかで活動するものにしてしまっているけど、アボリジニは無意識を含めて見るのだ、と。言ってみれば、目覚めている時にも、そこに夢を重ねて見るということでしょうか。たしかに、アボリジニのイニシエーションは睡眠時にも意識を覚醒するトレーニングから始める、といいます（ロバート・ローラー『アボリジニの世界』）。

時空を溶かすとでも言うような、わたしたちには未知に思えるこうした見方では、世界はどのように立ち上がってくるのでしょう。人類学者はさまざまにこの内実を表現しようと努めていますが、たとえば十九世紀後半から二十世紀のはじめに活躍したフランスの人類学者レヴィ・ブリュルはこんな表現をしています。

地上、空気中、そして水中の存在と物体がとるあらゆる形態をまといつつも、永遠の循環においては同一であり、統一的であると同時に多様で、物質的であると同時に霊的であり、絶え間ない交流において一方から他方へと移る、現実に存在する何物かが存在する。この流動物は、未開の精神が特に説明を試みる限りにおいては、存在物の実在と活動、その継続とその変化、その生命と死を説明する。

(Die Seele der Primitiven. 相澤里沙訳)

彼らの目には、わたしたちの視野の他に、「絶え間ない交流において一方から他方へと移る、現実に存在する」流動物があるのだと、レヴィ・ブリュルは言います。ここは理解の要に当たるようで、一世紀を経た現代の人類学者である中沢新一は、この「流動物」を「エネルギーの流動体」として捉え、レヴィ・ブリュルの考えをさらに押し進めています。

スピリットの世界には高次の対称性が実現されていました。「対称性が高い」と言うのは、エネルギーの流動体であるスピリット世界の内部で、スピリットもグレートスピリットも自由な方向に運動することができ、自在なメタモルフォーシス(変容、変態)がおこっていくために、固定することができないという状態を示しています。じっさい、多種多様なスピリットたちは、変容を得意とするために、その世界では位置や性質がどんどん入れ替わっていく現象がおこっています。

(『神の発明』)

わたしたちはここを分かったふりをすることでしか通過できませんが、スピリット(精霊)たちが自在な変容を行なう点については、「人—カンガルー、カンガルー—人」という祖先像に近づくヒントになります。両者には同じものが流れているからこそ、融合させることもできるということなのでしょう。

ところで、流動するエネルギーとともに見る、無意識も通じて見ることはアボリジニにとってひときわ重要で、彼らはそれを「夢見（ドリーンミング）」と呼び、「夢見」を通して見られた世界のことを「ドリームタイム（夢の時間）」と、きわめて魅惑的な名づけをしています。そしてドリームタイムとは、見ることのできる世界というだけではなく、ひとつの世界観にまで高められていて、それは祖先が行なった世界の創造神話であると同時に、永遠の現在のなかでポテンシャルとして存在し続けていると見なされています。

こうした見方は、ことアボリジニにとってだけでなく、広く未開と呼ばれる社会では根本的な世界感受の仕方だったようです。それなら、ドリームタイムの時空の場にあふれる流動的なエネルギーはことのほか重要な概念だということになるでしょう。わたしたちは、このエネルギーの流動体を、島人の野生の精神（心）性に接近する鍵として捉えるため、「霊力」という言葉で呼びとめておくことにしましょう。

心を残しては語れない

もうひとつ重要なことがあります。それは、未開の社会では、身体を世界から分離していないので、「個体」という概念もありません。わたしたちは、自分の身体があり、自己があり、それを世界から分離して捉えていますが、それが一体となっているのです。

フランスの人類学者モーリス・レーナルトは、ニューカレドニアのカナク人にも時間の概念がないと指摘しています。そして、それだけではなく、個体の概念がなく身体を世界から分離していないことに読者の注意を向けています。レーナルトはさまざまな例を挙げて、説明を試みていますが、そのなかでとても印象的なエピソードがあります。

カナク人を含むメラネシア人のこととしてレーナルトは書くのですが、彼らは物語のなかの地名を忘れると、語るのをしぶることがあるというのです。どうして、語りたがらないのでしょう。

ニューカレドニア

それは彼らが、聞き手を前にして今自分がいる場所に精神を残したままでは、物語を語ることができないからなのである。彼らは、言葉をとおして、物語が展開するまさにその場所に身を移さなければならないのである。彼らははるか遠くの、物語の中心に身を置く。そうしてはじめて、物語のなかで彼らが口にする方向がすべて自分から放射し、あるいは自分に向って収斂《しゅうれん》して彼らが位置を占める想像上の場所との関係で矛盾が起こらないようになる。だからこそ彼らは、物語に出てくる場所の地誌的な名前を忘れると語るのを拒む。そうなってしまうと、(中略)彼らは不確かな感じになって文字どおり物語のなかの地理的世界で迷ってしまう。彼らは物語が展開する空間に自分の身を移すことができず、なおのこと聴衆をそこに連れていくことができずに、物語は彼らにとってはもはや存在しなくなってしまうのである。かくして物語をほんの少し語るにも、精神を本当に運動させることが必要なのである。

（『ド・カモ』）

身体を世界から分離していないということは、物語のばあいでも、その世界のなかに完全に入っていってしまう。だから、地名ひとつでも忘れようものなら語れなくなってしまうということ。これなら、少し分かる気がしてきます。たしかに、物語を読んで夢中になるときや映画を観ているときには、その世界に没入して、主人公たちと同じように笑ったり驚いたり悲しんだりしています。そして語り手の立場になったときも、ある言葉が喉まで出ているのに思い出せない時の、あのもどかしさや小さな不安は、語れないメラネシア人と通じているのではないでしょうか。しかも、彼らの社会はもともと文字を持っていません。記憶に頼るしかないなかで忘れるということは、それだけでも不安を喚起するに違いありません。

霊力思考

さて、寄せては返す波のような反復する時間のリズムのなかで、霊力の場として世界を見るということ。そこでは身体と世界は分離していないので、自己が周りの事物と溶け合っているように感じられるでしょう。実感的になるのは難しいけれど、これだけの補助線を引いたうえで、先へ進みます。

こうした世界感受の人々が著しく力を発揮したのは、ふたつの現象のあいだに似ているところを見い出すということでした。そして、そこには共通して流れている霊力がありますから、ふたつを融合して捉えることができます。人間とカンガルーは似ていると見なし、それにとどまらずに「人間としてのカンガルー」や、「カンガルーとしての人間」という象徴にまでイメージを高めているのです。それが「人―カンガルー、あるいはカンガルー―人」という祖先像なのでしょう。いわば、動物の擬人化であると同時に、人間の擬動物化です。認知考古学の分野では、こうした異なるものの重ね合せができることを流動的知性と呼び、これこそが人類を新人類として飛躍させたものだと説明しています。「人―カンガルー、カンガルー―人」という表象は、新人類らしい思考の産物だとしたら、これを重要な鍵として把握しておきましょう。わたしたちはそこで、ふたつのモノやことのあいだに似たものを見い出し象徴化する思考を**霊力思考**と呼ぶことにします。

ここでようやく琉球弧に戻れば、「アマンを祖先とする」ということは、人とアマンに似たものを見い出し、「アマン―人、人―アマン」を表象していた可能性があるということになります。

それにしても、なぜアマンなのでしょう。カンガルーは授乳をするので、人間といくばくか似たところを見い出せますが、アマンはまるで違うというものです。しかし、似たもの探しの力を甘くみるべきではないのでしょう。一見するとまるで違うものの間に似たところを見い出してこその、類似を見つける力です。アマンも人間も同じアダンの実を食べることに着目したのかもしれません。貝殻を頼りにしていることや、宿のなかで生活することも似ています。もっと根本的な類似については、あとで触れることができるでしょう。ともあれ人類は、類似を見い出す霊力思考によって、動物や植物、自然物や自然現象との間にことのほか重要な親縁関係を結んできたのでした。そして琉球弧でその対象に選ばれたのは、アマンでした。

化身

琉球弧の島人がアマンを祖先として考え、深いつながりを感じた時、そこに「アマン―人、人―アマン」という表象があったのでしょうか。これは、アマンのトーテムとしての位相を問うことでもあります。

島の民俗を眺めると、どうもそうではなかったのではないかという感触がよぎります。それを確かめるために、蝶の話題から入っていきましょう。琉球弧では、蝶は死者の霊魂の化身だと考えられていますが、こんなエピソードがあります。

以前婚礼の宴にハビラ（蛾）が三匹、三味線にあわせて調子よく舞いあがった。音曲がやむとそのハビラは畳に落ちた。そのハビラは酒好きであった亡き祖父の姿によく似ていたので、たれかが「祖父を躍らせよ」といって音曲を鳴らすと、そのハビラはまた空中で舞いはじめたという。

（奄美大島瀬戸内、酒井卯作『琉球列島における死霊祭祀の構造』）

ハビラ（「蝶」と「蛾」はともにハビラと呼ばれます）と人間はどう考えても似ているとは言いにくいでしょう。けれど、畳に落ちたハビラに対して、孫はとても自然に「酒好きであった亡き祖父の姿によく似ていた」という視線を送っています。ハビラは死者の霊魂の化身と言われていますから、「祖父を躍らせよ」と、その場にいた一同は同じ見立てをすることができるのですが、語り手の視線は形式的なものではなく実感がこもっています。わたしたちはここに霊力思考が働いているのを見ることができますが、この見立てはどこからやってきたのでしょうか。

「蝶」を死者の霊魂の化身と見なすのは、ヤポネシアの本土も同じですが、この問いに向き合った人がいました。今井彰は書いています。

古代、風葬に近い様式で安置（実情は放置か）された死体には、それが冬以外であれば、おそらく蠅を始めとする無数の昆虫が集まったであろうということである。そしてその中には、色と大きさで最も目立つ蝶（特にタテハ類、白蝶、黄蝶が主体）の姿が、ひときわ古代人の眼を射たのではなかろうか。殯《もがり》にある死体は、近くに寄ってはいけないことになっており、遠くからその仮小屋（おそらく粗末な小屋で、死体は半ば野ざらしだったかもしれない）を見た人々の眼に、乱舞する蝶の群れが写ったとすれば、これはまさに死者の霊が化身したものと見えたのではあるまいか。あるいは、土葬してからも、墓の周辺の花に飛来する蝶を見て、死者の霊を感じたのかもしれない。

（『蝶の民俗学』）

死者に止まり、あるいは死者のまわりに乱舞する蝶は、蝶が死者に群がっているのではなく、死者が蝶に化身しているように見えたのではないか。そう今井は考えるのです。ここには、夢中になって蝶を追いかけて、間近でじっと観察を続けているうちに、蝶と一体化するところまで霊力思考を働かせた人ならではの気づきがあると思えます。この見立てはまったくその通りなのではないでしょうか。

たとえば、ニューギニア島の東海岸にあるフォン湾の小さな島に、タミ族という島人がいます。彼らは死者が出ると、家か、近くに埋葬します。浅く埋めるのが特徴です。そして、死体から湧き出てくる蛆《うじ》をココナッツの殻に集めるのですが、蛆の群れが少なくなり、やがて止むと、「短い霊魂」が「あの世」に行ったと考えるのです。タミ族にも、今井のいう見立てがあるのでしょう。タミ族にとっても、死体から湧き出る蛆は、死体に群がったものではなく死者が化身したものと見えたはずです。タミ族には、あの世で死んだ霊魂は、「蟻《あり》」や「蛆」になるという転生信仰がありますから、なおさらそうでしょう。きっと蛆以外にも蟻も湧き出るのを見ていたはずです。

アサキマダラ（与論島）
（撮影・Erina Ohara）

こうしてみると、思い当たることが出てきます。琉球弧では死者を崖下や洞窟に置く葬法が行なわれてきました。島人はそれを「風葬」と呼んでいます。風葬が行なわれた海岸近くの崖下や洞窟はアマンの生息域でもありますが、アマンは別名、「海の掃除屋」とも呼ばれ、海岸に打ち上げられた魚をきれいに食べてくれます。沖縄の作家目取真《めどるま》俊は作品のなかで描写しています。

固い物がこすれあい、時々かちっとぶつかり合う。風葬場のあちこちで白骨が動きはじめる気配がして全身が硬直する。こすれ合う音だけでなく、何か柔らかい物がつぶれ、かきまぜられるような音も混じっている。清吉は恐る恐る音のする方を見た。白い砂の上に横たわっているはずの若者の遺体が見えない。何かの塊が砂の上に盛り上がり、うごめいている。目を凝らして動いている物を確かめていた清吉は、うわっ、と声をあげてあとじさった。若者の全身を覆い尽くしたカニとオカヤドカリがはさみを動かし、切り刻んだ肉を口に運んでいる。一瞬、遺体が体をねじり、清吉の方に動こうとするように見えた。こぼれ落ちたカニとオカヤドカリが清吉の方に走ってくる。清吉は叫び声をあげ、万年筆を握りしめて風葬場の出口に走った。

(『風音』)

ここで、琉球弧の野生の思考をたどろうとするわたしたちは、作中の清吉が現代人であることを忘れてはいけません。清吉の恐怖感は現代人のものであって、アマンをトーテムとした島人と同じではないことに注意する必要があります。島人は、死者を葬った場所に通ったり、死体の近くにいたりして殯《もがり》を行なってきたのですから、清吉と同じ感じ方をしていたわけではないのです。けれど、この描写は大事なことを教えてくれます。そう、島人は、死者に蝶が群がる場面だけではなく、アマンや蟹が群がるのを見ていたのです。そして蝶の例にならうなら、そこで島人は死者が「アマン」や「蟹」に化身すると見立てたのではないでしょうか。

そうだとしたら、死者の化身としての「アマン」や「蟹」は、「蝶」と同位相にあることが分かります。針突の文様として「アマン」が途絶える宮古島で、「蟹」が出現するのも、同じ位相にあると受け止めることができますね。

霊魂思考

そして、死者がアマンに化身するという見立ては、別の場面にも生かされたと考えられます。奄美大島では、新生児が誕生して七日目に行なう「名づけ祝い」のなかで、新生児に蟹を這《は》わせる儀礼が行なわれました。名づけ祝いを行なう日取りは、島によって多少の違いはありますが、大事なことは、子供はこの名づけによって初めて生誕を認められるということです。六〇年代に奄美の民俗を紹介して注目された金久正《かねく》は、「蟹儀礼」の様子をこう伝えています。

> 椀に入っている子蟹を取って赤子の頭に這《は》わす。二、三匹ずつ、つかまえては這わし、これを三回繰り返す（金久は、「子蟹を嬰児《えいじ》の頭に振り撒《ま》く」とも書いています―引用者）。やがて子蟹は、這い散って、どこかに姿を隠すのである。いわば、子蟹の洗礼をほどこすわけである。
>
> （『奄美に生きる日本古代文化』）

放たれた子蟹は、そのうち赤ちゃんを離れてどこかへ姿を消します。この場面、タミ族の葬法のなかで、やがて姿を消す蛆を思い出させます。両者はとても似ています。金久はこの儀礼について、琉球語で脱皮を意味する「スデル」には、「(赤子などが) 皮がむけてすくすく生長する」(同前) という意味もあることから、よい運勢を与えて邪悪の殻を脱ぎ捨てる呪術として子蟹を這わせたと考えるのですが、わたしたちはここでもっと突っ込んだ理解に導かれます。

子蟹（与論島）（撮影・Erina Ohara）

生から死への過程で、タミ族は死者が蛆に化身したと捉え、琉球弧の島人は死者がアマンや蟹に化身したと考えたとするなら、生まれる過程はその逆として捉えられたのではないでしょうか。新生児が、はじめて誕生を認められる名づけ祝いのなかに、「蟹儀礼」が組み込まれているということは、そこに子蟹が化身して人間になるという見立てがあることを示唆しています。つまり、生から死への過程が、人間から蟹への化身であるように、未生から生への過程は、蟹から人間への化身として捉えられているのです。死体の上を這うアマンや蟹と、新生児の上を這う蟹はぴったり対応しています。こう対応させることで、島人はトーテムとのつながりを確認していたのだと考えられるのです。

こうしてみると、アマンや蟹がトーテムだというとき、化身が重要なポイントであることが分かってきます。そして、死者がアマンへ化身する姿をみて、アマンを祖先と見なしたのなら、それは「アマン―人、人―アマン」を表象するのとは別のことだと言えます。ここでも、アマンに人間と似たものを見い出す霊力思考は働いているでしょう。でも、それは「アマン―人、人―アマン」という表象へは行き着いていません。むしろ行き着いていないからこそ、死者に群がるアマンを根拠に、トーテムを思考するようになるのです。これは、流動的なエネルギーである霊力の場を容易には見ることができなくなったことを意味しているはずです。

そこで、死者に群がるアマンや蟹という、現実の場面でのアマンと人間の近さからトーテムを考えるようになったのです。わたしたちはここで、死者に群がるアマンから、人間がアマンに化身するという仕組みを見い出す思考を、霊力思考に対して**霊魂思考**と呼ぶことにします。

琉球弧では、アマンをトーテムとしたことがありました。しかし、それは「アマン―人、人―アマン」という表象には届いていません。いわばトーテムの原理が解体していくなかで考えられたトーテムだったのです。そして、霊魂思考が前面化していくにつれ、トーテム原理はさらに解体していきます。トーテムはどうなっていくのでしょう。ひとことで言えば、神に持ちあげられた後、身をやつしていくのです。

身をやつした姿

トーテム原理の解体とともに、アマンはどんな姿で登場することになるのでしょう。気にしながら見聞すると、心配ご無用とばかりに豊かなバリエーションに出会います。ここではそれらをトーテム原理の解体にできるだけ添うように辿っていきましょう。

まず、「人間に先立つもの」としてトーテムの面目を保っているのが、石垣島の「人の始まり」の伝承です。

島の最初に、方言アザブネラ（あだん科）自生し、常緑の葉繁茂《はんも》せり、二番目に、やどかり（方言、アマッザ）が樹根の下より穴を穿《うが》ちて「カブリー」といって出できた。三番目には、其の穴より、「カブリー」と唱へつゝ、男女二人が現はれた、

二人は、日を逐うて飢餓に迫られたとき、ふとアザネブラを仰ぎ見るに、巨大なる球の果実（方言、アザネヌナリ）が黄赤色を呈し豊熟せるを、手づから採りて、一日の食となして安楽な生を繋《つな》ぐ事が出来き、子孫繁殖した。

（岩崎蝶仙「鼠の花籠」）

この伝承で、植物、動物、そして人間という出現の順番は科学的な認識のように見えますが、そういうより、人間の自己認識が、植物としての人間、動物としての人間、そして人間としての人間というように進んだことを示していると捉えるのがよいのではないでしょうか。また、「カブリー」という発声は、動物としての人間の段階を表現したもので、まだ、歌にならない前の表現の水準を示しているように見えます。これらのことがこの伝承の古さを示唆していると思えま

すが、人間の前にアマンが「穴」から出てくるところに、トーテムとしての面目が保たれていると言えるでしょう。

トーテム原理の解体のなかで、アマンは「神」に変形されていきます。まず、「神」の前に、精霊としてのカミとなる場合がありますが、沖縄島北部の国頭《くにがみ》で語られたデイダラボッチさながらの巨人はその例に当たるものです。天地が隔たっていなかったころ、人間は蛙のように這って歩かなければならなかったのを、アマンチューは不憫《ふびん》に思い、堅い岩を足場にして両手で天を持ち上げたので、今日のように天地ははるかに隔たることができた。そのアマンチューが踏ん張った足跡は今も残っている（佐喜真興英『南島説話』）、とそこでは語られています。

国頭といえば、琉球弧では稀な威容を誇る山岳地帯なので、その地勢そのものが精霊と化したのが、巨人のアマンチューなのでしょう。また、アマンチューとは「アマン人」のことですから、「アマン―人、人―アマン」という祖先像を思い出させますが、それは祖先像そのものと言うより、トーテムに出自を持ちながら、天と地の間をつくる「カミ（精霊）」として、「神」への途次を歩んでいる位相にあると思えます。

アマンが「神」に変形された伝承があるのは石垣島の白保です。

アマン神が、日の神の命で、天の七色の橋からとった土石を大海に投げ入れて、槍矛でかきまぜて島を作り、さらに人種子を下すと、最初にやどかりがこの世に生れ出た。地中の穴から男女が生れた。神は、二人を池の傍に立たせ、別方向に池をめぐるように命じた。再び出会った二人は抱き合い、その後、八重山の子孫が栄えたという。

（大林太良「琉球神話と周囲諸民族神話との比較」）

石垣島では、「島のはじまり」の伝承のなかでもアマンが登場していましたが、ここではアマンは、「日の神」の下位に位置づけられてはいるものの創世神に変形されています。その上ここでのアマン（やどかり）は、「人間に先立つもの」の役割も担っていて、ひときわ存在感を放っています。それはつまり、神という観念が生み出されたとき、アマンはまだトーテムとして生き生きしていたことを示しているのでしょう。

しかし、アマンと神とのかかわりで言えば、これ以上はないビッグネームがあります。それは、琉球の開闢神として知られるアマミキヨです。アマンとアマミキヨにはつながりがあるのではないかということは、以前から島の民俗研究家たちに気づかれていましたが、崎山理は言語学の側面から、アマミキヨの語源はアマンではないかと指摘しました（「オセアニア・琉球・日本の国生み神話と不完全な子」一九九三）。これを受けて民俗学者の吉成直樹は、「奄美《あまみ》」がトーテムとしてのアマンに因んだ地名であり、アマミキヨの南下とはアマンをトーテムとする人々の移動を意味すると考えています（『琉球の成立』二〇一一）。崎山は、アマンがオーストロネシア語に由来し琉球弧を北上した言葉だとしていますから、これをトーテムの北上として捉えて、そこに吉成の仮説を重ねると、トーテムとして北上したアマンが、神となって南下するというストーリーが浮かび上がってきて胸が高鳴ります。しかし、今はこれ以上の追求はできないので、アマンが神へ変形した可

与那国島

能性を持つ例として、アマミキヨのことを書き留めておきます。

次に、神がアマンとのつながりを消しているけれど、それでも「人間に先立つもの」の位相をなお保っている伝承が、与那国島にあります。

大昔、南の島から陸地を求めて来た男がありました。その男は大海原の中に、ぽつんと盛上った「どに」を発見しました。その「どに」には人間は住んでいませんでした。南から来た男は、この「どに」に人間が住めるかどうかを試みるために、「やどかり」を矢で放ちました。それから幾年か経って、この「どに」に来て見ると「やどかり」は見事に繁殖していました。それで、その男は南の島から家族を引きつれて来て、この「どに」に住みました。その内に人間が多くなったので、「どに」を大きくして下さるように、神様にお願いいたしました。神様は「どに」を大きくして下さいました。その次に草木を下し給うようにお願いいたしました。神様は色々の木を下さいました。その次に緑の島になりました。この緑の島が与那国島であります。

（池間栄三『与那国島の歴史』）

ここで神は、アマンとのかかわりを消していますが、人間の前に島に住み、アマンが住めることが、人間が住めることと同じであると見なされていて、わたしたちはここに、「人間に先立つもの」というトーテムの痕跡をうかがうことができます。

神とのかかわりのなかで、トーテムの面目を保った役柄が一変するのは宮古島です。これは民俗学者の谷川健一が聞き取ったものですが、神が島建て、村建てをした後、ある年に村人が豚を殺して捧げたのに、神は血だらけだと言って怒り、村人を追いたてますが、その際、なんと神はヤドカリを使って人間を攻めさせるのです。谷川が聞き取ったところでは、ヤドカリは、「神の下等な使い」だとされていました（『南島文学発生論』）。「神の使い」というだけではなく、「下等」だなんて、身をやつしたものだと言うほかありません。

さらに、神がアマンとのつながりを消すと、アマンは人間にかかわるようになります。「人間を助ける」というのが、そのひとつです。

アマンが「神の下等な使い」に過ぎなくなっていた宮古島には、「蟹」がその鋏で「蛇」を退治するという昔話があります。父の代わりに蛇に食べられてしまうことになった娘がいました。娘が、日ごろ遊んでいた蟹に相談すると、蟹は鋏《はさみ》で引きずり出して蛇を退治し、娘を助けるというものです。宮古島の針突きでは、「アマン」に代わって「蟹」がデザインされていたことを思い出すと、アマンと蟹はトーテムとして同位相にあると考えられます。そこでこの昔話もトーテムの解体表現のひとつとみなせば、人間が蟹と「遊ぶ」ところにトーテムの痕跡を認めることができます。そうだとしたら、「人間を助ける」のも、トーテムの身をやつした姿のひとつなのでしょう。アマンは「神の下等な使い」で、「蟹」は「人間を助ける」という流れからすれば、宮古島では、「アマン」を退け、「蟹」をトーテムとして選択する契機があったということかもしれません。

「人間にかかわる」なかでは、「神の使い」ならぬ「人間の使い」にさえなることもありました。なんと、呪いの道具です。沖永良部島では、アマンに呪言《クチ》を吹き込んで呪いたい相手の屋敷に放つ「アマングチ」と呼ばれる呪術があったのです（柏常秋『沖永良部島民俗誌 続』）。この沖永良部島の例では、アマンは「人間の使い」として呪術の道具にまで身をやつしていて、呪力を持つというところにかろうじてトーテムとしての霊力の強さが示されています。

いやはや、トーテム原理が解体していくと、トーテム動物は神に変形されることに始まり、神がトーテム動物とのかかわりを否定して人間より優位になっていくと、トーテム動物は神の使いになったり、人間を助けたり、果ては人間に使われたりと、次第に身をやつしていくのですね。済まないことをしてきたものではありませんか。

2　蛇からアマンへ――脱皮

蛇の位相

　琉球弧では、アマンをトーテムとする段階がありました。アマンに似たものを見い出し、特別に思い、女性たちはイニシエーションの儀礼のなかでアマンを象徴化して手にデザインしました。ただし、トーテムとしてのアマンの位相は、ドリームタイム的時空の場で「アマン―人、人―アマン」を表象したのではなく、意識が知覚する空間のなかで、人間がアマンに化身し、アマンが人間に化身すると捉えたということは、トーテムの解体過程を示しているのではないかと、わたしたちは考えてきました。

　アマンはトーテムとして古い来歴を持ちます。それはなにしろ琉球弧で、世の始まりを「アマ

久高島

ン世」と呼ぶくらいなのです。しかし、トーテムの位相としては新しい、というか、大元の形を示していないようです。それなら、その前段はなかったのでしょうか。アマンの前にトーテムとして親密な関係を結んだ動物や植物や自然物があったのではないでしょうか。そういう問いが生まれます。

そう考えると、それらしきものが見え隠れしているのに気づきます。アマンが琉球弧の環境にぴったりの動物だったのに対して、見え隠れするものは、人類的な広がりのなかで精霊や神だった動物。そう、蛇です。

琉球弧で蛇がトーテムだったことはあるのでしょうか。

もっともそれらしい雰囲気が感じられるのは、とても短い聞き書きです。アーマン権現《ごんげん》という拝所になっている、久高島の洞窟でのこと。「ここで、アカマター(蛇)を二匹とったが、それは、ウキミー(兄または弟の敬称)とウミナイ(姉または妹の敬称)であるということであった」(小島瓔禮「自然的概観」)。手がかりとするには心細いほどですが、しかしこの伝承は、シャーマンによる共同幻想の読み取りのように聞こえてきます。洞窟はトーテムとしてのアマンから採った聖域名を

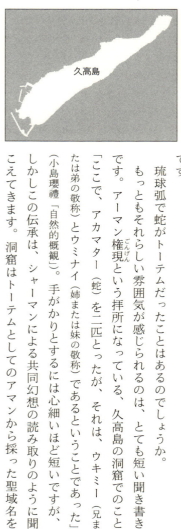

持っていますし、そしてそのなかで見い出される二匹の蛇は兄弟姉妹だったと、蛇と人間が同一化されています。人間に先立つものとして語られた石垣島のアマンの場合は、最初にアマンが穴から出てきて、次に人間が出るという順序がありましたが、ここではそれは「蛇―人」という未分離の状態で捉えられていて、表象の奥行きを感じさせます。もうひとつ、それが兄弟姉妹であるということは母系社会の位相を物語りますが、このことは後で詳しく触れることができるでしょう。ここで注目したいのは、アマン洞窟のなかで、アマン以前のトーテムが示唆されているように見えることです。

次に、「蛇」が「神」として捉えられている例で、竹富島では、蛇は水神であるとともに、家の祖神でもあると伝えられています（上勢頭亨『竹富島誌』）。

同じ系列には、来訪神アカマタ・クロマタが挙げられるでしょう。

アカマタ・クロマタは、来訪神として出現する際に、蛇とのつながりをあらわにします。八重山の民俗学者喜舎場《きしゃば》永珣《えいじゅん》は、「黒マター親神は一寸姿を現わしたかと思うとすぐまた隠れる。さらにまた一寸現われたかと思うと、またその姿を隠す。そのような動作を九回繰り返したのちに、やっと出現してくる」（『八重山民俗誌』）と描写しています。まさに蛇の動きの模倣ですが、実際に島人にそう信じられていると報告した民俗学者もいます（湧上元雄「祭祀・年中行事の位相」）。

つまり、アカマタ・クロマタは「神」であるとともに「蛇」であると、捉えられているのです。

トーテムとして明示されないものの、竹富島では蛇は神であり、アカマタ・クロマタでは、神は蛇と同一化していて、これらはトーテムの解体表現である可能性を示しています。

　また、「蛇」が「人間とかかわる」なかで特徴的なのは、神女との結びつきが強いことです。これは、アマンには決して見られないつながりです。

　金久正によれば、昔の祝女《ノロ》はハブをコントロールすることができて、綾蛇《あやなぎ》を這わすといって、祝女の供をする十五、六歳の娘たち、アラボレの頭髪にハブを巻きつけたと言われています（同前）。頭に蛇を、しかも毒蛇のハブを乗せることには驚かされますが、けれどこの所作を教える例は他にもあります。宮古島の狩俣《かりまた》で祖神祭を司る神女たちは、八巻《やまき》にした蔓草《つるくさ》を頭にかぶりますが、

ヒメハブ（奄美大島湯湾岳）（撮影・水間忠秀）

これは蛇がとぐろを巻いているさまを表わすと言われているのです。しかも奄美では、祝女がかぶるのに用いている種類の蔓草の皮をはいで泥水に浸すと、蛇に化身すると信じられているというではないですか（登山修『奄美民俗の研究』）。ですから、神女の冠の蔓草は間違いなく蛇を象徴化したものであり、まさに頭に蛇を巻きつけたアラボレと同じ位相にあるものでしょう。
　これに類するものには、谷川健一が石垣島川平《かびら》で聞き取りをした話もあります。
　川平の群星御嶽《ユブシイオン》に各御嶽の神女《ツカサ》があつまって神遊びを

した。ハブを手のひらにのせて次々に手渡しながら、心のよしあしをさだめる儀式である。心のわるいツカサのときはハブは首をもたげ、一撃を加えようとするが、審判長の巫女の静粛なれという一喝で首を垂れた。信仰を守るツカサの場合は、ハブは眠ったように、おとなしくなるといいわれたという。

（『蛇』）

神女が蛇を制御するのは驚きですが、蛇と絡み合うさまは、まるで戯れているように見えて、強烈な印象を残します。

どうやら蛇は、神になるというトーテムの解体表現の可能性を持つことはあっても、アマンの針突のように、トーテムを直接的に示すものを見せてはくれないようです。しかし、伝承のなかに「蛇―人」像が現われたり、神女が蛇と戯れたりするところからは、人間と蛇が一体化したイメージがやってきます。こうした島人と蛇とのかかわりは、何か根源的なのを感じさせますし、蛇がアマンとは別の位相も持つのではないかと予想させます。

大きな蛇の存在

そのアマンと比べると、蛇はもっと大きな存在だったのではないでしょうか。

たとえば、よく知られた「蛇女房」という伝承があります。

独り身の男が美しい女と出会い、乞われて結婚します。やがて出産を迎えますが、妻が見ないでくれと言うのに、男は覗き見てしまうと、女房は大蛇になっていて三枚畳いっぱいに身体をはだけて男の子を産んでいました。男は驚きます。そして素性を知られたからには去るしかないと、女は片方の目玉を抜き取って、これを子供にしゃぶらせて育ててくださいと言い残して去っていきます（岩倉市郎『喜界島昔話集』）。物語は続きますが、蛇との関係の核心はここにあります。

ここでは、男が蛇を見て驚くところに、トーテムを信じられなくなったことが示されていて、これもトーテムの解体現象のひとつだと見なせますが、母蛇が自分の目玉を渡して子育てを託すように、それが母子の別れとして語られるのが印象的です。

琉球弧では蛇との結婚にまつわるものとしては、「蛇婿入り」に類型化される「赤又物語」の方が、よく知られているかもしれません。なかなか結婚したがらない美しい娘がいました。実は娘は恋をしており毎日夕闇が迫ると男に会うために家を出るのでした。やがて親の知るところとなり、易者に見てもらうと、赤又という赤い模様のあるきれいな蛇の仕業だと言われます。そこで娘はある夜に、男の着物に長い糸のついた針を縫いつけて別れます。翌朝になって糸をたどって男のあとを追うと、穴につながっていたので一同は驚きます。そこで娘は海に入ると、一匹の蛇を産み落としました。

これは沖縄では「浜降り」の由来譚としてよく知られた伝承です。ここでも島人は男が蛇であることに驚いています。そして、産み落とす蛇は毛嫌いされていませんが、たくさんの蛇を流産したと語られることも多く、どちらかといえばネガティブな意味に傾いているようです。ここでも蛇と人間との類縁があらわになっていますが、それでもすでにこの伝承を語る共同体は、トーテムを受け入れなくなっているのが分かります。

このふたつの伝承は、蛇をトーテムとしているのではなく、トーテミズムとの「別れ」や「拒否」を語っているように見えます。その大きな変化を語る伝承のなかで「蛇」は取り上げられていて、とても大きな存在なのです。

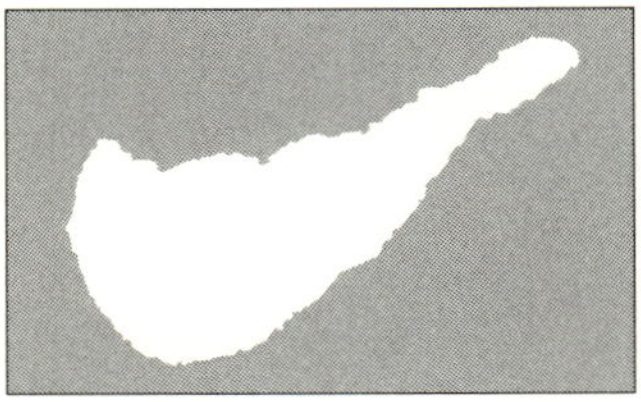

沖永良部島

大きな存在だという意味では、国頭の説話で天地を隔てたアマンチューと同位相にあると考えられるものもあります。それは伝承ではなく、地名です。琉球語でイラブといえば、海蛇を意味しますが、それが島名になったのが、沖永良部島や伊良部島ではないでしょうか。両島は洞窟と潮吹き穴で知られています。沖永良部島の洞窟は総長十キロに及び巨大ですが、そこが蛇の精霊の棲み家として、あるいは、洞窟そのものが蛇の精霊に見立てられたとしても不思議ではありません。強い波とともにフィッシャー（岩の裂け目）から天空へ吹き上げられた潮に、島人は蛇の精霊の姿を見たのでしょう。それはオーストラリアの精霊「虹の蛇」のような存在だったのかもしれません。アマンが「奄美《あまみ》」という地名になったとすれば、それと同じように、蛇のカミ（精霊）が、イラブという地名になったのです。また、口永良部島も同系統の地名ですが、ここは「潮吹き」ではなく、火山の「噴火」が根拠になったのでしょう。

このように、蛇はとても普遍的な存在に見えるので、他の集団との違いを示す意味を持たない種族全体のトーテムだったのかもしれません。

しかし、大きな存在という意味でこれに勝るものはないのは、「死の起源」が蛇とともに語られていることです。

二十世紀のはやい時期に琉球弧を研究した、ロシアの民俗学者ニコライ・ネフスキーが宮古諸島で聞き取ったものです。

節祭《シツ》の夕には蛇より先に人が若水を浴びて居ったから、人が若返り、蛇は若返らずに居った。処がある年、蛇にまけて人が後で若水を浴びたから、蛇が若返り人は若返らぬ様になったといふ。（富盛寛卓談、『月と不死』）

この伝承では、人間は蛇に劣った存在だという視線が感じられますが、死の起源というとても根本的な認識が「蛇」とともに語られるのは、「人間」と「蛇」のつき合いの深さを物語るとともに、「蛇」という存在の大きさをよく教えてくれます。

脱皮つながり

ところで、「不死の蛇」という概念にたどり着くと、琉球弧の野生の思考のなかでひときわ重要なキーワードが浮かんできます。金久正も「蟹儀礼」のなかで触れていた「スデル」がそれです。スデルについて、深い洞察を語ったのは民俗学者の折口信夫《おりくちしのぶ》でした。「ある種の動物にはスデルという生まれ方がある」として、折口は書いています。

蛇や鳥のように、死んだような静止を続けた物の中から、また新しい生命の強い活動が始まることである。生れ出た後を見ると、卵があり、殻がある。だから、こうした生れ方を、母胎から出る「生れる」と区別して、琉球語ではすでると言うたのである。（中略）すでるは母胎を経ない誕生であったのだ。あるいは死からの誕生（復活）とも言えるであらう。または、ある容れ物からの出現とも言われよう。

（『若水の話』）

折口が言うように、母胎を経ない生まれ方を琉球語でスデルと言いますが、それは同時に「脱皮」も意味しています。母胎を経ない生まれ方も脱皮もスデルと言うことは、脱皮のたびに再生すると見なされたことになると同時に、卵を破って生まれ出るのも言ってみれば、再生の一過程だということになります。ここでは死は一時的な仮のもので、スデル（脱皮する）ことによって生は繰り返されます。そこでスデル蛇は、不死の存在だと考えられました。

ここではっきりするのは、「不死の蛇」というとき、島人が「蛇」に対して何を見ていたのかということです。それは「脱皮」です。脱皮をして再生していく、その姿を蛇に見ていたのです。そしてそうなら、ここでもうひとつのことにも気づかされます。そう、アマンも幼生の時から脱皮を繰り返すではありませんか。琉球弧の島人は、蛇の脱皮を感嘆しながら見つめた、それと同じ視線をアマンにも送ったのに違いありません。「蛇」と「アマン」は「脱皮」でつながります。

この脱皮という共通項が存在するなら、アマンの前にトーテムだったのは蛇だという可能性を高めてくれそうです。

それなら、トーテムが「蛇」から「アマン」に変わったということなのでしょうか。そういえば、「蟹」がその鋏で「蛇」を退治する宮古島の伝承はトーテムの交代劇を語ったものかもしれません。ただ、ここには、新しい種族の来島など、単純化できない問題が含まれるでしょう。しかし、あくまで内在的に捉えるなら、アマンをトーテムとして選んだ契機として想定できるのは、島人が洞窟や崖下を風葬の場として指定したときだと考えられます。そこが、人間がアマンに化身する現場に他ならないからです。

トーテムの関係図

わたしたちはアマンのトーテムを起点に、蛇の可能性まで辿ってきました。けれど琉球弧のトーテムはこれに留まりません。伝承を紐解けば、「犬」や「シャコ貝」も見えてきますし、霊魂の化身とされる「蝶」もいます。「ジュゴン」や「鯨」は「神の使い」と呼ばれ、「鮫」は人間を助けるものとして登場してきます。これらをそのままトーテムに直結させるわけにはいきませんが、わたしたちはアマンが身をやつす姿を見てきたので、この動物たちをトーテムあるいはトーテム原理の解体表現のどこかに位置づけることができます。

しかし、そうやって神話から伝承へと時代をくだってゆくと、もっと身近なところに、しかも、針突よりも長く続いただろうトーテムの名残りがあることに思い当たります。

童名です。童名は、島人が苗字を持たなかった近代以前にはそれが名前のすべてでした。金久正が挙げていた名づけ祝いで授かるのも童名に他なりません。童名は戦前まではあったとする島も多いようですが、与論島ではまだ続けられていて、その命脈は絶たれていません。

童名の種類は豊富です。たとえば、映画『ナビィの恋』で知られるようになった「ナビィ」という名前は童名で、意味は「鍋」です。沖縄芝居でも映画でも知られるウンタマギルーの「ギルー」も同じで、おそらく意味は「白」でしょう。按司《アジ》として名高い護佐丸の童名は「モーシ」ですが、美称の「真」を取ると、童名の「ウシ（牛）」が現われてきます。西郷隆盛が奄美大島でともに暮したアイカナも、「カナ（愛）」という童名を元にした名前です。童名は動植物や自然物だけではなく、道具や色や感情からも採られていて、実に多彩なのです。

童名は個人につけるものですから、種族や氏族のトーテムというわけではありません。けれど、ここでも、その対象となるモノとのあいだに親密な関係を結んだことがうかがい知れるのです。考えてみれば可笑しくもなります。アマンをトーテムとしたことを信じられなく思い、どうやったら信じられるようになるのか考えてきたのに、身近なところでは、親戚や知人を、動植物や自然物の意味を持つ童名で呼んで怪しまないのですから。ただ、習慣的になっているので不思議に思わなくても、対象に感じていただろう生き生きとした情感は分からなくなっています。そこで、モーリス・レーナルトに、ニューカレドニアでの経験談を語ってもらいましょう。宣教師である彼が畑仕事をしている少年たちを見に行ったときのことです。

彼らは座り込んでいて、そのかたわらで二匹の牛が鋤《すき》の上に鼻面を乗せて寝そべっていた。「歩きたがらないので、その気になるのを待っているんです」と少年たちは説明した。彼らは少しも悪びれずに、自分たちの意欲と、二匹の牛、つまり人物（カモ）としての牛の意欲がうまく揃わなければ、牛に鋤をつなぐことはできないと本気で思いこんでそういったのである。（同前）

愉しいエピソードです。ここでは、人間らしい生きた雰囲気を持ったものは「カモ」と呼ばれますが、少年たちが、牛をカモとして擬人化して見ているのが伝わってきます。いいえ、霊力思考による擬人化とはこういうことを言うのだと、むしろ教えられるようではありませんか。

カモの自在さについて、レーナルトは続けています。

こういう少年に物語を語らせてみると、話のなかにはカモが登場する。カモは飛び、泳ぎ、地下に姿を消したりする。しかしそのつどそれが鳥であり、魚であり、故人であるとわざわざ断ったりはしない。語り手は、さまざまのお話にしたがって主人公の人物がとる姿を追いかけていくが、その人物は目に見える相は変えてもカモとしての身分は変えない。ちょうどいろいろな衣裳を取り揃えてもっている舞台の登場人物のように、絶えず扮装を変え、変身していくのである。（同前）

身体と世界を分離しないということは、こうした変身もまた容易に起きえたのでした。琉球弧でも、かつては童名を通じて、このような世界が開けていたのではないでしょうか。「ウシ」という童名の島人なら、ニューカレドニアの少年のように牛と心を通い合わせていたのかもしれません。それは確かめられないとしても、少なくとも童名が近年まで（島によっては現在も）続いていたのは愉快なことだと思います。

童名に思い到ってみると、島人が自然と広く密接に関わり続けてきたことが分かってきます。そうするとやってみたくなることがあります。神や人間にかかわる動植物や自然物と、個人にかかわる動植物や自然物、その他の事象を対象に、それぞれがトーテムの解体過程を示すものかどうかを確かめ、解体の表現なら元はどこまでさかのぼれるかを探究していくこと。そうして描かれる関係図からは、琉球弧の島人が、自然とどのような親縁関係を築いてきたのか、その関係の網の目が見えてくることでしょう。その関係図を島ごとに持ち寄れば、島々の個性が分かるでしょうし、ひょっとしたらそこには種族の移動の痕跡が刻まれているかもしれません。

全ては身に起きたこと

ニューカレドニアの少年たちのエピソードは心を和ませてくれて愉しくなります。そしてこの愉しさのうちには、なんとなく分かるという感覚も潜んでいるようです。ペットを飼っている人なら、付き合っているうちに感情の襞を理解できるなんてことは頻繁に経験しているでしょう。また、化身や変身のことなら、ありふれているとすら言えるかもしれません。映画『千と千尋の神隠し』で、千尋の両親が豚になってしまっても、千尋を助けるハクが龍だと知ったときにも、鼻白んだり、これは本当にはあり得ないと分析をしたりすることはなく、わたしたちはむしろ夢中になって物語世界のなかに入っています。村上春樹の作品に「羊男」が出てきても、そこに、着ぐるみの人間というだけでない、固有の存在感を感じとりながら読みふけっています。いやそういう前に、着ぐるみを、人間がキャラクターのぬいぐるみを被っているだけと思うなら、「ゆるキャラ」の着ぐるみの前ではしゃぐこともないでしょう。そう考えると、わたしたちはトーテムが生きた世界とも地続きの面を失ってはいない。失っていないどころか、いまも生き生きとした交通を保っていると言っていいのかもしれません。

それだけではありません。「アマン──人、人──アマン」という表象にしても、遠い未開の社会の特異な信憑というものではないのではないでしょうか。

三木成夫は胎児の表情を観察したことがありました。そんなことをしていいのかと、何度も自問自答を繰り返してようやく決意し、観察すると、受胎三十二日目の顔はフカのそれでした。三十六日目は爬虫類の面影を宿していました。「いったい、この自分も、こういった顔をしていたのか」と三木は驚きを込めて書いています。三十八日目になると、哺乳類の顔だということが分かりました。受胎一カ月後の一週間に起こった劇的な変容の意味は何なのか、と三木は自問し、それは脊椎動物が大海原から上陸して歩み続けていった、「その大河ドラマの、いわば〝夢の再現〟にほかならなかった」と書きました。

そこでは地球の記した「億」の足跡が、わずか数日の刻瞬に凝縮し、そこに展開された〝上陸〟の苦闘の歴史が束の間の〝おもかげ〟として走馬灯のごとくに過ぎ去ってゆく……それは、いってみれば母胎の内なる「小宇宙」の出来事だったのです。（『内臓とこころ』）

「個体発生は系統発生を繰り返す」と言うかわりに、三木は「夢の再現」と、印象的な言葉を置いています。そのとおり、人間は魚類も爬虫類も通過して哺乳類にたどりつき、人間の姿態を得ていくのであるなら、人間がトーテムとする動植物や自然物とのあいだに似たものを感じ、同一化することに身体的な根拠もある、ということではないでしょうか。覚えていないだけ、全ては身におきたことなのだから。こう書いたとしても、信じられるところまで行けるわけではありませんが、出発点の場所よりは、いくらか理解に近づけた気がしてきます。

わたしはジュゴン

ただし、いまの社会で「わたしはアマンだ」と言ったとしたら、まともに相手にはしてもらえません。ジョン・レノンは「俺は卵男だ、セイウチだ」と言いましたが、それもビートルズの曲として唄ったのでした。アボリジニがドリーミング（夢見）と呼ぶ、無意識を発動させた状態、霊力思考を発揮できる機会は芸術か病気の世界にかろうじて表現領域を持っているとも言えそうです。

それでも、わたしたちの身体にはいつも霊力への感受性が伏在していて、時に思わぬ形で、それと意識することなく噴出することがあります。

一九九五年、環境ネットワーク奄美は、奄美大島の住用《すみよう》で計画されたゴルフ場建設計画について、鹿児島県を相手に林地開発の許可処分に対する無効の確認や取り消しを求めた行政訴訟を起こしました。こう書くと、環境保護を求めた住民運動に見えます。いや、そうには違いないのですが、この訴訟で目が釘付けになるのは、原告団の記名です。そこには、なんと「アマミノクロウサギ、アマミヤマシギ、ルリカケス」とあるではないですか。つまり、奄美の動物たちが訴訟を起こしたことになっているのです。実際、建設予定地にはアマミノクロウサギの糞が大量に見つかったことで話題になっていました。

アマミノクロウサギ（奄美大島）
（撮影・水間忠秀）

主催者たちは、この原告団名では裁判所に受理されないことも、もちろん念頭に置いていました。しかし、裁判所からの命令を受け、原告団を「アマミノクロウサギこと」と前置いて氏名を続けたことで、提訴は受理され、裁判に持ち込まれます。ただ、進行はそこまでで、訴えは一審、二審ともに、「原告らに原告適格を、認めることはできない」というきわめて当然の論理で棄却されます。それでも原告団は期待以上の成果が得られたと判断し、上告しないことを決めました。環境ネットワーク奄美の薗博明は、成果とみなした判決文の一部を紹介しています。

「個別の動産、不動産に対する近代所有権がそれらの総体としての自然そのものまでを支配し得るといえるのかどうか、あるいは、自然が人間のために存在するとの考え方をこのまま推し進めてよいのかどうかについては、深刻な環境破壊が進行している現今において、国民の英知を集めて改めて検討すべき重要な課題というべきである」。（「復帰後の奄美の変容」）

原告団の異議申し立ては、「自然が人間のために存在する」という考え方に向けられたものに違いありませんが、その根底にあるのは、彼らの言葉を引けば「人間は自然に生かされている」という認識でした。薗博明らが野生生物を原告にしたきっかけは、長老（と、薗は書いています）がため息まじりに、「こんなにまで言うことを聞かないなら鳥にでも訴えさせようか」とつぶやいたことでした。思わずみんな笑ったでしょう。しかし、このひとことを契機に、彼らは野生生物を主体にした提訴を行なったのでした。それでも、決断までに三年かかったといいます。

わたしたちは原告団の身体性に、あの動植物や自然物を人間の祖先とするトーテミズムの感覚がありありと生きているのを感じることができます。裁判所の命令を受けて、「アマミノクロウサギこと」として氏名を続けたとき、「わたしはアマミノクロウサギだ」という霊力思考が露頭しているのを、わたしたちは目撃するのです。

辺野古

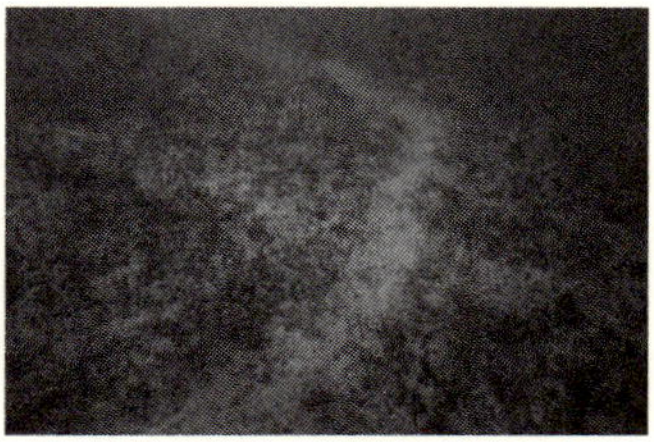

大浦湾の埋め立て予定海域で発見されたジュゴンの食跡（北限のジュゴン調査チーム・ザン提供）

辺野古の基地建設に対する反対運動では、「ジュゴンの住む珊瑚礁を守れ」というフレーズが使われています。そして、ジュゴンとは「神の使い」とされていたことまで言葉は届いていました。たしかにザン（ジュゴン）は、琉球弧の伝承のなかで、津波を知らせて人間を助ける動物として登場する、縁のある生物です。けれども、「神の使い」がもとをたどれば、それを祖先とみなすトーテムの思考に届き、そこでは「わたしはジュゴン」という言明が成り立つような、ジュゴンの擬人化であり、人間の擬ジュゴン化の感覚が宿っているのです。珊瑚礁の海が傷つくのに、島人の胸が痛むのは、自然の破壊というにとどまらず、どこかで自分が損なわれるのと同じだと感じているからなのです。

トーテミズムの思考では、人間は鏡を持たない彼らにとっての鏡像として自然を見つめ、種族集団の自己像を形成しました。その意味で、トーテミズムとは自然との同一化の思考であり、その淵源《えんげん》ははるか遠くの時代にあると言えるでしょう。しかし、それにもかかわらず、そこにはもう、人間が他の動植物や自然物とは異なる存在だという自覚があります。同一化を求めること自体、動植物や自然物とは異なるという類別の自覚を持ったことを意味していますから。自然との乖離を認めざるをえなくなったとき、人間はきっと、それが嫌だったのでしょう。自然と離れたくなかったのです。その疎外を打ち消すべくトーテミズムは編み出され、人間の生きる糧になったと考えられます。

3　いずれ、生まれ変わる――再生

トロブリアンドの再生

実はトーテミズムの思考のあるところでは、しばしば再生もあるとされています。再生は、さまざまな意味で使われますが、ここでは、復活するということではなく、動植物などの異類へ転生することでもなく、再び人間として生まれ変わることを指します。しかも、どこかの誰かということではなく、身近な、たとえば同じ氏族の誰かとして生まれ変わるという意味です。

ここで再び太平洋の島々に視野を移しましょう。場所は、タミ族のいるニューギニア島のフォン湾をさらに東南に進んだ、トロブリアンド諸島です。いちばん大きいキリウィーナ島は西表《いりおもて》島ほどの大きさがあります。再生の事例なら、本当はトロブリアンド諸島よりもさらに時間的に遡行できるオーストラリアに向かうべきかもしれません。オーストラリアで再生を思考する人々は他界の観念を持たず、死者は、あのドリームタイムの時空の場である祖先の地（トーテムの動植物が集まるトーテム・センターという実在の場所を考えた人々もいます）に戻り、しばらくすると再生すると考えました。

ただ、ここでオーストラリアではなくトロブリアンド諸島にしたいのは、まず、オーストリア＝ハンガリー帝国（現ポーランド）出身の人類学者マリノフスキーが、二十世紀のはじめの頃に現地に滞在して、島人たちとの対話のなかから聞き取った具体的な記述があるからです。それにトロブリアンドの島人はあの世（他界）の観念を持っています。他界を思考するようになってなお、再生を維持した例は、琉球弧を考える上でも参照できることが多いはずです。

そこでマリノフスキーの報告を頼りに、再生がどう捉えられていたかを見ていきましょう。

トロブリアンド諸島では、バロマと呼ばれている死者の霊魂は、トゥマ島へ行きます（トゥマ島の地下とも言われています）。トゥマ島は、キリウィーナ島の北西十五キロほど先にある実在の、とても細長い島です。バロマは、あの世で、「現世の生活に似た――ただそれよりずっと幸福な――愉快な生活」（『未開家族の論理と心理』）を送ります。あの世でも同じくバロマも年を取ります。でも、老いたバロマは「ただそのおおいを脱ぐだけで」また若返ります。そうやってあの世での生活を続けますが、バロマは不断の若返りに飽きると、この世に復帰したくなります。そんな時、バロマは浜に行って潮水を浴びて、「ちょうど蛇がやるように、自分の皮を脱ぎ捨てる。そして

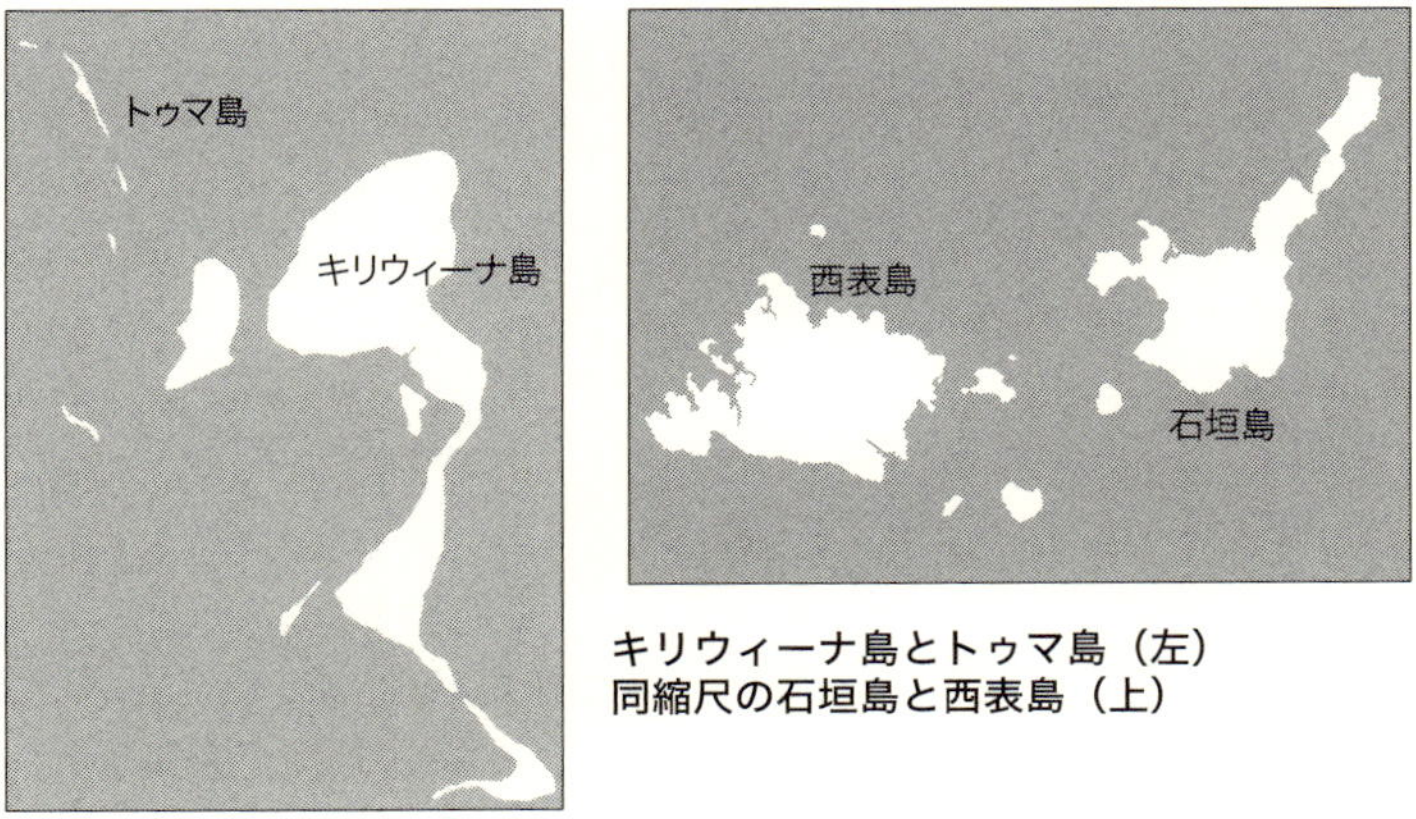

キリウィーナ島とトゥマ島(左)
同縮尺の石垣島と西表島(上)

また、幼い子供になる」(『バロマ』)のです。幼児になったバロマは、流木や木の葉、樹枝、かれた海藻《かいそう》、海の泡沫などに乗って漂い、たとえばキリウィーナ島の海岸近くに来ると、水浴びする女性の体内に入る機会をうかがいます。

マリノフスキーは別の説明も受けています。ある女性の父や母のバロマ(母系の親族の誰かであることが多い)が、流木に乗って漂っている子供のバロマを美しいと思うと、そのバロマを取り上げます。そして、取り上げた子供のバロマを女性の髪のなかに置くと、彼女は頭痛や吐き気がして、腹部に疼痛《とうつう》を感じます。そのとき、子供は腹部にくだって、妊娠するというものです。妊娠した女性は、子供のバロマを選んだ人物が近づいてくるのを夢に見て、誰が子供のバロマを授けてくれたかを、夫に話すことも多いといいます。

「あの世」で愉快な生活を送って、老いたら若返って、それに飽きたら「この世」に復帰するなんて、なんて幸せそうな永遠の人生なんでしょう。これはちょっとわたしたちにはそう願いたくてもできない考え方です。ただ、トロブリアンドでも蛇の脱皮のモチーフが現われるのには目を引かれます。重要なのは、トロブリアンドでは、再生は可能性でも、そうあってほしいという祈願でもなく、島人にそう信じられている原理であること、そしてそこに脱皮のモチーフが出現していることです。

ここで一度、琉球弧に戻りましょう。

琉球弧の再生

琉球弧の再生について探究しているのは民俗学者の酒井卯作《うさく》です。酒井は『琉球列島における死霊祭祀の構造』をはじめとして、民俗事例や足で稼いだ聞き取りを豊富に取り上げ、その痕跡を丹念にたどっています。彼がとりわけ注目したのは、琉球弧で重要な意味を担ってきた「水」でした。酒井に言わせれば、琉球弧の「水」は、「内地の習俗では想像を超えるほどの密度の濃い信仰を内蔵」しています。ここで、「想像を超える」とまで強調されている信仰とは、わたしたちが使ってきた言葉でいえば、水にことのほか強い霊力を認めていることを指します。

いくつか挙げられた例のなかで、それがあらわになるのは、出産後の「井泉降《かわお》り」のときです。この行事はふつう、井泉で出産時の汚れ物を洗うことを指しますが、酒井はそこで注意深く目を凝らして、井泉から水をとって、産まれた子の額につける「水撫で」を行なう集落《シマ》があるのを見逃していません。たとえば伊計島《いけい》では、井泉降りのときに、汚れ物を洗うとともに水を汲み、「最初冷たいうちに赤子の額に指先でつける」（『南島産育資料』）のですが、これが「水撫で」です。

酒井は、単に汚れものを洗う「井泉降り」に、「水撫で」の習俗が混ざったのかもしれないと考えていますが（『水撫での話』）、わたしたちがここで捉えたいのも、「水撫で」の方です。というのも、新生児の額に水をつける行為は、トロブリアンドのバロマが、再び「この世」に戻りたくなったときに、浜辺の潮水を浴びるのと似ているではありませんか。古宇利島《こうり》の「井泉降り」では、浜の潮水を汲んで赤ちゃんの額につけるので、「潮水」は「水」と同じ意味を持ち得るのでしょう。そうだとすると、「水の霊力」をつける「水撫で」には、再生につながる思考が潜んでいるのではないかという予想が生まれてきます。

ただ、一足飛びにはいけませんので、「水の霊力」の意味をもっと探ってみましょう。

「水撫で」の習俗を見ていくと、興味深いことに沖縄島の玉城《たまぐすく》では、「水撫で」用の水を汲むときに、蟹も獲るのです。蟹が何に使われるのか、この例では触れられていませんが、首里付近では、名づけ祝いで「水撫で」をするほかに、数匹の小蟹を赤ちゃんの枕辺に這わせています（『南島産育資料』）。これはまさに、奄美大島の名づけ祝いの例でみた「蟹儀礼」です。

名づけ祝いは、「人間」としての生誕を認められることを意味していました。わたしたちはそこで行われる蟹儀礼に、トーテムから人間への化身が見立てられていると考えましたが、その「蟹」と「水」がセットで登場するということは、「水撫で」にも重要な意味が込められていることになります。いってみれば、蟹儀礼が蟹から人間への化身であるとするなら、「水撫で」は、トーテムとしての蟹あるいは未生の霊が人間として生誕するための霊力の付与を意味するのでしょう。「水の霊力」の持つ意味があらわになるもうひとつの場面は、「死」です。酒井はここで、とても印象的な例を挙げています。

奄美大島竜郷の赤尾木では、湯灌《ゆかん》に使う水を井泉から汲んで死者の出た家にたどり着くと、水汲み役の人は、家の中にいる人に水を受け取ってもらう前に、次の問答を交わします。

受取人　「その水は何水か」
水汲人　「これは死に水です」
受取人　「その水は何水か」
水汲人　「これは死に水です」
受取人　「その水は何水か」
水汲人　「この水は生き返る水だ（クンミジィヤ　スィディルミィジィ）」

（『琉球列島における死霊祭祀の構造』一部編集）

受け取り役の人は、「この水は生き返る水だ」という答えを聞いてはじめて水を受け取り、家の中に入れることができるのです。この問答には、死が後戻りできないものと観念されても、これに抗い否定しようとする意思が鮮明に現われていて感動的です。別れ際のケアのように響く「死に水」という言葉が「生き返る水《スィディルミジ》」によって否定されるまでは、家に水を入れないのですから。

ここで「生き返る」という意味は、文字通り死者である本人の蘇生、蘇りを願っているように聞こえます。「生き返る水」は、実際には琉球語で「スデル水《スィディルミジ》」と言われるわけですが、スデルには「蘇り」の意味もありますから、それにも当てはまります。しかし、この理解はアマンがトーテムから身をやつしていったように、再生が断念された後の解釈だとしたらどうでしょう。再生が断念されたので、本人の「蘇り」を意味するようになったのだとしたら。その前には、別の思考が働いていたことになるでしょう。

するとまず、ここでの「生き返る」には、霊的な存在への移行が無事に進むことが願われていると見なせます。死者は骨になるまでは苦労すると言われますから、こう捉えても不自然ではないでしょう。そして、再生の可能性を探るうえでもっと踏み込めることがあります。トロブリアンドで、年老いたバロマがもう一度この世に戻りたいと思うと、彼は潮水を浴びて「幼児霊」に戻っていました。これを踏まえれば、「生き返る」とは、ふたたび幼児霊に戻ること、あるいはゆくゆくは「生まれ変わる」ことを指すことになります。

この場合の思考の成り立ちを考えてみます。そこでは、死は単に「あの世」へ行くということではなく、霊的な存在への移行であるとともに、未生への帰還であり、さらに未生を通じて再生するという円環が思い描かれていることになります。それが、死者に群がる蟹からは、人間から蟹への化身、蟹儀礼では、蟹から人間への化身という見立てを可能にする、生と死のもともとの構造です。そしてその過程を媒介する霊力が、「水」だということです。

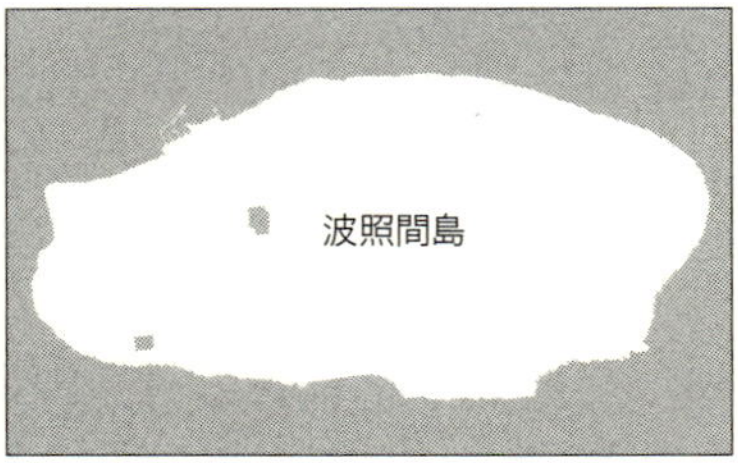

波照間島

果たして、こう考えられていたのでしょうか。

もう少し手がかりが欲しいところですが、ありがたいことに酒井は、「生誕」と「死」の他に、「洗骨」にも目を向けています（同前）。洗骨はその名のとおり、埋葬後何年か経って遺骨を取り出し、水で洗う儀礼です。火葬が普及した現在、ほとんど見られなくなってしまいました。わたしは二十一世紀に入ってから祖父の洗骨に立ち会ったことがありますが、これはわたし自身が辛うじて間に合った例と言えるでしょう。

ここで注目されるのは、島ごとの洗骨の呼称です。酒井が挙げている例によると、大きくは二つのタイプがあります。もっとも多いのは、「骨あげ（徳之島）」のように洗骨を「複葬」として捉えた呼び方です。もうひとつは、「きれいにする《チュラクナスン》（今帰仁《なきじん》）」のように清浄化を意味するもので、この場合は、骨に対する行為が捉えられています。こまかく見ていくと、「きれいにする」という意味がもっと積極的になるのは与論島で、そこでは「骨を新しくする」とも言います。「きれいにする」が「清浄化」なら、「新しくする」は「若返らせる」です。しかしさらに驚くことに、酒井自身が波照間《はてるま》島で聞き取りしたところでは、洗骨を「誕生祝い《タンカーヨ》」と呼ぶのです。ここでは、骨を洗う行為が、「きれいにする」、「若返らせる」という以上に、「生まれる」とまで意味を強められています。そして、「生まれる」という意味を持つことがあるのなら、与論島の「新しくする」という呼称も、「生まれる」という意味を持ち得ることになるでしょう。

ところで、「誕生祝い」とはどういうことでしょうか。

わたしたちは、生誕や死の場面で、「水」が次の存在に移行するために、あるいは生まれ変わるために欠かせない霊力を付与すると捉えてきましたから、「誕生祝い」とは、洗骨が、生まれ変わり、つまり再生の時を意味するという考えに辿り着きます。たとえば、オーストラリアのナンジ族では、雨に洗われて骨がきれいになったときに再生が実現し、アルンタ族では、骨が完全に粉々になってしまわないと再生は実現しないと言われていました(ロベール・エルッ『右手の優越』)。ナンジ族の例は、洗骨と再生を結びつける考え方を裏づけるようで、強い印象を受けますが、すぐにこれと同じだと言うのはためらわれます。しかし、少なくとも、骨が再生の根拠になりうることは確認できます。

つまり、「洗骨」が再生の時であり、このとき「骨」が再生の根拠になるのです。ここで、「骨あげ」「きれいにする」「新しくする」「誕生祝い」と並べてみると、洗骨の持つ意味の本質が次第にあらわになってくるようです。言い換えれば、この呼称の並びを逆にすると、再生が信じられていたときから、それが断念され、それとともに洗骨のもともとの意味も失われて、習俗の行為自体を指し示すだけになるまでの変遷に見えてきます。

さて、幾分たどたどしい足取りではありますが、酒井が洞察したように、「水」に焦点を当てると、琉球弧の再生に対する思考は、「生誕」、「死」、「洗骨」という人生儀礼のなかで、おぼろげながら見えてきます。

ただ、どうやら琉球弧では、トロブリアンドのように、明快な再生のストーリーが語られることはなく、その痕跡を見い出せるに過ぎないようです。けれど、痕跡とはいえ、そこにもともと再生の思考が宿っていた可能性を認めることはできます。わたしたちは、琉球弧では痕跡しか残っていない再生のより明瞭な姿を、トロブリアンドに見ているのかもしれません。このことを、もっとはっきり見定めていきましょう。

アマンに見ていたもの

大著『琉球列島における死霊祭祀の構造』を通じて、酒井卯作が結論に置いたのは再生の信仰でした。

琉球列島の常民社会の中で、仏教がその信仰を求めるほどの力がなかったのは、ある意味では幸運であった。不死の観念に支えられたマブイの信仰が、常民社会の基盤としてある限り、おそらく絶望を意味する死というものは存在しないであろう。この不死の観念は、琉球列島の常民たちが、外部から多くの文化を摂取してきたにも拘わらず、その思想の根底に営々として育んできた自分自身の信仰であったにちがいない。そしてこの考えこそ、日本人が諸文化を受容する以前の、もっとも素朴な感情ではなかっただろうか。

「素朴な感情」こそは、酒井がこの本で堅持し続けた鉄則で、それが酒井の民俗学を知的な遊戯にさせない重心になっています。ただし、酒井はここで再生を「不死」という言葉に置き換えていますが、「素朴な感情」を丁寧に拾い上げた事例や考察から、不死に対する信の構造が明らかになったわけではありません。ここでは「水」に限らない数多くの民俗事例が取り上げられていますが、どれもトロブリアンドのように、再生のストーリーを語ってはいないのです。だから、わたしたちは「不死の観念」というとき、トロブリアンドのように再生は心から信じられた原理としてあったのか、それとも可能性だったのか、可能性が諦めかけられた上での祈願だったのか。それを問うてみたくなります。

しかし、こう問いを立てて振り返ってみると、わたしたちはすでに答えの前を通り過ぎているのに気づかされます。そう、脱皮するアマンをトーテムとしたこと自体、そこに脱皮を通じた再生を見たのではないでしょうか。島人がアマンに何を見ていたのか。それは霊魂思考からみれば、死体にアマンが群がった光景を見て、そこに化身を捉えるのですが、霊力思考からみれば、脱皮するアマンの姿を再生と見なして、人間と似ていると感じたのです。アマンが脱皮をして生まれ変わるように、われわれも脱皮をして生まれ変わる、と。霊力思考が、アマンとの間に見い出した人間と似ていることとは、脱皮を通じた再生だったのです。そしてそうだとしたら、アマンをトーテムとしたこと自体が、再生は、島人が信じた原理であった可能性を示すことになります。かつての琉球弧の島人は、トロブリアンドの島人のように、生き生きとした再生のストーリーを語ることができたのかもしれません。

ただし、ここで考えなくてはいけないことがあります。島人は「アマン」だけではなく、「蛇」に対しても脱皮をみていたと、わたしたちは考えてきました。むしろ、「蛇」に見たものを「アマン」に対しても見たのであり、それが両者に向けられた視線の共通点であると捉えてきました。しかし一方で、「蛇」と「アマン」に共通するものだけではなく、異なるものをみていた可能性もあると思えます。

そう考えさせるのは、「不死」と「再生」との違いです。

のちにもう一度、触れる機会がありますが、人間は、人間をもともと死ぬものだとは考えていなかったようです。そんな馬鹿なと思いますが、どうもそのように見えるのです。あるいは、「死の起源」が語られるということ自体、そのことを示していると言えばいいでしょうか。もっともわたしたちは、実感が追いつかないまでも、ドリームタイムの時空のあり方を学ぼうとしたのですから、永遠の現在という時間性のなかで、「わたし」と「わたしたち」が同じである自己意識を想定すれば、それを「不死」と言い換えることができます。

ここで、蛇をトーテムとした段階があり、そこでは「蛇」を通じて、人間の「不死」を見ていたと仮定してみます。すると、それと「再生」とは異なるのに気づきます。「再生」の場合は、死という過程を経て、再び「この世」に生まれ出ることを意味するからです。「蛇」から「アマン」へという流れが連続的であったかどうかは分からないにしても、大またぎに歩めば、そのどこかでは、この「脱皮」する動物たちを通じて、「不死」を見たときと、「再生」を見たときという、異なる段階があったのではないでしょうか。

宮古諸島で、死の起源の伝承を聞き取りしたネフスキーが、それでは不死のときにはどのように若返ったのかと聞くと、話者は、「蛇の様に皮を脱いだものだ」と答えています。脱皮そのままの若返りですが、実はトロブリアンドでも、「あたかもそれはカニや蛇やトカゲがときどき古いからを脱いで新しい生活をはじめるのと同じなのだ。人間は不幸にしてこの術を失ってしまった」(『未開人の性生活』)と、同様の説明がなされています。ところがそれとは別に、バロマ(霊魂)は、「あの世」で老いると、「ただそのおおいを脱ぐだけで」若返りましたし、それに飽きると、浜辺で潮水を浴びて、蛇のように皮を脱ぎ捨てて、幼児霊になるとされていました。ここで、宮古でもトロブリアンドでも、蛇のような脱皮は、不死であったかつてのこととして位置づけられていますが、再生を語るトロブリアンドでは、そこに「あの世」での行為も付け加えられていて、それは現在形なのです。これはつまり、トロブリアンドでは、脱皮による「不死」の概念を「あの世」に転移させることによって、「再生」の原理の基礎にしていることを意味しています。

ここからみると「再生」とは、人間は死を経るけれども、いずれ生まれ変わるという道筋によって、「不死」の観念を生き延びさせたものだと言うことができます。「再生」とは「あの世」を介した「不死」であり、延命された「不死」なのです。

こうした「不死」と「再生」の違いを認めると、琉球弧では「蛇」に不死を見たのだとして、それについで「アマン」をトーテムとしたことのなかに、トロブリアンドと同じような、「あの世」を介した再生が語られていた可能性を見い出すことができます。

つけ加えればわたしたちはここで、琉球弧でスデルという言葉が重視されてきた本当の理由に触れかかっている気がします。脱皮や孵化を意味するスデルは、「水」を媒介にして、「若返る」「生まれ変わる」「蘇る」という多様な意味を内包していました。そのどれもが、野生の思考が捉えた時間のあり方から派生しています。つまり、島人はスデルという言葉で、反復する時間性をずっと手放すまいとしてきたのです。

母系社会と「をなり神」

トロブリアンド諸島は、手がかりの少ない琉球弧の再生に強い示唆を与えています。そうだとすると、琉球弧との共通点をもっと探ってみて損はないはずですが、こう考えて真っ先に思い浮かぶのは、琉球弧もかつてそうだったと言われる母系社会のことです。

母系社会とはどういう社会なのでしょう。
マリノフスキーの記述を追うと、その特徴は、子供の成長の過程であらわになります。それはトロブリアンドの子供たちが成長すると、父とは別の男たちが教育者として現われることです。その男たちとは、母の兄妹、子供からみれば母方の伯父（叔父）です。子供にとって父は仲間や友達のようだといいます。そして父も子供に対して惜しみなく愛情を注ぎますし、それは終生変わることはないのですが、それにもかかわらず、成長するにつれて彼の教育者であり保護者になるのは、父ではなく母方の伯父（叔父）なのです。子供はそこで、自分が属するのは、父の氏族ではなく、母とその兄弟たちの氏族であることも知ることになります。

ここで島人は、思わず立ち止まるでしょう。というのも、琉球弧には兄弟に対する姉妹を指す「をなり」という言葉があるではないですか。しかも、沖縄の民俗学者伊波普猷《いはふゆう》が、「現に彼等と共に生活している人をそのまま神として崇《あが》める風習」（「をなり神」）と紹介したように、「をなり神」と、「神」を添えて使うのです。残念ながら現在の島人にとっては、ときおり会話のなかで、「をなり神がなし」という言葉がふいに漏れるような瞬間に、信仰の現存をかすかに感じる程度になっています。ただ、希薄になっているとはいえ、「をなり神」という言葉にはどこかしら特別な響きがあって、こ

B・マリノフスキー

の言葉が残ってきたのには深い理由があるだろうという予想を抱かせます。ここまでくると、その予想にはやはり根拠があったと言うべきなのでしょう。トロブリアンドの母系社会では、長じた子供の成長に携わるのが、母と父ではなく、母とその兄弟たちだというのですから。わたしたちはここで、兄弟姉妹の関係が、社会を構成する核になっているのを目撃しています。つまり、「をなり神」とは、母系社会の核心を伝える言葉だったのです。

でもどうしてそうなるのでしょう。なぜ、実の父を差し置いて、母の兄弟が前面に出てくることができるのでしょう。これは理不尽なことではないのでしょうか。

驚くことに、トロブリアンドの島人には、この慣習を支える重要な認識がありました。それは、父と母の性交によって子供を妊娠するという認識がないことです。子供は性交の結果、孕まれるとは彼らは考えないのです。

そういえば、わたしたちはすでに知っていることがありました。トロブリアンドでは人間は「あの世」での生活に飽きると、再び脱皮して幼児霊になり、女性の身体に入って再生することができると信じられていました。それが、子供が産まれる道筋でした。しかもここで付け加えると、再生するのは主に母系の系譜の誰かだと考えられています。子供の誕生とは、いわば母系による霊力の贈与でした。つまり、再生の原理は、性交が妊娠とはかかわらないという認識とセットで生きているのです。

「原住民の視点」(『マリノフスキー日記』)に徹することに務め、等身大とでも言うべき視線を持つマリノフスキーもここは思わず身を乗り出して、いや、性交の結果、子供ができるのでしょう、と島人に伝えます。ところが、彼らは真実を告げられたことに衝撃を受けて驚くどころか、それは嘘だとして積極的に反論するというではありませんか。しかも、猛烈に。たとえば、クラヤナという女性は「非常に醜い」ので、男は誰でも彼女と性交するのを「恥じて」いるから、クラヤナは誰にも劣らず「純潔」であったにもかかわらず、六人以上の子供を持っているではないか、というように。島人は、そのうえ、未成年の子たちは盛んに性交をするが子供は生まれないではないか、とも主張します。さすがのマリノフスキーも、この討論を進めるのは気乗りがしなくなり、納得しないまま折れてしまうのでした（『未開家族の論理と心理』）。

わたしたちの盲点

トロブリアンドの島人が、驚くでもなく、むしろ反論するのはどうしてなのでしょう。まず、性交から出産まで十カ月の時間を経ることが、認識の妨げになることがすぐに予想できます。思想家の吉本隆明は、「原住民の認識力は即自的な事象を結びつけることはできるが、時間的に遅延された事象の隔たりを結びつけるまでには至らなかった」（『母型論』）と書いていますが、確かに、この十カ月の遅延は大きな意味を持ったに違いありません。ここに付け加えるとすれば、彼らは、死は生からの移行であるという意味では直線的な時間認識を持っていますが、いずれ再生するという円環する思考も強く保持していることが、「時間的に遅延された事象の隔たりを結びつけるまでには至らなかった」背景にあるものだと思えます。

しかし、このことばかりではありません。内在的にみれば、性交によって妊娠するということは、母系の霊力として幼児霊が再び女性に宿るという再生観に矛盾しています。性交による妊娠、出産という道筋は、母系社会を支える根本的な人間観に合致しないのです。それだからこそ、彼らは納得しないだけではなく、反論しさえするのでしょう。

つまり、トロブリアンドの島人は、単純に知識を欠いているということではなく、性交による妊娠、出産という認識を受け容れないのです。だから、これは認識の欠如というより、認識の拒否と言ってもいいと思えます。吉本隆明はこのことを「あえて無意識によって拒絶されるべき盲点」（同前）と書いていますが、その通りではないでしょうか。

これが父に代わって母の兄弟が子供の教育や保護に登場する背景にある理由です。父は子供の誕生には全く関係がないと見なされます。つまり、「母が肉と血によって子供に関係している唯一の親」（『未開家族の論理と心理』）と見なされているのです。

島人は言います。「兄弟姉妹は同じ肉体でできている。彼らは同じ母から生まれたものであるから」（同前）と。これは彼らの信条であるとともに母系社会の本質を教えています。トロブリアンドの島人は、兄弟姉妹の関係が彼らの社会の核心であることを言う時、「われわれは同じ肉体である」と表現したのです。言うまでもありませんが、トロブリアンドでは兄弟姉妹婚は禁止されています。それどころか、兄弟と姉妹は顔を眺め合うことも感情を交わすこともない厳格なタブーのもとにいることを強調しておきます。

トロブリアンドの島人には、性交が妊娠をもたらすという認識を拒絶する盲点がありました。一方、性交と妊娠の関係を知っているわたしたちは、マリノフスキーの民族誌がなければ、「をなり神」の真実に辿りつけない盲点を持っていたと言うべきでしょう。

兄妹始祖神話の位相

わたしたちとは異なる性の認識によって母系社会と再生の原理が強く結びついているなら、兄弟と姉妹の性交によってこの世が始まったとされる琉球弧の神話の意味について、確かめておかなければなりません。

兄弟と姉妹から共同体が始まるという神話が、琉球弧の島々にはあります。もっとも目に触れる機会が多いのは『中山世鑑』のそれかもしれません。

数万年たっても人がいないので、アマミクは天帝のところへゆきひと種を乞うた。天帝はじぶんの男女の子をくれた。この兄（弟）と妹（姉）神は性的な結合はしなかったが、住み家がならんでいたので、ゆききして吹く風をなかだちにして、女の神は受胎した。そして、三男二女を産んだ。長男は国王の始祖で天孫氏といった。二男は諸侯のはじめ、三男は百姓のはじめ、女は聞得大君のはじめ、二女はノロのはじめになった。

『中山世鑑』は十七世紀の終わりに編纂されていますから、このときまだ生きられた神話として語られたかどうかは分かりません。しかし、『中山世鑑』でも、最初の兄妹神は、「ゆきまして吹く風をなかだちにして」受胎するというように、性交の仕方を知らないということの神話の特徴を保持しています。

いま、各島に伝承された兄妹始祖神話のうち、性交の仕方を知らないという点で同型の箇所を挙げてみます。この神話の位相を把握するのに、そこが重要だと考えるからです。

人間は造ったが、子の出来るような方法は如何であろうか。又神様に相じたい。神様が言われる。えけが（男）の家は風上に造れ、女子の家は風下に造れ。造った処が、風上の男の息が、風下の女の息にかかって、子が出来るようになった。

（沖永良部島、山下欣一『南西諸島の兄妹始祖説話をめぐる問題』）

ある日天を飛んでいた二羽のホートイ（白鳥）が夫婦のちぎりを結んだのをみて、フナキー（兄と妹―引用者）はおどろきまねて仲むつまじく暮らしているうち、たくさんの子が生まれる。

（与論島、同前）

朝な夕な磯打際でウマグルなどをあさって、玉の緒を繋いでいたが、或時海馬《ウンウマ》の交尾するのを見て、男女交媾《こうこう》の道を知った。二人は漸く裸体の愧《は》ずべきを悟り、クバの葉で陰部を隠すようになった。今日の沖縄三十六島の住民はこの二人の子孫であるとのことだ。

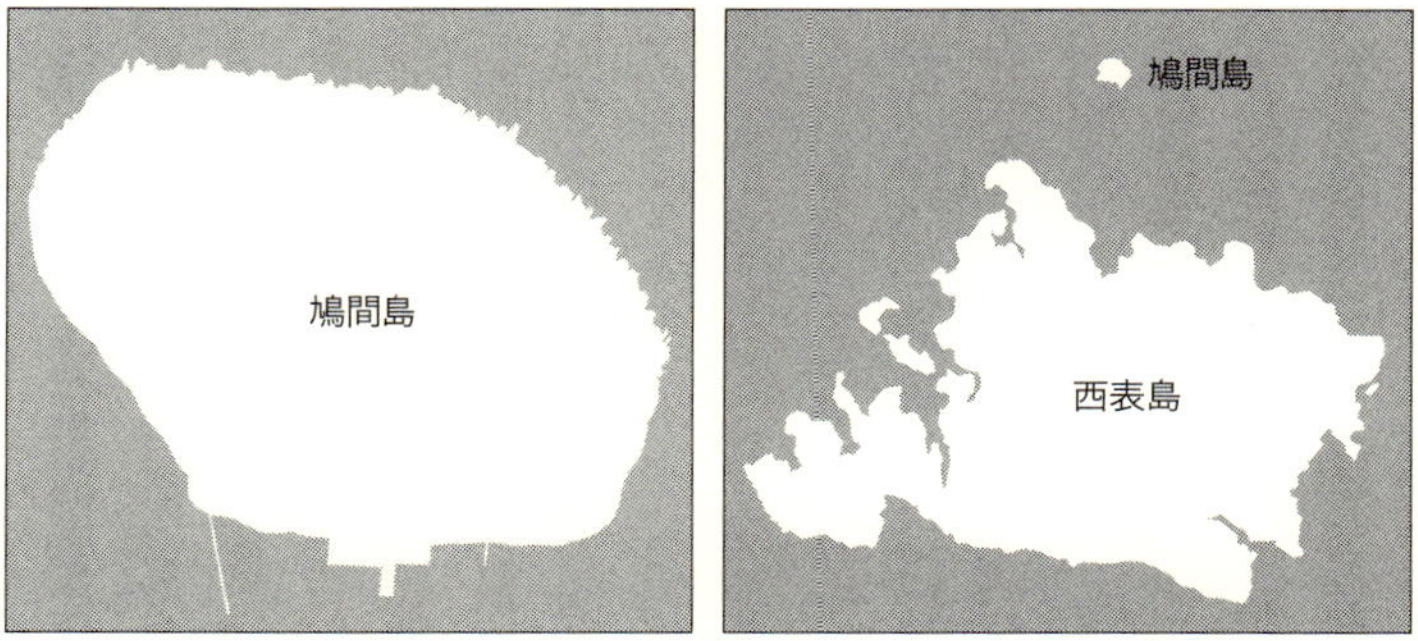

鳩間島

（古宇利島、伊波普猷「琉球の神話」）

最初にやどかりがこの世に生れ出た。地中の穴から男女が生れた。神は、二人を池の傍に立たせ、別方向に池をめぐるように命じた。再び出会った二人は抱き合い、その後、八重山の子孫が栄えたという。

（石垣島白保、大林太良、同前）

途中の坂道で妹が石につまずき倒れた。すると、兄も妹につまずいて妹の上に打ち倒れ、二人は結ばれた。妹は、兄の子を生み、それ以後、子孫の繁栄をみた。

（鳩間島、山下欣一、同前）

どのように性交の仕方を知るのかという点については、バリエーションがあります。石垣島のように神が池の周りを反対方向から巡るように指示したと、神に仮託したものもあれば、鳩間《はとま》島のように「躓く」という偶然に託したものもあります。沖永良部島の「風上の男の息が、風下の女の息にかかって」と、『中山世鑑』の「ゆきまして吹く風をなかだちにして」では、『中山世鑑』のほうがいくぶん取り澄ましているものの、

「風」と「息」というように、霊力を媒介に置いて捉えられています。この系列のなかでは、二羽の白鳥を真似てという与論島の伝承と、ジュゴン（海馬）の交尾を見て知ったという古宇利島の伝承に、動植物と人間とを同じものと見なしている霊力思考の視線が最も強く現われています。

これらの始祖神話では、性交を知らなかった兄妹が、神の指示や偶然の作用、風の仲立ちや息の交わり、動物の真似というように、理由はさまざまでも、あるきっかけで性交を知り子供を生んだと語られるのが共通していますが、この神話を語り継いだ島人は、どんな認識を持っていたのでしょうか。

このことに関する示唆もマリノフスキーの記述から得ることができます。

原住民の伝承によれば、人類は地下から発生した。そしてその地下から、兄と妹との一組が異なった特定の場所に現われたのである。若干の伝承では、女子だけが最初に現われている。（中略）兄弟を伴うか、伴わないかは別として、最初の女子は常に夫あるいはその他の男子の伴侶者なしに子供を産むと想像されている。（同前）

トロブリアンドの始祖神話では、地下から別々の場所に兄妹が現われるか、女性だけが現われるというバリエーションを持っています。しかし、そのどちらにしても、女性は男性なしに子供を生む点では共通していますが、女性だけで子供を生むことは、彼らの再生観にきちんと合致しているのが確認できます。

ここから琉球弧の兄妹始祖神話をみると、兄妹が登場する点は、兄弟姉妹の関係が核になる母系社会の本質に適ったものです。しかし、琉球弧の場合は、女性だけで子供を生むのではなく、男性との性行為によって子を孕むことが言われています。それはつまり、この神話は、性交と妊娠との因果関係の認識を受容した後のものだということを意味するでしょう。

そうだとすれば、人類は性交を知らなかった時期を持たないのですから、はじめ性交を知らなかったというのは、性交それ自体のことではなく、性交と妊娠の因果関係を知らなかったことを意味しているのではないでしょうか。そして、ある契機を得て性行為に及んだということではなく、性行為には媒介があるという間接化が重要なのではないでしょうか。

つまり、トロブリアンドと同じくこの神話でも兄弟姉妹婚は、禁止されていると考えられます。そこに、性交と妊娠の因果関係の認識を受容する時が来てしまいました。けれども、兄弟姉妹の対幻想が母系社会の核心であることは描かれる必要があります。それこそが、母系社会の根本だからです。そこで、性交の意味を認識し受容した後に、それでも兄妹が始祖であることを示すために、性交には媒介を置き、間接化したと考えられるのです。

琉球弧の兄妹始祖神話もその祖形は、トロブリアンドと同じ形をしていたことでしょう。ところが、時代を経て、性交と妊娠の因果関係の認識を受容する段階まで来たとき、この矛盾を解決するために神話が編み出したのが、はじめ知らなかった二人が、ある媒介を設けて性交したという語りなのです。

そしてそうだとしたら、琉球弧の母系社会は、性交と妊娠の因果関係の認識の受容のあとにも続いたということを意味しています。

再生と祖先崇拝

さて、話しを少し戻しましょう。わたしたちはこれまで、琉球弧の習俗や伝承は、「再生」を直接語ることはないけれど、その示唆には富んでいるという手応えを得てきました。

そこで改めて考えてみると、琉球弧で再生の原理が生きていたとすれば、それは現在の祖先崇拝とはずいぶん違っていたことでしょう。生まれ変わると考えることと、亡くなった近親者の系譜を崇拝することには大きな隔たりがあります。酒井も「死が生に還元されていくような信仰は、おそらく祖先信仰とは相容れないだろうと思う」と書いています。酒井は仏教の受容が琉球王朝の為政者の近傍にとどまっただけでなく、「墓制」や「位牌祭祀《いはいさいし》」が遅れたのも再生に対する思考があったからだとも書くのですが、たしかに「再生への思考」と「祖先崇拝」は相容れない印象を受けます。再生への思考があるところでは、死者の系譜に対して、人はどのような態度をとっていたのでしょうか。

ここで再生を原理として生きているトロブリアンドの例を見ることにします。

トロブリアンドの島人は八月の終りから九月の始めにかけてミラマラと呼ぶ収穫祭を行ないます。ミラマラは祖霊たちが「あの世」であるトゥマ島から帰ってくるときであり、日本でいえばお盆に当たるお祭りです。ミラマラとは実に踊りの期間と言ってもいいほどで、昼夜が逆転するほど夜通し踊ることもありますが、それも一時的なことで、踊りたがっている島人の気持ちを察するように太鼓は再び打ち鳴らされます。それは観察する者にとっては眠れない一夜を意味していて、マリノフスキーが、自分を哀れに思い絶望を感じるほど、踊りは延々と続くのでした。

他の村を訪問したり訪問されたりしながらも、踊りは毎日続きます。この間、島人は高いところに祭壇を設け、収穫物を陳列して祖霊を喜ばせようとしていますから、祖霊が来ていることは疑われていないものの、島人はそれほど気にかけているようでもありません。椰子の実が落ちると、バロマがもぎ取ったのだと言い、旱魃《かんばつ》が起きたり、ミラマラの期間に天気が悪くなったりすると、それはバロマへの供物が少なかったせいだと考えるのですが、それ以上のことはなく、マリノフスキーは「霊魂に対しては大した尊敬が払われていないとさえ安んじて断言できる」(『バロマ』)と言い切っています。

実は、マリノフスキーにこうまで書かせる出来事がありました。それは祖霊がトゥマ島へ帰るミラマラの締めくくりの時です。マリノフスキーは、バロマに対する畏敬や崇敬を予想して、「最も重要で重大な瞬間の一つ」を見逃すまいと朝三時に起きて待ち構えていました。ところがどうでしょう。別れの太鼓が打ち鳴らされると、バロマは立ち去るように呼びかけられ、なだめられ、別れを告げられるのですが、別れの太鼓を打つ子供たち以外、大人の姿はほとんど見当たりません。翌日には足の悪いバロマを送り出しますが、子供たちは笑ったり冗談を言ったりしているし、年寄りたちも笑い顔で眺めているではないですか。それどころか、引きずるようにしか歩けない障害者のバロマをからかったりするのです。これにはマリノフスキーも驚いてしまいます。「先祖の霊に別れを告げるということを考えれば、これ以上厳粛さのないやり方を私は想像することができない」(同前)。

どういうことでしょうか。死者のバロマはいつか生まれ変わってやってきます。それは自分たち自身のことでもあります。そう信じられているところでは、祖先を崇拝する儀礼は発達しないということなのでしょう。実はこれはトロブリアンドに限ったことではありません。オセアニアの他界と葬法を広く収集した宗教民族学者の棚瀬襄爾《じょうじ》は、再生信仰の見られるオーストラリアと他の地域を比較して、再生が信じられている場合、死者に対する儀礼も発展しないことを明らかにしています(『他界観念の原始形態』)。酒井は、再生信仰と祖先信仰は、「相容れないだろう」と予想しましたが、実際にそのとおりなのです。

わたしたちは、「祖先を見失うことは、人生最大の不幸で、あらゆる禍はそれから起るとさえ考えられている」(伊波普猷「あまみや考」)ものとして知られ、また琉球弧の島人にとってはその渦中にいる「祖先崇拝」について、知らずしらずのうちにずっとそうだったように感じていますが、そんなことはなく、ことによると祖先に全く違った態度をとっていたことに気づかされます。

しかし一方で、トロブリアンドの島人の態度を通過してみると、琉球弧は祖先崇拝であるにもかかわらず、トロブリアンドと断絶しているわけではないということも見えてきます。

手がかりになるのは、民俗学者の茂野幽考《ゆうこう》が彼の出身地について書いた「奄美大島葬制史料」です。気になる場面は二つあります。

ひとつは、改葬時の「骨拾い」の光景です。そのときの島人は、「左程哀愁の感じもなく、足が出た！歯だ！手だなどと、軽いユーモア気分で、人間の死後のざまを滑稽に見ている」と言うのです。この「ユーモア気分」は、頭蓋骨が出ると哭《な》きに入り一変するのですが、「人間の死後のざまを滑稽に見ている」ところは、祖霊を送るトロブリアンドの島人を思い出させます。態度が似ています。

もうひとつは、葬儀後しばらくして行なわれる「マブイ別シ《ワァー》」の光景です。茂野はこれを死者の「霊魂追い出しの祭り」と呼んでいますが、シャーマンであるユタが祈禱する前に、おそらく家族や近親者でやるのでしょう。大人たちは死者のいた部屋の四隅に子供を立たせ、いぶして火花を散らした木の青葉と煎り豆で、「部屋中を無茶苦茶にかき廻し、たたき廻」します。そして死者の霊を部屋から段々追いつめて外へ出し、門の外まで追い出すと、後ろ向きに青葉を投げ捨てます。もちろん、後に見る通り（第6章）、これは厳粛な儀礼なのですが、部屋中をかき廻し、叩き廻すとき、つまり死者を追い出す所作のなかで、「家中の者は大笑い」するというのです。島人は死者の霊を信じていてそうするのですから、大笑いする彼らの態度も、トロブリアンドの島人と似ているると思わずにいられません。

茂野はこうした例などから、奄美大島の島人について、人生をあっさり考えているので生活に「厳粛味を欠いている」と評します。茂野の記述はそれこそ「あっさり」していて、もう少し詳しく知りたいところもあるのですが、それでも、この島人評は大事な気づきを促します。そう、マリノフスキーも、祖霊送りについて、これ以上は想像できないほど厳粛さがないと評していました。トロブリアンドの島人の祖霊に対する態度と、マリノフスキーがそれに驚いてから十年ほどしか経たない一九二七年に書かれた、大島の島人の死者に対する態度は、どちらも「厳粛さに欠ける」ことが、響きあっているのです。それはつまり、両者の感覚が地続きであることを示しているのでしょう。

ところで茂野は、こうなる背景についても触れています。大島の人は「死後の生命を信じ切って」いて、「この世」と「あの世」も「あまり隔たっていない」と考えている。そして「あの世」へ旅立っても「夏の八月踊りの頃と、お盆に帰って来る自分の魂をはっきり意識している」。だから、人生をあっさり考えるし、生活にも厳粛味が欠けることになる。彼はそう捉えています。

わたしたちは、トロブリアンドの島人が祖霊を送り出す際に、笑いあったりバロマをからかったりして、そこに畏敬の念が見られないのは、いずれ自分もバロマになって帰ってくるし、そのうえ生まれ変わりもするので、死者が決して特別な存在ではないからだと考えました。おそらくそれは、大島のように再生は考えられなくなっていても、「この世」には「魂」となって帰ってくることが信じられているところでは、程度の差はあっても同じなのでしょう。

茂野の島人評から十二年後の一九三九年、伊波は「祖先を見失うことは、人生最大の不幸」と祖先崇拝の内実を書きました。だから、この時点の奄美大島も既に祖先崇拝であることに違いはありません。けれども、島人の生に対する向きあい方は、再生が信じられていた時の感覚を色濃く引き継いでいると言えるのではないでしょうか。

食人（カニバリズム）思考

ところで、再生信仰を考えると、どうしても触れなくてはならないことがもうひとつあります。これは尻込みしてしまうのですが、琉球弧の野生の思考を探るなら、避けて通るわけにはいきません。それは「食人（カニバリズム）」です。

ただ、このテーマは琉球弧の民俗学者に忌避されたわけではなかったようです。伊波普猷は書いています。

> 昔は死人があると、親類縁者が集って、其肉を食べた。後世になって、この風習を改めて、人肉の代りに豚肉を食ふやうになったが、今日でも近い親類のことを真肉《マッシシ》親類《オエカ》といひ、遠い親類のことを脂肪《ブトーブトー》親類《オエカ》といふ（後略）。
> （「南島島古代の葬制」）

この、「肉」を基準にした親類呼称の違いは、「親疎の別に従って切り取るべき肉の部分が定まっていた」（加藤三吾『琉球の研究』一九〇七）という別の報告にも対応しています。伊波がこの論考を発表した一九二七年には、いまなお宮古、国頭、糸満では、食人の慣行の言い伝えが残っているとも報告されているので（田村浩『琉球共産村落の研究』）、二十世紀の始めには知られることになったようです。

しかし、知られることになったのは本土に対してということであって、島人にとっては当たり前だったのかもしれません。酒井卯作が収集した例をみても、葬儀に行くことを、「肉を噛みに行く」「人を噛みに行く」「人を食いに行く」「骨をしゃぶる」等、島によっての違いはあれ、かなりあけすけに表現されていて、死者が出たのを知って、「それでは股が食べられるね」と話したと記録されているほどです。

与論島には、これを示唆する昔話が残っています。

昔、ミニタヤマという阿呆《ヨウニ》がいた。父親はそこで、村一番の賢い嫁をもらうことにした。ある日、親戚《バラジ》の家で牛が死んだ。牛をどうしたものかと言われ、妻に教わった通りに、「肉《シシ》は売って金に替え、骨は親戚に配るといい」と答えると、親戚は「それはいい考えだ」と感心し、ヤマを褒めて帰った。その後、こんどは親戚の婆さん《パーパー》が亡くなった。親戚がヤマにどうしたらよいかと尋ねると、妻が留守だったので先日褒められたことを思い出して、「肉は売って金に替え、骨は親戚に配るといい」と答えてしまい、親戚からひどい目にあった。

これはいかにも与論島らしいユーモラスな変形が施されていますが、この説話も、二十世紀の始めに報告された習俗を源泉にして作られたものでしょう。
ところで、人類学者のレヴィ＝ストロースは、カニバリズムを「野蛮」と見なす人もいるけれど、他者を自分自身に同一化するという概念としてみれば、「かなりありふれたものでしかない」としています。彼はその考えのもと、「われらみな食人種《カニバル》」（一九九三）という挑発的なタイトルの論考で、「何よりまず、他者を自分自身に同一化する最も単純な手段はやはり、他者を食べてしまうことである」と言い切っています。

これはわたしたちがほしい理解の形でもあります。彼はまた、「一定範囲の近しい親族の死体を食べるのが、その人に対して愛情と敬意を表するやり方だったのである」とも書くのですが、これはそのまま琉球弧に当てはめることができるでしょう。レヴィ＝ストロースに先立ち、折口信夫が「食人習俗の近親の肉を腹に納めるのは、之を自己の中に生かそうとする所から、深い過去の宗教心理がうかがはれるのである」（「民族史観における他界観念」一九五二）と洞察したのも、同じことを指しています。

折口信夫やレヴィ＝ストロースの理解を踏まえれば、食人は、他者との同一化、あるいは他者を自己のなかに再生させるもっとも直接的な方法だと言うことができます。そうみれば、「食人」に対してそんなにこわごわと構えなくてもいい気になってきます。

もうひとつ触れたいことがあります。フォイエルバッハは、「人間は彼が食べるところのものである」のなかで次のように書いています。

子供は自分自身の母の胸で乳を吸うことによって、自分自身の母を食いつくしている。すなわち子供は乳のなかで母の血いいかえれば母の本質を自分のなかに吸い上げているのである。(中略) 子供は子供が食べるところのものであり、且つ子供がそれであるところのものを食べるのである。したがって子供は人を食う者《アントロポファグ》である。(『フォイエルバッハ全集第三巻』)

とてもすごいことが書かれているけれど、言われてみればごく自然なことです。フォイエルバッハの言葉を前に置けば、レヴィ＝ストロースの「われらみな食人種」というタイトルも挑発的なものではなく、当たり前のことに見えてきます。「食人」とは現在のわたしたちにも無縁のことではないのです。

フォイエルバッハの言葉を経ると、事態はさらに受け入れやすくなります。わたしたちは「食人」をかつて琉球弧に実際にあった慣習として受け止めておきたいと思います。そして、それは単に事実としてあったことを受け入れるというだけではありません。

わたしたちは食人の習俗に、他者の霊力を自分のなかに再生させる霊力思考が働いているのを見ることができます。別の言い方をすれば、食べることによる「霊力の転移」が、そこで思考されています。実は、「霊力の転移」はひときわ重要なキーワードで、わたしたちはこの探究のなかで、同じ思考の型が何度も視野に飛び込んでくるのを見ることになるでしょう。そういう意味からも、この習俗の存在を受け止めておくのは重要だと思えます。

Ⅱ 「あの世」の発生と「霊魂」の成立

クマヤー洞窟（伊平屋島）　撮影・仲程長治

4　境界としての洞窟――風葬

風葬とは何か

風葬とは何でしょうか。もちろん、死者を風に晒して骨になるのを待って、壺《つぼ》などに納めることは知られていますし、わたしも「洗骨」を経験しました。けれどわたしの体験も近代に埋葬を強いられた後のものなので、それ以前はどうだったのか想像しようとすると、たちまちあいまいになります。資料に頼っても、あまり具体的な像を結ぶことはなく、それこそ風に飛ばされるように淡い像は消えていってしまいます。まして、島人は何を考えて風葬を行なったのかということになると、農耕社会の葬法ではないらしいと考えられるくらいで、あとは皆目分かりません。

ここで橋頭堡《きょうとうほ》になる言葉を置いてみます。徳之島の民俗研究家、松山光秀が記したものです。

人が死んでもその屍を埋めたり、焼いたりせず、それを地上に安置して、そのまま風化させ、肉体の枯れるのを待って、残った骨を洗い清めて祀《まつ》るという、いわゆる風葬の習俗が古くは南島一円（沖縄、奄美など）に分布していたことはよく知られている。これは人間の霊が骨、特に頭蓋骨に留まるという信仰に拠ったもので、骨を直接対象にして祀る、いわば一種の骨の信仰であるといえよう。

（『徳之島の民俗1　シマのこころ』）

簡潔だけれど、ここには、島に住み島を掘りつづけた人ならではの造詣が示されていると、わたしは感じてきました。わたしたちはここで、「風葬」とは地上に晒《さら》す葬法であり、そこには頭蓋骨を重視した骨に対する信仰があるというふたつのポイントを押さえておきましょう。

そしてここから先は、より鮮明に把握するために、棚瀬襄爾《じょうじ》の労作『他界観念の原始形態』を道標《みちしるべ》にします。棚瀬はこのなかで、西はマレーシア付近から東はポリネシアまでの南太平洋に広がる島々と半島、大陸の部族を対象に、他界と葬法を整理しているのですが、その数は他界二二三、葬法二九二に及びます。しかも棚瀬は、他界と葬法を地域ごとに区切り、かつ部族ごとにインデックスを付けて整理しているので、わたしたちは、棚瀬の考察を読む以外にも、まさにデータベースとして活用することができます。『他界観念の原始形態』は一九六六年に出版されたものですから、民族誌の事例はその時期までに入手できたものに限られるので、時代的な制約は当然、伴います。また琉球弧の野生の思考を辿ろうとする者にとって、モチーフがぴったり重ならないところもあり、棚瀬の引用個所や原典の記録の範囲を物足りなく思うところもありますが、それはぜいたくというもので、一気に視野を与えてくれることに変わりはありません。
そこからはどんな「風葬」の姿が見えてくるでしょう。

まず、棚瀬データベースに照らすと、琉球弧の風葬は「台上葬」と呼ばれる葬法だと理解することができます。十九世紀の終りから二十世紀のはじめの頃（明治三十年代）のこととして、金久正は喜界島の古老からの聞き取りを書きとめています。

死人があった際は、死体を六尺近くの七分板の長い棺《ひつぎ》に納め、これを「モヤ」に運び、四つの台石を設け、その上に棺を安置し「タマヤ」（魂屋）と称する畳一枚くらいの大きさの拝殿風の立派な屋を作り、これには貧富の差によって三段または七段の階段を設け、一段ごとに鳥居を建て、この屋を棺の上に飾って葬儀をすますのであった。一年あるいは三年して、死体が全部朽ちて、骨だけ残るようになると、「アョー」と称する石をえぐって作った容器にこの骨を納め、蓋をして「モヤ」の片隅に安置した。また墓石を建てるものもあった。（同前）

もうだいぶ後代の様式が加えられていますが、この葬り方は、わたしたちの知っている風葬です。しかし、重要なのは「台石を設け、その上に棺を安置し」ていることです。この細部の記述のおかげで、これが台の上に死者を置く「台上葬」の葬法に属していることが分かります。
また、二十世紀に入ってからのことでしょう、島袋源七が国頭の古老から聞き取り、絵に起こ

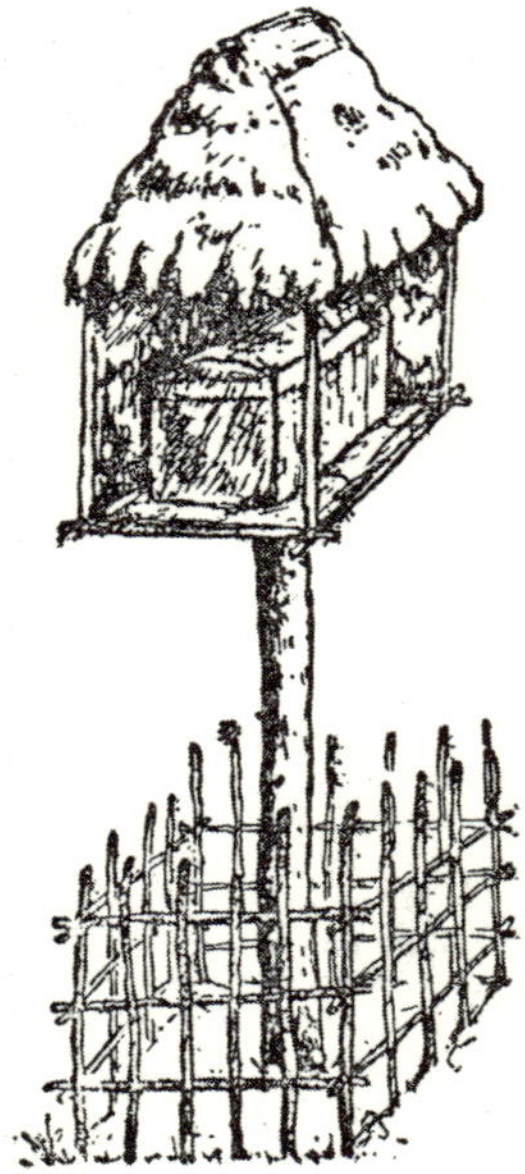

「久志村の山中にあった墓」
（伊波普猷「南島古代の葬制」）

したのは、一メートルくらいの柱の上に小屋を設けて死体を置いたものでした。柱の周りには柵が拵えてあり、周囲の木の枝には洗骨した髑髏《どくろ》が、袋や芭蕉布に包まれてたくさん吊るしてあったといいます（伊波普猷、同前）。厳密には杭上葬と呼びたいこの葬法も、台上葬のひとつと見なすことができます。カリマンタン（ボルネオ）のダヤク族には、特に尊敬される人の場合、二～三メートルの杭上の小屋に死体を置き、柵で周りを囲うという、そっくりな葬法が見られるので、国頭の古老が見つけた光景が、決して孤立したものではないことも分かります。

骨の信仰

しかし、風葬の系譜はこれだけにとどまらないと思えます。松山は頭蓋骨への信仰を書いていましたが、国頭の例でも髑髏が周囲の木に吊るされていて、同様の関心をうかがわせます。頭蓋骨への関心は松山だけでなく、酒井も指摘していました。酒井は、洗骨の際、頭蓋骨から洗い始めること、頭蓋骨が出ると女たちが泣き始めること、頭蓋骨以外は雑骨として捨てる島もあることから、頭蓋骨は霊魂の宿り場と考えられているとして、松山と同じ理解を示しています。

わたしが風葬を台上葬のみで捉えることができないと考えるのは、台上葬の葬法には頭蓋骨を優先するという作法はなく、全身の骨へ関心が注がれるからです。つまり、松山の記述のうち、「地上に安置して、そのまま風化させ」るのは、台上葬として理解できますが、後半の頭蓋骨を中心にした「骨の信仰」は、別の葬法に属する思考だと考えられるのです。

棚瀬は、オセアニアの典型的な葬法として死体を樹にかけたり吊るしたりする樹上葬と、台の上に置く台上葬、そして埋葬を抽出しています。樹上葬と台上葬は、死体を寝た時の姿勢（伸展位）で地上にさらすほか、全身の骨に関心が向かう共通性がある一方、埋葬は、膝を曲げた姿勢（屈位）で埋めて、のちに頭蓋骨のみを取り出すという特徴があります。樹上葬（台上葬）と埋葬とでは葬る場所だけではなく、姿勢や骨の処理の仕方が違うのです。

実はこの両者は他界観念についても全く異なりますが、他界については次に取り組むので、ここでは思考が異なることを押さえておきましょう。

葬法にともなう思考が複雑にならざるをえないのは、異なる思考を持った種族が混じり合ったり、ひとつの種族でも異なる思考を受容したりすることがありえるからです。実際に、棚瀬データベースでは、台上葬の思考と埋葬の思考が混融した場合の葬法を見ることができます。それは、屈位の台上葬（膝を曲げて地上にさらす）と、伸展位の埋葬（膝を伸ばして埋める）のように、たすきがけをしたケースを両極に置いて、その中間の形態がさまざまに分布しています。たとえば琉球弧でも、約三五〇〇年前以降とされる遺跡からは、多くの「伸展位の埋葬」が確認されています（新里貴之「南西諸島における先史時代の墓制Ⅱ・Ⅲ」）。

すると、台上葬にみえる琉球弧の風葬にも、頭蓋骨へ集中する関心のなかには、頭蓋骨崇拝を行なう埋葬の思考が混融しているとみなせます。つまり、台上葬を行なう種族が埋葬を行なう種族と混融し、あるいは台上葬の思考が埋葬の思考を受容した結果、地上で骨化させた後に頭蓋骨を重視する葬法を生み出したと考えられるのです。

ややこしいことに、ここにもうひとつの可能性も考えなければなりません。それは地理的環境のことです。棚瀬は、わたしたちが風葬と呼ぶものを「洞穴葬」と捉えています。しかし、オセアニアでは洞穴葬の記録はかなり多いものの、地域としては散発的にしか現われていません。かつ、民族誌の記述も厚くなく、最終的に洞穴に収めたということしか分からないので、棚瀬は洞穴葬について、地上に晒す乾燥葬（台上葬や樹上葬もそうです）の系譜に属すらしいという言い方にとどめています。棚瀬が確言しなかったのには、まだ理由があって、地理的環境から洞穴葬が発生することもありえると考えたからでした。この環境の影響は、珊瑚礁に囲まれた琉球弧についても同じことが言えるでしょう。

そこで頭蓋骨へ関心を持つ葬法のなかには、本来は埋葬したいのに、そうできずに風葬を行ない、頭蓋骨への関心を持ち続けた可能性も視野に入れなければなりません。たとえば、ミンダナ

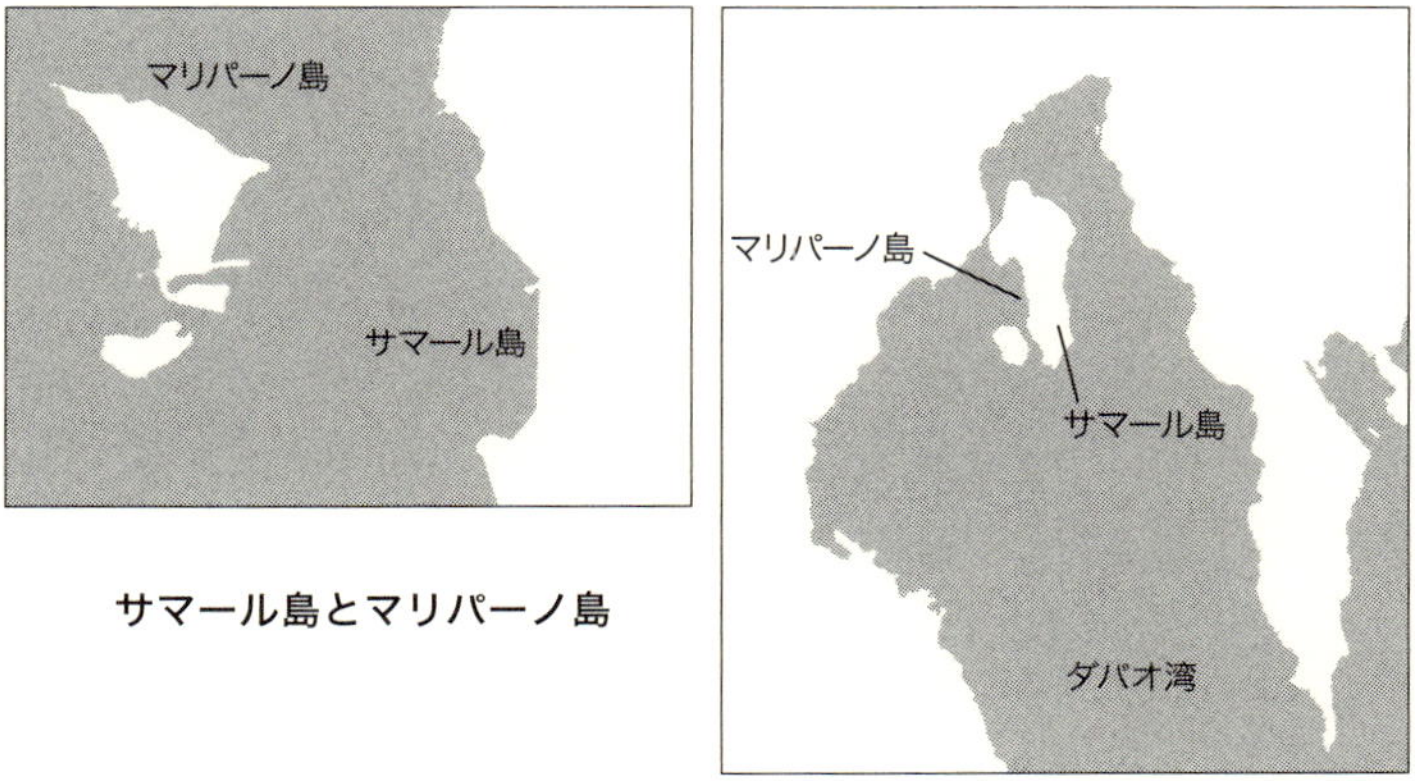

サマール島とマリパーノ島

オ島のダバオ湾内にあるサマール島では、他界は地下にあるので、島人は埋葬を行なう思考が強いはずですが（次章で説明します）、死体は埋葬するのではなく、丸木舟を使った棺に屈位で入れて洞穴に置きます。島の西側では、四〇〇メートルほど沖にあるマリパーノという小さな島の洞穴までわざわざ運んでいます。記録では頭蓋骨の扱いに言及がなく、すでになくなっていた可能性もありますが、サマールの島人が洞穴を選ぶのは、埋葬の思考を持ちながら、おそらく珊瑚礁環境ゆえにそうできないということなのでしょう。

琉球弧でも地先（近く）の島へ死体を置く場合があるので、サマール島人の行動は同じものだと感じさせます。そして琉球弧でも、珊瑚礁がかぶさってできた島では、石灰岩の大地のため、死者を埋めることができない場所もあることを思い出せば、埋葬したいのに地理的環境からそうできずに地上に置くという思考の中身も、サマール島人と同じである可能性があります。琉球弧の風葬には、この「埋められない埋葬」の系譜も考えておかなければなりません。

さて、複雑になるのでここでひと区切りつけましょう。琉球弧の葬法はこれですべてではありませんが、風葬には、台上葬の思考と、頭蓋骨を崇拝する埋葬の思考の系譜が見られることを確認しておきましょう。

「キャンプ地を去る」から「家を去らない」まで

このふたつの系譜では、台上葬の思考が古いと見なせますから、風葬の起点には台上葬を据えることができます。それでは島人はそもそもどの段階から風葬をするようになったのでしょう。すると、ここには何らかの大きな変化が伴ったはずだという直感がやってきます。この何らかの大きな変化を、遊動生活から定着生活への転換に目星をつけて、そこを足場にして探っていきます。

幸い、現在の考古学はこの変化の時期を約四五〇〇年前（貝塚前三期・縄文中期）に想定できるとしています（伊藤慎二「ヒトはいつどのように琉球列島に定着したのか？」）。興味深いことに、このころに植物採集とイノシシ猟から、植物採集と漁撈へと、生業の変化も起きています。生業の変化は現在の転職とはわけが違いますから、難事業だったことは容易に想像がつきます。転職のように、何をして食べていくか、という以上に、生きていけるかどうかという生命にかかわる問題にすぐ

アンダマン諸島と同縮尺の沖縄島

に直結するからです。しかも、個人的なことではなく種族集団全員で行なわなければならないのですから。

しかし、それだけでも大変だというのに、難しかったのはそれだけではありません。遊動期には、狩猟や植物採集のために移動しますが、「定着」するということは居住地が集落として固定化することを意味しています。そんな楽なことはないと思いかけますがそれはまったく違うようです。たとえば、スマトラ島の北北西にあるアンダマン島では、沿岸の島人は、「猟や漁の適地を求める」「季節風を避ける」「捨てられたゴミで住めなくなる」といった理由で移動しますが、それ以外に、「死者が出る」のもその理由のひとつに加えられています（ラドクリフ＝ブラウン The Andaman Islanders.）。前の三つの理由は、狩猟・採集生活に伴うものと察しがつきますが、思いがけないことに、誰かが亡くなると、それを契機にキャンプ地を去ったというのです。しかし、定着するとなると、死者が出るたびに移動するわけにはいかなくなりますし、それではそもそも「定着」とは呼べません。

「遊動」から「定着」への移行のどこかには、死によって「キャンプ地を去る」から「キャンプ地を去らない」という変化が含まれていました。ここで「去らないキャンプ地」のことを「集落」と呼べば、「キャンプ地」が固定化して「集落」になるには、死者が出ても集落を去らないようにしなければなりませんでした。これが生業の変化とは別のもうひとつの難事の本質です。

それは集落をつくるようになったら、すぐに死者の出現による影響がなくなったわけではないことに示されています。たとえばニューギニアのカイ族は、死者が出ると死者の出た家を去っています。しかも死者が首長などの場合には、集落を去って新しい場所に集落をつくると報告されています。カイ族の場合、集落を形成しているけれど「定着」は完全ではなく、「集落を去る」行為を残した過渡的な段階にあると考えられますが、ここでは、「キャンプ地を去る」行為が、死者の出た個々の「家を去る」という行為に変形されて継続されているのを見ることができます。つまり、生活が遊動から定着になってすぐに家を去らなくなったのではなく、そのあいだには少なくとも「集落内で家を去る」という段階があったと想定できるのです。

このことは琉球弧も例外ではありませんでした。これを残された習俗のなかから探り当てているのも酒井卯作です。

酒井が注目しているのは葬儀の際の「別火《べっか》」の習俗です（同前）。別火というのは、自分の家の炉《ろ》を使わずに別の家の火を使ったり、別の場所で火を起こしたりすることを指していて、「外竈《かまど》」とも呼ばれています。酒井が挙げている事例をみると、別火には、外に小屋を作って一夜を過ごし料理は他の家に依頼する、浜で煮炊きをして一夜を過ごす、親戚や知人の家で三日ほど過ごす、といったパターンがあります。別火を行なう日取りや対象となる人は集落《シマ》によってもさまざまですが、葬儀の後に、いちど外で過ごす日があるということが重要です。酒井はここに、かつて死者が出ると家を去っていた名残りを見ているのです。

別火の習俗はもちろん、死者の出た家に住み続けるようになってからのものです。つまり、死者の出た家に住み続けるようになってからも、「家を去る」行為は象徴的に儀礼化されていたのです。ことの推移を推し測れば、居住地が「集落」になって以降は、死者が出ると、集落内を範囲にして、「家を去る」、「家を一定期間去って戻る」、「家を去らない」という段階を踏んだことになります。

「遊動」から「定着」に移行するということは、生業の変化というにとどまらず、死者の出現にどのように対応するのとかという問いを伴っていました。そして、酒井が考察した習俗は二十世紀になって見聞したものもあるのですから、これは生業の変化の後にも、相当長く問われ続けてきたことだったのです。

なぜ、去ったのか

それにしても、なぜ死者が出ると、キャンプ地を去ったのでしょうか。いくつかある移動の理由のひとつに誰かが亡くなることが、なぜ含まれるのでしょうか。

これについては、「死霊への恐怖」からキャンプ地を去る（家を去る）と説明されることが多いようです。しかし、死霊を恐怖するには死霊という観念がなければなりませんし、死霊という観念があっても、死霊は怖いという観念もなければなりません。

たとえば、トロブリアンドのミラマラでは、昼夜が逆転していたことを思い出してください。マリノフスキーは、この間のことを印象深く、「原住民の気分は愉快でかなり浮かれており、その生活の雰囲気は楽し気で輝かしい」（同前）と書くのですが、実は昼夜が逆転した生活を楽しめるのは、島人は死者が出て間もないころ以外、夜間も死霊を恐れることがないからなのです。つまり、現在の死霊に対する恐怖感を絶対化してはいけないのでしょう。実際、棚瀬も死霊や死穢《しえ》の観念の薄い部族でも、この習俗が行なわれていると指摘しています。

棚瀬が収集、整理した民族誌録の範囲では、キャンプ地を去る（家を去る）行動は、東南アジアに濃く現われ、ニューギニアやオーストラリアにも見られます。それはこの習俗を持つ種族の他界観念や葬法の幅が広いことを意味しています。その幅のなかには、他界がなく死霊の観念もない種族から、他界を生み死霊を恐れる種族も含まれています。ということは、個別の具体的な理由はさまざまに語られることになるので（語られたとして、ですが）、ここは原則的なことを踏まえる必要があると思えます。

死によってキャンプ地を去る社会では、死が出現する、つまり生者がいなくなることに対して、残された生者もその場からいなくなることでしか、死という現象を受容、了解することができなかったのではないでしょうか。

死によってキャンプ地を去った種族にとって、死による生者の不在化は不可解な欠損を意味したと考えられます。たとえば棚瀬データベースを頼りにオセアニアの民族誌を辿って気づくのは、そこに自然死の概念がなかなか出てこないことです。一方で呪術による死があり、他方では霊魂の離脱や悪霊の憑依による死があり、その他には戦死や自殺があるのですが、病死や自然死という概念は少なく、それはもともとなかったように見えてきます。病死や自然死を認識し、人間は死ぬものだと自覚するには長いながい過程が必要でした。言い換えれば、こうした民族誌例は、人間は死ぬものだとは考えられていなかったことを、逆に照らし出しているように見えます。

そうであるなら、不可解な欠損という考え方も不自然ではないでしょう。今のわたしたちも、身近な人や親しかった人の死によって、その人が不在であることが不思議に思えて仕方がない時があるのは、そういう感じ方を身体が覚えているからではないでしょうか。

この不可解さに直面したとき、死による生者の不在化に対して、残された生者たちも、死者の、いわば霊力の残る場から不在になることでしか、死に応えられなかったのです。

別の視点から考えてみます。吉本隆明は『共同幻想論』で、死を個人幻想が共同幻想に同致することだと定義しました。このことは、人は生きている間は、さまざまな観念や個性を持ちますが、死んだ途端に、死霊になったり他界の住民になったりと、その社会の共同幻想に放り込まれてしまうことを指しています。それは死者自身というより、死者の家族や親しい人にとってそうなるわけですが、それだけではなく、彼らにとっては、死は対幻想の欠損として現われます。家族や親しかった人は心にぽっかりと空いた穴を埋め、抉り取られたような傷を癒していかなければなりません。現代の死は、そうした、生前、対幻想をつむいだ人にとっての困難としてのみ現われますが、「未開」の社会では、死はただちに集団全員の困難としてたち現われました。

オーストラリアのアボリジニやニューカレドニアのカナク人のことを思いだせば、そこでは身体と世界は分離されていません。つまり、対幻想は共同幻想や個人幻想と絡み合って分かれていません。相互に分離していないので、死は対幻想の欠損だけではなく、共同幻想全体の再編を要請します。たとえば、アボリジニでは死者が出ると、死者の名前の元になった動植物や土地の名称も変えられ、狩猟行為や儀礼も様変わりすると言われるほど、再編は大がかりなものでした（『アボリジニの世界』）。キャンプ地を去るという行動は、絡み合った幻想の再編の一環だったのです。

「死者」と「家」の同一視

共同幻想と対幻想（個人幻想）が分離していないということは、身体と世界が分離していないことを意味しています。そこでは、それだけではなく観念とモノも分離していないと考えられます。死者の霊力は時間の経過とともになくなると考えられましたが、モノや地面も生きて霊力を持つとみなされているので、死者が生前、使っていた道具や座っていた場所には、死者の霊力が付着して混じり合っています。ですから、死者の霊力は身体だけではなく、その周囲にも広がっているとみなされました。

そこで、共同幻想と対幻想の分化が進み、ひとつの住居に長く住み続けるようになると、「死者」は「家（家屋）」と同一視されるようになります。たとえば、ミンダナオ島のバゴボ族では、去った家は荒廃するに任せますが、その時、「人はすでに往き、家も往ったに違いない」と語られます。タミ族では、死者の出た家屋は倒され、焼かれますが、死霊は家の霊だと考えられています。身近なところでは、アイヌも死者の家を焼きましたが、その理由は「死者に家を持たせてやる」と説明されることがありました。これらの例をみると、「死者」と「家」が同一視されているのが確認できるでしょう。そして「家を去る」行為は、「家を破壊する」行為へ変形されることがありえるのも分かります。トロブリアンドでは、死者の兄弟が死者の家を破壊するふりをして、親

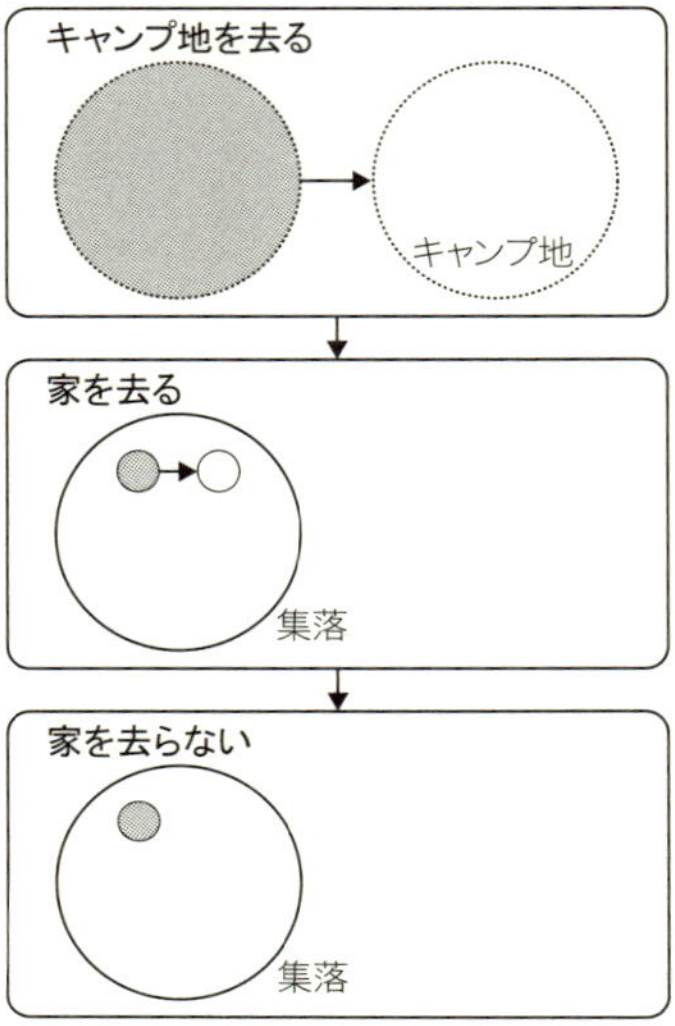

「キャンプ地を去る」から
「家を去らない」まで

戚がこれを止めるというように儀礼化されていますが、この例は、家を去ることが、家を壊す観念を伴いうることを示しています。

もちろん、現在のわたしたちはこうあからさまに死者と家を同一視することはありません。けれども、一緒に暮していた人が亡くなった時、その人の使っていたものをそのままにしておきたくなることはあります。死の痛切さに耐えられないときには、その人の部屋をそのまま残すことだってありえるでしょう。そうして存在の気配を感じとろうとするのですが、こういうところに「死者」と「家」の同一視の感覚は残っているのではないでしょうか。

そして一方で、これとは別の感じ方もありえるでしょう。実は琉球弧では、別火という痕跡ではなく、家を去る習俗自体も記録されています。奄美、沖縄を旅した民俗学者の柳田國男《やなぎたくにお》は、久高島について、「死人を大に忌み、死すれば家をすつ。埋葬なし。棺を外におき、親族知己集飲す」（『南島旅行見聞記』）と手帳に記しました。柳田が聞き書きしたのは一九二一年ですから、二十世紀に入ってもなお「別火」に行き着いていない場合がありえたということです。この場合も、

「家」に「死者」をみたはずですが、「死人を大に忌み」とあるので、ここには死者の存在感を積極的に感じ取ろうとするのとは逆の感覚が貌を出しているのを認めることができます。これを死霊への恐怖と言うのはためらわれますが、死者に対して穢れを感じているのは確かだと思えます。

移行としての生と死

棚瀬は、オセアニアを中心とした民族誌から、伸展位の樹上葬・台上葬と屈位の埋葬を、対照的な葬法として抽出しました。これにともなう思考は、樹上葬では、他界の観念が不明で、再生信仰を持つことがありえるのに対して、埋葬では、他界の観念が伴います。いわば、樹上葬は霊力思考が優位であり、屈位の埋葬は霊魂思考が優位であると考えられます。そして台上葬は、死者を地上に晒すことや霊力思考が優位であることが、樹上葬と共通しています。

わたしたちは風葬の系譜を追おうとしています。しかもできれば連続的な推移として辿りたいと考えています。しかし、それを語らせてくれる民族誌の記述は乏しいのですから、ここは思い切って、「遊動」から「定着」に移行したときに、「樹上葬」は「台上葬」へと変換されるという仮定を置いて、考えていきます。

キャンプ地を去り、樹上葬を行なっていた種族を起点にしてみます。彼らは定着するようになると、小さな集落をつくります。そこで死者が出た場合のひとつの道筋をとらえれば、死者の出た家のなかで台上葬をし、殯を行ない、骨になると何らかの処理をして、生者は集落内で家を移すことになります。生者は「遊動」を止めて、集落という空間を持つようになるので、死者も森のなかに移さなくなると考えられます。

たとえば、カイ族は、死者を家の中に埋葬します。このとき浅く埋めるのですが、これは、台上葬と埋葬の思考が混融したときによく見られる埋葬の仕方です。彼らは、最終的には家を去りますが、その前に、残された夫や妻は、死後、数日間はその家で過ごすと報告されています。また、タミ族は、家の中か近くに埋葬します。彼らもカイ族と同じように浅く埋めるのが特徴です。死者の家（あるいは墓上の小屋）は喪明けに焼かれてしまうのですが、死の直後の八日間ほどは、村の島人全員が、家か墓の上に建てられた小屋で過ごすのです。

タミ族はすでに死によって集落を去ることはないので、集落を去ることもあるカイ族より定着が進んでいますが、それでも、死後しばらくは家（あるいは墓上の小屋）で過ごすところに、死者の家で殯を行なった痕跡を残していると考えることができます。

そこで、この流れを認めるとすると、これは一大事だと言うべきです。それまで、死者は森のなかで樹上葬をして生者から遠ざかっていたのに、生者と死者は隣り合わせにいることになるからです。このことをもってしても、定着は大変化でした。

生者は死者と共存したのです。

そして、この死者との共存は、死者の観察から、死について新たな認識を促したのではないでしょうか。

それは、死は生からの「移行」だという認識です。

ドリームタイムの場を表象できた段階でも死者の霊はそこへ帰っていくと考えられましたが、そこでは時間は永遠の現在のなかで循環していました。また、そこに霊魂的な運動を考えたところでは、再生信仰が生まれ、生と死は「円環」の構造をなしていました。定着後の、生からの移行としての死という認識には、それらとは根本的に異なるところがあります。この場合には、生から死への「移行」は、直線的に一方向に進むことを意味しました。それは現在のわたしたちに通じる時間認識の初期の形だったでしょう。ですから、生から死への直線的な「移行」を捉える霊魂思考の時間認識がもっと進めば、やがて霊魂思考は霊力思考に対して、時間は循環や円環ではないと迫るときが来るでしょう。

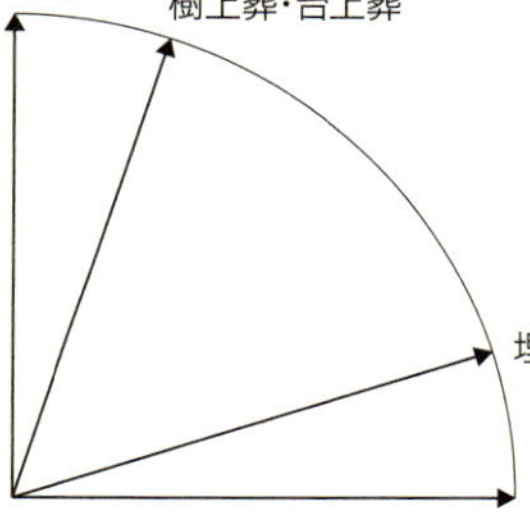

樹上葬・台上葬と埋葬

ただし、「移行」をとらえた初期の段階では、時間は一方向に直線で進むとしても、どこまでも伸びてゆくわけではありません。また、一方の「円環」の思考も生き生きとしているので、「移行」の思考と「円環」の思考は共存することができました。

わたしたちはこれまでに、生誕と死の過程が同型になっているのに気づいてきました。そこでは、生誕とは蟹から人間への化身であり、死とは蟹やアマンへの化身でした。このふたつの過程はベクトルが逆なだけで同型です。このことは、生誕と死は「移行」として同じであると見なされていることを示していますが、そこには「円環」の思考が無理なく共存することができます。そしてこの場合には、死以降と未生とが同じ意味を持つことになるのです。以前、「水の霊力」を手がかりに想定した生と死の構造は、この段階に対応させることができるのでしょう。

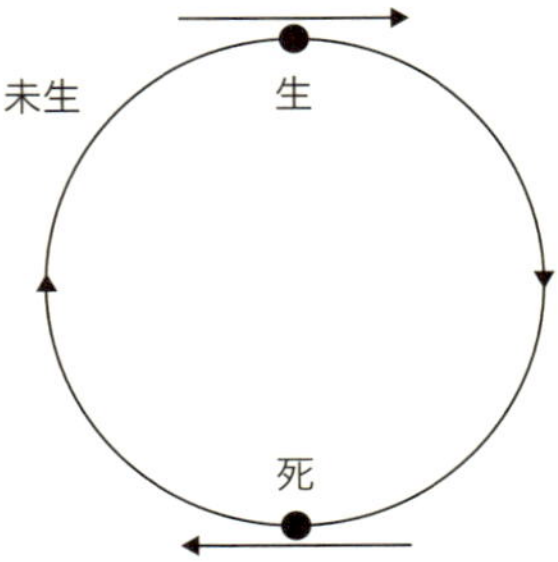

円環と移行

また、「移行」の初期の段階では他界（あの世）は時間性としてしか疎外されません。この頃の島人に、死者はどこにいるのか？と聞けば、きっとニューブリテン島のバイニング族のように「どこにでもいる」と答えるでしょう。ニューギニアのある地方では、「骸骨は日中は地面に散らばっているが夜になるとひとつにまとまって、死んだ人々はみな生活しはじめる」（『ド・カモ』）というのも、この思考の延長に思い描けるものです。

琉球弧でいえば、作家の島尾ミホがありありと表現しています。

> 踊りの輪の内側に踊っているおおぜいの亡き人々の霊魂に向かって、なお生前の姿を見るかのように、現《うつ》し身の人々は親しかったその名を呼びかわし、話しかけました。そして「それ、後生の人たちと踊り競べだ、負けるな、負けるな」と歌い、東の空に暁の明星が輝き出すまで踊り続けるのでした。もはや生も死も無く。
>
> （『海辺の生と死』）

これは洗骨を行なった夜の宴の様子を描いたものですが、生と死が「移行」であり、生者と死者が「共存」した段階の感覚をよく保存していると思えます。そこでは、「もはや生も死もなく」ということが本当に実感されたことでしょう。たとえば奄美大島の八月踊りにもこの感覚は生きているのではないでしょうか。

もうひとつのあり方へ

死が生からの移行だということの意味をよく示すのは、意外なことに自殺です。

マリノフスキーは、トロブリアンドでは自殺は「かなり一般的なようだ」とし、侮辱を受けた近親者の誰かに対して潔白を示すための行為になっていると言います。それは「最も重要な法的制度の一つ」(『バロマ』)である、と。たとえば、みめうるわしく貞節な働き者で夫にも忠実な妻が、やきもちやきの夫に非難され、侮辱され、叩かれたことがありました。一日か二日経つと、その妻は着飾って木に登り、「ここへおいで、私をみるがいい」と言って、夫に非難を浴びせると、「私は今自殺してやる!」と叫び、夫が制止する猶予も与えずに木から飛び降りてしまうのです(『未開人の性生活』)。

モーリス・レーナルトによれば、ニューカレドニアでも自殺は「重要な働き」をしていました。そこでは、侮辱や裏切りから妻が自殺する伝説は多く、彼はそれが伝説なのか物語なのかと自問しますが、実際に悲痛な場面に立ち会って、その理由に合点します。「裏切られた妻は、あの世に行けば地上のさまざまな制約から自由になれること、そして夫に仕返しをしてさいなみ、絶えず恐怖のなかに止めることができると確信して身を投げる」のだ、と。つまり、自殺は終止符ではなく、別のもうひとつの在り方へ移行することが信じられているのです。彼らには「死ぬ」という動詞に該当する言語がないことも、このことに符合しています。レーナルトに言わせれば、自殺とは生者から死者への「転送の一様式」にしか過ぎませんでした。

ニューカレドニアでは生者はカモと呼ばれますが、レーナルトがそれを「人間らしい雰囲気を持った生きた『人物《ペルソナージュ》』」と定義するように、カモは生者そのものを指していません。死者はバオと呼ばれますが、これも死者だけを指していません。不思議な力を持つ人、見なれない人、老人、狂気に陥った人もバオと呼ばれるのです。バオとは何者なのでしょう。レーナルトは、バオは、故人になればカミ（神と言っても絶対的な超越者ではなく等身大の存在なので、ここではカミと書きます）だけれど、厳密にいえば、「この世」の役目を離れた人だと捉えています。彼は生者のなかのバオのひとつである老人について、老人は「この世」と「あの世」の二重性を生きている人、生きながら他界にある人と言っています。そこで、バオである老人は「あの世」の知恵を「この世」にもたらしてくれるわけです。

自殺が積極的になされる場合があることは、死は別のあり方への移行に過ぎず、生と死は連続的であることをよく示しています。死者は、聖性を帯びたカミになりますが、それは「この世」

の制約を解かれることを意味するに過ぎませんでした。そして、連続的であるからこそ、たとえば老人は、生きながらのカミであることができるわけです。生と死が「移行」と見なされる段階では、死は生に浸透するのです。

風葬の成立

死が生からの「移行」と考えられた段階で、死者との「共存」がずっと続いたわけではありませんでした。何らかの契機で、死者との共存に矛盾の意識が芽生えると、生者は生者の空間を意識し、それと死者の空間とを「区別」するようになります。

そのとき、重要だったのは生者の空間と死者の空間を分け、あるいはつなぐ境界でした。そして琉球弧でその境界として選ばれたのが、「洞窟」です。そこでは、死者は洞窟の奥の穴のくびれを通って、「この世」から「あの世」へ行くと考えられるようになります。

こう捉えると、「遊動」から「定着」への流れのなかに、その成立期を追ってきたわたしたちは、ここでようやく「風葬」に出会うことができそうです。

風葬は、生と死が「移行」の段階のなかでも、死者と「共存」するのではなく、生者の空間と死者の空間が「区別」されたところで生まれました。おそらく、家族は死者を「洞窟」に運び、そこで殯を行ない、骨になるのを待ったことでしょう。本質的にいえば、洞窟（風葬場）に運ば

身星の洞窟（沖縄島八重島）（撮影・仲程長治）

れるタイミングを決めるのは、死者が「あの世」に行くと考えられたときですが、ここに風葬が成立します。

ただし、琉球弧で「洞窟」はありふれていますが、境界は洞窟に限られるわけではなかったでしょう。岩陰やアダン林のなかなど、光と闇が交錯し、ふと立ち止まってしまうような霊力の気配を漂わせる場所は、同じように他界への入口として考えられたはずです。

そしてその境界は、思いのほか、住居から近い場所だったと考えられます。ここで、オーストリア出身のヨーゼフ・クライナーが「奄美大島南部」（勝浦）のこととして書いていることが思い出されます。クライナーは、その集落の祖先の墓であるモーヤは、村の中心にあって、「村の人々は愛情をこめてこれを拝んでいる。つまり、死んだ人、死霊を恐れない」（『南西諸島の神観念』）と書いているのです。この例からは、死者の空間と生者の空間を「区別」するといっても、まるで抱きかかえるように、「あの世」への入口は近しい場所に考えられていたことが推測できます。また、死者を恐れないことに驚くかもしれませんが、よく考えみれば、その前には死者と「共存」していたわけですから、その感覚は依然として強かったとしても、不思議ではありません。

興味深いことに、この集落の構造は、トロブリアンドの「環状集落」に似ています。トロブリアンドの集落は貯蔵庫と家屋が円形に並び、その中央には広場がありますが、以前はそこに「墓地」が置かれていたのです。マリノフスキーによれば墓地が村はずれになったのは「白人の命令」（同前）によるものだというのですから、島人の思考は、墓地が広場にあるときと、そう変わらないはずです。そしてトロブリアンドの島人は、再生という、まさに円環する生を生きていましたし、琉球弧にもそれは認められると、わたしたちは考えてきました。そうであるなら、クライナーの書いた奄美大島の集落が生まれたころの島人も、同型の思考を持っていたのではないでしょうか。もっといえば、本土の縄文中期に生まれた「環状集落」にも同じことが言えるのではないかと考えられます。

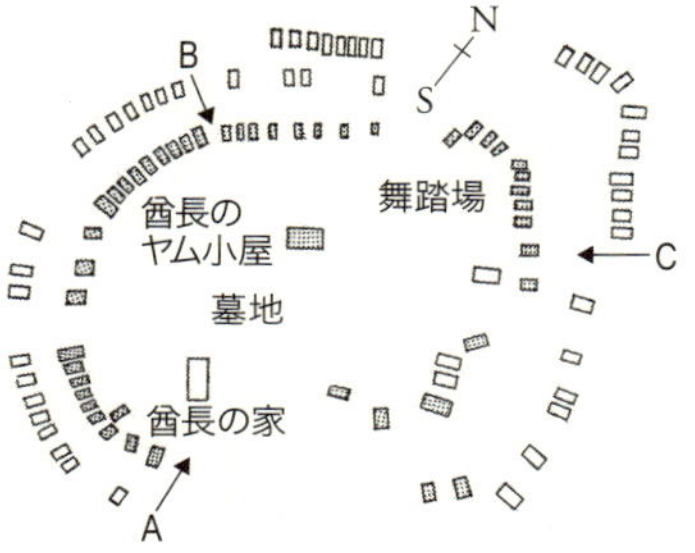

トロブリアンドの環状集落
（マリノフスキー『未開人の性生活』）

「喪屋」の発生

ところでこの段階で、死者の出た家から生者は去ったのでしょうか。死者を死者の家から出すということは、家は生者のものになったように見えます。しかし、定着以降も「死者」と「家」は同一視されたのであれば、死者を風葬場（洞窟）に出したとしても、その意味は消えないはずです。死者を家から出すというとき、死者の家はどうなったのでしょう。

その問いに応えたのが「喪屋《もや》」だ、というのが酒井卯作の洞察です。

喪屋は、死体のそばにしばらくいて死者を見守る、いわゆる殯《もがり》をするために建てられる小屋のことです。酒井は、喜界島では死者を葬った「洞窟墓」を「モーヤ」、つまり「喪屋」と呼ぶことを手がかりにしながら、「洞窟を最終的な葬地としながら、その前の段階で喪屋の存在があった。それは（中略）殯の形式を前提としたもので、その殯屋が消滅することによって、洞窟に喪屋という名だけが移行して残ったというのが現在の私の考えである」（同前）と書いています。

洞窟に死者を葬ったことは知られています。けれど、洞窟墓がモーヤ（喪屋）と呼ばれるのは、洞窟に死者を葬っただけではなく、そこで「喪屋」を建てて殯をおこなった名残りであり証拠であると、酒井は考えています。酒井は、モーヤという呼称を通じて、かつては洞窟の前に置かれただろう「喪屋」をいわば幻視するのですが、これはその通りだと思えます。

では、その「喪屋」はどこからやってきたのでしょうか。酒井の幻視はさらにその奥にも及んでいて、屋内に死者を葬ったのではないかと思わせる昔話や、琉球弧で死産児を軒下に埋めること、屋内から人骨が出る例などを手がかりに、「喪屋」とは、「本当は住居そのものが死者の家であったものが、死者が屋外に移されることによって」、家の「模型として死者とともに移動したものと解釈できないだろうか」としています。

酒井はここで、洞窟の前に置かれた喪屋の向こうに、「喪屋」が「死者の家」の役割を果たしたことを幻視しているのです。わたしたちは、死者を家に葬る段階を想定し、また、「死者」と「家」が同一視されたのを見てきましたから、「喪屋」とはもともと「死者の家」だったという洞察からは、深い示唆を得ることができます。

酒井が喪屋のことを、「家の模型」と指摘したことがとりわけ重要で、この指摘は、死者の「家」と洞窟の前に置かれた「喪屋」が同一視されたという理解を促します。喪屋は死者が生前、実際に住んでいた家屋そのものではないので、代用であり変形させられていますが、「喪屋」を「死者の家」と同一視したのなら、死者を喪屋に移すことによって、「死者」と「家」の同一視という観念を生き延びさせることができます。

そしてそれなら、わたしたちが、死者との「共存」の段階で、死者の家で殯を行なっただろうと見なしたことは間違っていないのでしょう。

殯は、たとえば与論島ではこう語られています。

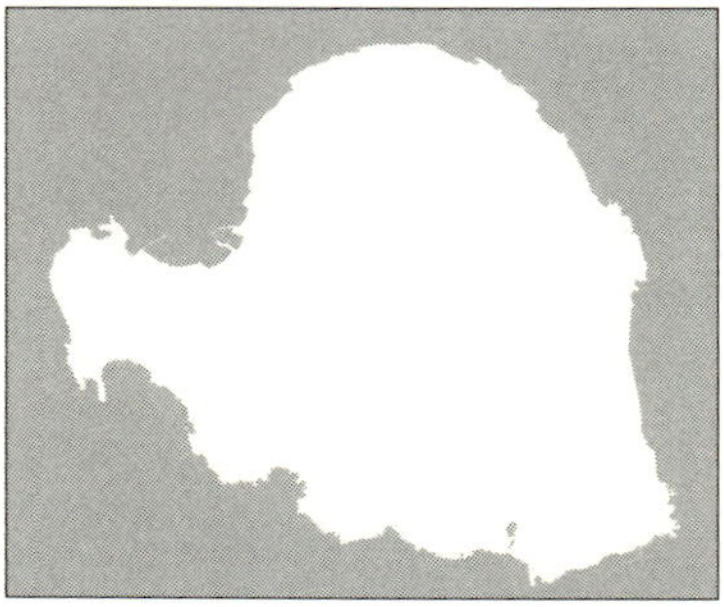

与論島

死後日がたつにつれ、身の毛もよだつほどの悪臭と妖気さを、あたりに漂わせていた。棺の置かれた地点の近くで咳払いをして、死者の名を呼んだり、話しかけたりすれば、死者の霊魂はこれに感応し、大きな臭気は消え失せ、微《かす》かな臭いを感じさせるだけになったという。棺の前で死者の生存中の模様を泣きながら語りかけると、死者の霊魂はこれに感応し、生きていたままの姿が現われて、話し合いができるし、暫くたつと消えて行った、と伝えられている。

（山田実『与論島の生活と伝承』）

もうこの言い伝えのなかでは「喪屋」はなく、しかも風葬場には七日間、通うのみになっていますが、死者の傍にいる殯の意味は完全には損なわれていないのが分かります。わたしたちはここに、喪屋を建てた殯だけではなく、見ようと思えば、かつて死者の家で行なわれた殯の痕跡を見ることができるのでしょう。

ここで酒井の考察を引き継げば、喪屋の発生は、他界（あの世）との境界が生み出されて以降に発生したことになります。つまり、死者との関係が「共存」から「区別」の段階に入ったとき、生者は家を去らなくなる根拠を得たのです。わたしは、「共存」から「区別」の段階に入る契機を、死者との共存に矛盾の意識が芽生えたときと書きましたが、そのひとつの側面は、家があくまで生者のものだと考えられたこととして言うことができるのでしょう。このとき、死者の家の霊力が転移された喪屋が発生します。いやここは、死者の家の霊力を喪屋に転移させ、「死者の家」と「喪屋」を同一視することで、ようやく生者は、「家」を生者のものにする端緒につけたというべきかもしれません。

ただし、「喪屋」を建てるのが普遍的だったわけではないのをわたしたちは知っています。柳田國男は、久高島について、「死人を大に忌み、死すれば家をすつ。埋葬なし。棺を外におき、親族知己集飲す」と記していました。このメモからは、久高島では風葬場で殯が行なわれたことが分かりますが、「死すれば家をすつ」とあるので、その前段に「喪屋」を建てた段階はなかったのでしょう。久高島では、死者との「共存」から「区別」の段階に入って以降も、喪屋を建てることはなく、「家を捨てる」習俗は続けられたということです。

このことは、「風葬の成立」と「喪屋の発生」は時を同じくするとは限らないことを意味しています。確かに言えるのは、生と死が区別されて以降に、喪屋は発生する根拠を持ったということだけです。霊力思考と霊魂思考の編まれ方は、島や集落《シマ》ごとにさまざまでありえたのであり、おそらく久高島では、霊魂思考がある強度を発揮したのです。

そしてさらに霊魂思考が優位なところでは、アイヌのように、「死者に家を持たせる」として家を焼く行為が発生する場合が考えられます。霊魂思考のもとでは、物質は消滅することによって霊魂が自由になると考えられますから、家を焼くことで霊魂化したのです。「喪屋」は、アイヌの「家を焼く」習俗とは別で、霊力思考が優位なところで生まれた習俗であることを意味しているのでしょう。

風葬は、生者の空間と死者の空間が区別されたところで成立しました。それ以降、死者の家からの霊力の転移が思考されたところでは、「喪屋」が発生し、生者は「別火」の習俗を残して、死者の家を去らなくなったと考えられます。

境界モチーフの展開

「洞窟」に象徴される光と闇が交錯する場所が境界に選ばれたということは、そこが「あの世」への入口になったことだけを意味するのではありません。それは、「この世」への出口でもありました。石垣島の伝承では、アマンや人間は土のなかから出現していましたし、久高島の伝承でも「蛇—人」が洞窟で見い出されていました。つまり、境界が設定されると、トーテムや人間が土の中や洞窟から出現したと語られるようになります。境界とは、「あの世」への入口でもあれば、「この世」への出口でもある、往還が可能な場として考えられました。

これ以降、この境界のモチーフは、琉球弧の精神（心）史を貫徹してきたように見えます。

まず、洞窟にシンボライズされる境界は、「穴」として形態化されました。

民俗学者の仲松弥秀《やしゅう》は、城郭としてのグスクについて、「日本本土の城門には見かけないアーチ型」（「沖縄のグスクと聖域」）であることを、その特徴に挙げますが、なかでも、岩壁を切り抜いて穴状になっている玉城《たまぐすく》、安慶名《あげな》のグスクは、特に珍しいと強調しています。これについて仲松は、「いうならば聖地に見られるアーチ門は、神の出入りなされる門、人間と神とをつなぐ門を表現したもの」と解釈するのですが、ここでの文脈に引き寄せれば、「穴」として形態化された境界のモチーフが、グスクに展開されているのです。また、カミとしての太陽にもこのモチーフは展開され、その出入り口は「太陽《ティダ》が穴」と呼ばれました。

「穴」という形態は、現在でも、沖縄の建築物の「花ブロック」に息づいています。「花ブロック」は、アメリカ軍由来という意味では外来のものであり、中国建築の影響という側面もあるかもしれません。また、日除けや通風、台風の防御の機能があるのも確かです。けれど、それだけではなく、「花ブロック」が琉球弧の島人をどこかで惹きつけてやまないとしたら、それはここに「洞窟」に由来する「穴」という境界のモチーフが生きているからではないでしょうか。

また、境界のモチーフは、「穴」として形態化されただけではなく、「お通し」という機能としても展開されました。家の象徴である「火の神」は、家のこととニライカナイをつなぐ「お通し」の機能を持ちました。「火の神」の座である竈は、まさに光と闇が交錯する場であり、家の内部で「この世」と「あの世」を分ける境界を象徴し、かつそこに、「この世」と「あの世」をつなぐ意味を加えました。また、本土の神社に当たる「御嶽《ウタキ》」のなかには、集落が移動する前の御嶽や神を遥拝《ようはい》し、あるいは神を招請《しょうせい》する「お通し」の機能が付与されたものもあります。

玉城グスク

花ブロック（那覇市街地／ 2004 年撮影
尾形一郎・尾形優『沖縄彫刻都市』）

折口信夫は、「おとほしの思想が、さまざまな信仰様式を生み出した」(「琉球の宗教」)と洞察しましたが、わたしたちはここに、洞窟にシンボライズされる境界の発生が、「お通しの思想」の起点にあると付け加えることができるでしょう。「お通しの思想」が見られるのは、「人間と神とをつなぐ」というグスクの「穴」の門にしても、「太陽《ティダ》が穴」にしても同様です。おそらく、「お通しの思想」は「花ブロック」にも底流しているのです。

ところで、生者と死者の空間が区別されたところで境界が生まれたように、境界とは分け隔てる場に違いありません。しかし、「お通しの思想」では、むしろ、分け隔ててあるものをつなぐことに力が注がれています。しかも、ただつなぐというだけではありません。ニライカナイの神を遥拝し招請するように、はるかに隔たったものを瞬時に結びつけることが、そこでは可能とされています。もっといえば、トーテムや人間がそこから出現するように、未生から生へと「霊力の転移」が行なわれ、形を現わすことも、そこでは思考されているように見えます。

さて、わたしはここでいささか急いで言葉をつないでしまったようです。境界モチーフには我を忘れさせるような魅力が潜んでいる気がしますが、それがどのように展開されていったのか、のちにも触れることができるはずです。

5　包含するニライカナイ――他界

二つのベクトル

洞窟が「この世」と「あの世」をつなぐ境界として設定されたことは、他界の空間化の端緒をなしました。このとき、他界が展開する空間には二つのベクトルが存在しました。人間の目の高さから水平に伸びる方向と、垂直に下方へと伸びる方向です。そうして他界は地上と地下に展開されることになります。

『他界観念の原始形態』の最大の成果は、葬法をいわば下部構造とし、他界観念を上部構造として、「葬法」と「他界観念」を対応づけてみせたことです。もちろん、葬法に対して一義的に他界観念が対応するのではなく、葬法を保持したまま他界観念が変化し、あるいは、同じ葬法でも異なる他界観念が対応する場合もありますが、文字を持たない社会では、葬法と他界観念との対応は、原型をそれほど損なっていないと見なすことができます。

　棚瀬が、自ら集めた民族誌資料をもとに明らかにしたのは、樹上葬には他界が伴わず、埋葬には地下の他界がともなうこと、そして両者が混融した場合の台上葬や埋葬には、地上の他界がともなうことでした。

　地上の他界は、明確な他界を持たないドリームタイムの場と、地下の他界との、いわば合力として形成されます。垂直に下方に伸びるベクトルにたいして、斜め上方に伸びる架空のベクトルを想定すると、その両者の合力として水平のベクトルが形成されます。他界を持たない霊力優位の思考に、地下へ伸びる霊魂思考が混融すると、他界は地上へと展開されてゆくのです。その地上の他界は、「島」や「山」、そして「海上はるか彼方」などの広がりを持ちます。嬉しいことに、オセアニアから得られる知見は、琉球弧にも適用できるように思えます。

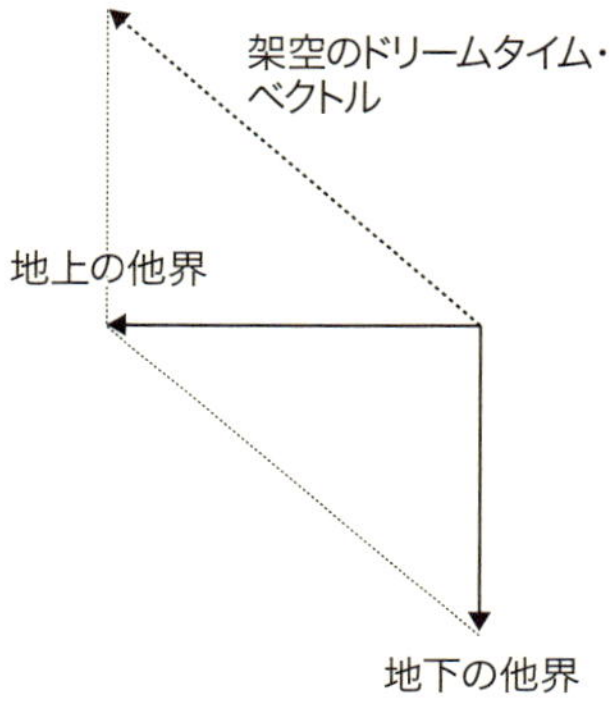

合力としての地上の他界

　琉球弧の他界、ニライカナイが海上はるか彼方の他界として言及されることが多いのに対して、石垣島から疑問を呈したのは前花哲雄でした。前花は、井戸祭りでの祈願の呪言を紹介するなかで書いています。

この願い口の中にある「ニーラ底、カネーラ底」は即ちニライ・カナイを意味する。八重山の井戸は普通二十数メートルを掘り抜き地下水を求めているので、地下の深いところをニーラスクといい、更に深い地点をカネーラ底と言っている。畑を耕すとき「ニーラ底から耕せ」と昔の人はよく言った。

「ニーラ底」には地下水があるだけでなく、其処には豊作の神々が居られるものと信じていた。この豊作の神を「ニーラピィトゥ」「ニーローピィトゥ」等と言っている。

（「定説に対する疑問」）

前花の知識、ではなく経験や身体感覚からいえば、ニライカナイではなく、ニーラスク、カネーラスクであり、それは海上ではなく、地下でした。ニライカナイがともすれば、宗教者からしか聞かれないのに対して、土をいじりながら言う「ニーラスクから耕せ」という言葉はなんと生活感豊かなことでしょう。その延長で「ニライ人（ニーラピィトゥ、ニーローピィトゥ）」というのですから、「神」も身近に感じられてきます。

ただ、前花はそこから、ニライカナイを「海の彼方」に結びつけることに頷かないのですが、否定する必要はないのでしょう。わたしたちもつい、海上はるか彼方のニライカナイばかりに目がいきがちですが、琉球弧のニライカナイは、「海上」であるとともに、「地下」でもある二重性として見ることが大切なのだと思います。

わたしたちの視点からいえば、前花が言うように、ニーラスクは生き生きと存在しているのですから、定着生活のどこかで、地下の他界も展開したと考えることができます。それはオセアニアの民族誌を参照すると、原始的な農耕を行なう種族の思考が存在したことを暗示しています。ところが、琉球弧の考古学では、グスク時代と呼ばれる古代より前の農耕についてまだ確認されていません。そしてあったとしても低生産にとどまるだろうという予想のもとに、探究が続けられています。

あるいはわたしは、「定着」が霊魂思考による時間観念を駆動させたと考えてきたのですから、琉球弧の島人が、原始的な農耕によらなくても、植物採集による自然の加工や管理から、地下の他界を持つ霊魂思考を発達させた可能性を考える必要があるのかもしれません。いまそれを明確にすることはできませんから、ここでは、ニライカナイが、水平方向に伸びる他界観念であること自体が、地下の他界を持つ思考の存在を物語っていることを確認しておきましょう。

地上と地下

地上と地下の他界は、霊力思考と霊魂思考の強弱によって地上のみになる場合も、地下のみになる場合もあります。ところが、琉球弧のように両者が混在したまま存在している民族誌例もあります。そしてそれもトロブリアンド諸島なのです。トロブリアンドは琉球弧と似ていると感じさせることが多いのですが、そう気づかせてくれるマリノフスキーの厚い記述にも感謝しなくてはなりません。

トロブリアンドでは、実在するトゥマ島が他界として信じられていました。ところが実は、地下を主張する島人もいることをマリノフスキーは聞き取っています。トゥマ島に住むのか、それとも地下なのか、島人の見解は分かれます。マリノフスキーは、トロブリアンドの神話で、「最初の人類は大地の穴から出現した」（琉球弧と同じ！）と言われていることから、「地下のトゥマ」が最も正統的な解釈だと判断するのですが、一方でこうも考えています。

　ともあれ私は、彼らの観念は、固定化されない形のままになっていること、定式化されるよりは感じられ、バロマの性質やさまざまな存在条件を分析的に検討するよりは、バロマの種々の活動に関わっているのだということだけは、確信できるのである。（『バロマ』）

これは霊魂（バロマ）に対する島人の思考について触れたものですが、マリノフスキーは他界についても同様だと注釈しています。このマリノフスキーの理解はとても重要なものだと思えます。島人は、分析して整合性のとれた概念として定式化することに関心はなく、それを感じ、それと関わりながら活動することに意義を見い出しているということです。これは、トロブリアンドが霊魂思考より霊力思考が強いことを物語っていますが、トロブリアンドの他界は、トゥマ島と地下と、どちらが本当なのかを問うのは正しくはなく、ともに存在していると捉える必要があるのです。同じように、海上はるか彼方のニライカナイと地下深いニーラスクは琉球弧の他界の二重性を意味しているのです。

ところで、ここに形成される「あの世」は、「この世」と同じ、あるいは、「この世」よりは少しましと語られることが多いようです。トロブリアンドのように楽しさと明るさが増すのは稀ですが、色調は明るさを帯びる傾向があります。琉球弧の場合、「この世」よりいいという性格が言われることはないように見えますが、「この世」と同じという基本性格はその通りに持っていました。霊魂思考は、「この世」の時間的な延長に「あの世」という概念を成立させますが、その中身には、「この世」と似ているという霊力思考が働いています。

そして、「この世」と対称性の高い「あの世」について、ヨーロッパの人類学者たちは、しばしば、あまりぱっとしないと形容してきました。でも本当にそうでしょうか。興味をそそる内容がないという意味では「ぱっとしない」のはその通りかもしれませんが、ここには因果応報の論理もなければ天国と地獄もありません。「あの世」を「この世」の延長として思い描けるということには、「この世」に対する肯定感、幸福感が漂っていると言えるのではないでしょうか。

洞窟を塞ぐ

しかし、生と死は移行であり、生者と死者はいつでも交流することができた段階が終わるときがきます。

それは、事件といってもいい出来事によって象徴されることがありました。『古事記』の場合がそうで、それはイザナギとイザナミの別れのなかで語られています。

イザナギは黄泉の国へ行ってしまったイザナミを追い、連れ戻そうとします。イザナミは黄泉の国の食べ物を口にして穢れてしまったので、この国の神々に相談するといい、その間、わたしの姿を見るなと言って扉を閉めます。見るなと言われれば見てしまうのが人間だということは神話が洞察するところですが、その約束通り、イザナギは覗いてしまいます。するとイザナミには蛆がたかり膿が流れ出し、たくさんの雷《いかづち》が生まれ出ていました。怒ったイザナミは黄泉の国の女神たちに追わせます。追う女神たちも追われるイザナギも呪策を施して応酬し合います。イザナギはやっとの思いで、「この世」と「あの世」の境にある黄泉比良坂《よもつひらさか》を駆け上がると、「千引きの岩」で、黄泉比良坂を塞いでしまいます。これが、『古事記』のなかの事件で、この出来事によって「この世」と「あの世」の出入口は塞がれてしまいます。そして、「この世」と「あの世」の境界が塞がれてしまうということは、生と死の「移行」の段階の終わりを意味していました。

こんどは、もう少し琉球弧と似た場所として、小さな島の例を挙げましょう。

ポリネシアのクック諸島のひとつにマンガイア島があります。喜界島ほどの大きさの隆起珊瑚礁の島で、島の周囲が広い石灰岩で囲まれているのが特徴です。そのマンガイア島で語られている神話を見てみます。

あの世への道は、かつてはアレマウクという西の海に張り出した崖の上から行くことができた。この道のおかげで以前は、この世とあの世は自由に行き来することもできた。たとえ

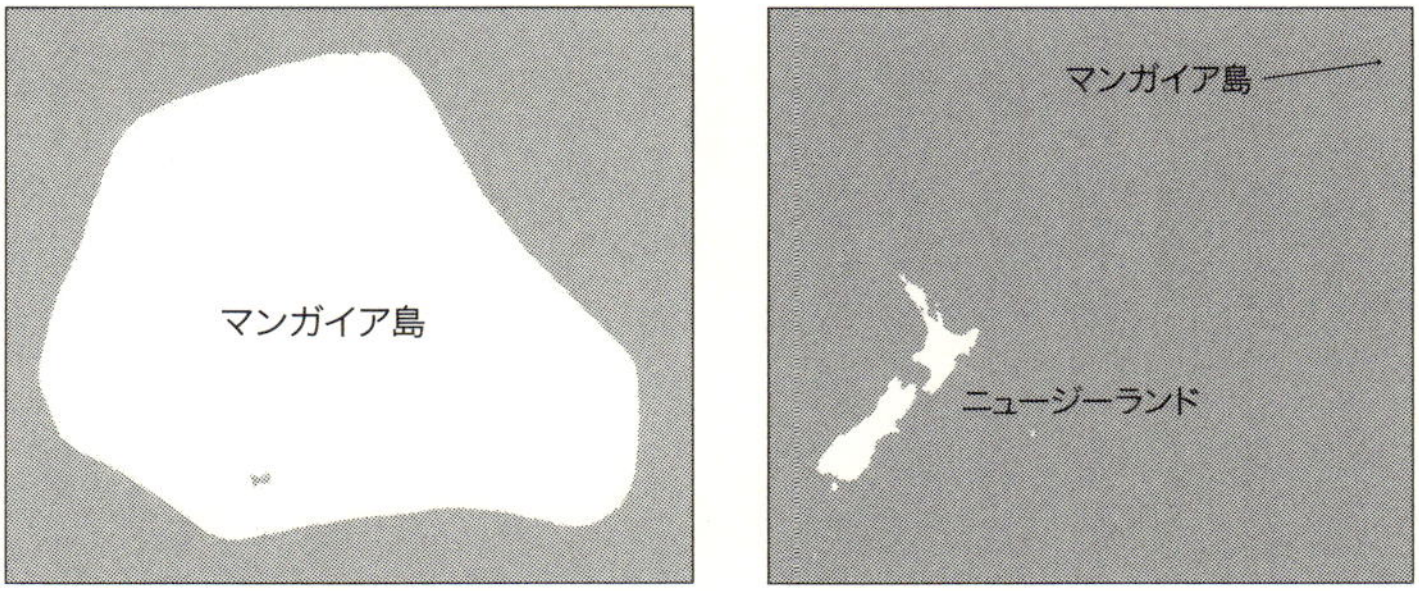

マンガイア島

ば、大昔、英雄マウイは、この道を通って火の神マウイケのいるところへ行き、人間が使えるように火を持ち帰ったのだ。けれど、霊の地の住人は、しばらくすると、上にあがってきて生者を病気や死で苦しめて、とても面倒を起こすようになってしまった。彼らは、食糧を盗んだり、妻を奪ったりもした。いつまでも続く厄介を終らせるために、ティキという勇敢で美しい女性が、あの世へと通じる暗い裂け目に大きく開いた深い穴を塞いでしまう。それ以来、道は閉ざされてしまった。

（フレイザー『The Belief in Immortality and the Worship of the Dead』一部要約）

マンガイア島では、死者が生者に悪さをするので、穴は塞がれることになっています。この神話からは、洞窟が塞がれてしまうのは、死者との自由な行き来が、「この世」の利害と矛盾したからだということが示唆されているように感じられます。言い換えれば、地上の利害の矛盾が他界に転化されています。

実際、長い期間、焼畑農業を続けた結果、マンガイア島の土地は痩せてしまい、八〇〇年前くらいからタロイモの灌漑農業に依存するようになりました。ところが、それができる肥沃な土地は、島のわずか数パーセントを占めるに過ぎないため、島人は絶え間ない部族間抗争にあけくれるようになります。在来の鳥類種の半分以上は絶滅し、蛋白源がほとんどなくなってしまうと、島人は鼠を食べるようになっていました（デイビッド・モンゴメリー『土の文明史』）。マンガイアは南太平洋の真ん中にぽつんとある小さな島で、隣りのラロトンガ島まで約二〇〇キロも離れています。喜界島ほどの大きさしかない島なのに、頼るべき大きな島や大陸が近くにないのですから、部族間抗争は激しいものだったでしょう。

マンガイア島の史実からすると、死者が起こしたという食糧の盗み、妻の強奪等は地上の利害の矛盾を反映しているというわたしたちの見立てはどうやら間違っていないようです。ここからは、洞窟が塞がれるということは、「この世」と「あの世」との行き来に矛盾が感じられること、そして「この世」の利害の矛盾が「あの世（他界）」へと転化されて起きるという示唆を受け取ることができます。

ところで、琉球弧では『古事記』のような激しい応酬やマンガイア島の痛ましい史実を想起させる神話や伝承に、わたしは出会っていません。洞窟を塞ぐ出来事は、むしろひっそりと語られているようにみえます。

笠利のツチバマにグショガミチ（後生ヶ道）というムィ（穴）がある。用安か節田の村の人が、牛を逃がした。捜して行くと、その牛のアシゲ（足跡）は、その穴の中へと消えていた。その人が後をつけて行ってみるとそのグショガミチの奥へ、その牛は逃げこんでいた。そして驚いたことにその牛を囲んで多勢の人たちが珍しそうに見物していた。その人は、自分もその仲間に入れてくれとお願いした。すると、その中の一人が、「仲間に入ってもよいが、一つの条件がある。それは、この穴のことをシマ（村）に帰って話さないこと、そうすればここに来ることができるが、もしその話しを村の人にすると、二度と来れなくなるよ」と言った。しかし、その男は、村へ帰ってから、約束を破ってその不思議な穴の話しをした。するとそのグショガミチは、とうとう塞がってしまったという。

（富源一郎談、登山修『蘇刈（奄美大島瀬戸内町）民俗誌』）

土浜

ここでは、生者と死者は激しい応酬を繰り広げるわけでもなければ、死者が生者の世界で悪事を働くこともありません。死者はひっそりと死者の世界におり、むしろ生者は「穴」の存在を忘れてしまうほど、死者の世界に関心がなくなっている、持てなくなっていることを暗示しているように見えます。あるいは、イザナギやマンガイア島の場合、穴を塞ぐのは生者でしたが、土浜《つちばま》では死者が塞ぐことになっていて、それはまるで穴を塞ぐことを生者が強いられたように響いてきます。また、死者が牛を珍しがることには興味を引かれます。琉球弧では、農耕を部分的に受容した古代（グスク時代と呼ばれています）以降に牛は急増するので、この死者たちは古代以前の人々であるように見えます。ひょっとしたら琉球弧では、農耕を取り入れた時に、他界との境界が塞がれたのかもしれません。「この世」と「あの世」の境界が塞がることは、他界の空間の独立を意味しています。生者の空間と死者の空間ははっきりと分離されてしまうとともに、生と死も「移行」ではなく、「分離」として捉えられていくようになります。

反転

洞窟が塞がるということは、生者と死者の空間が分離されるということであり、生と死が移行ではなく分離する契機を孕んでいました。そして、生と死の「移行」から「分離」の過程では、重大な転換も進行していました。

イザナギはイザナミとの応酬のあとに、この世に戻ると、「思えば私は、なんという厭《いや》な、醜い、きたならしい国にわざわざ出かけていったものだろう。私の身体はすっかり穢れてしまった。この穢れた身体の禊《みそ》ぎをしなければならない」（『古事記』）と言い、禊払《みそぎはら》いをします。

イザナギもイザナミもその身体から数多の神々を生み出すように霊力が旺盛な存在です。しかし、「千引きの岩」で境界を塞ぐ前に、イザナミは黄泉の国の食べ物を食べて穢れてしまったといい、また黄泉の国の神々に相談する姿を見てはならないとも言います。そしてイザナギも蛆が這い膿が湧きイカヅチを生み出しているイザナミの姿に驚くように、身体の霊力に対する別の観方を生んでいます。

樹上葬や台上葬では、近親者が樹木や台の上に置いた死体から流れる死汁を飲んだり身に浴びたりすることが、しばしば行なわれました。わたしたちは驚くしかありませんが、しかしこれは、他者と同一化する思考である「食人」の延長にある行為です。死汁を浴びる、飲むのは、死者の力を身につけようという「食人」の弱められた変形なのです。そしてここには、死体を霊力のある聖なるものと見なす思考が働いているのが見て取れるでしょう。けれど、イザナミもイザナギも身体から神を生み出す霊力を持っているのに、その視線はここで、死体を「聖なるもの」ではなく、「穢れたもの」とみなしているのに目が止まります。つまり、ここでは死体を聖なるものから穢れたものとみなす反転が起きているのです。

この反転による対照を鮮やかに示しているのは、オオゲツ姫とスサノオの説話です。高天原から追放されたスサノオは、オオゲツ姫に食物を所望します。

オホゲツ姫はその鼻、その口、その尻からいろいろの食べものを取り出し、こうした材料を種々塩梅して作りあげたごちそうを、スサノヲに差し出した。しかし怪しんだスサノヲは、姫のなすところをこっそり立ち見して、これはわざと穢いものを自分に食べさせるつもりなのかと考え、たちまち乱暴な心が起こって、オホゲツ姫を殺してしまった。

そこでこの殺された女神の身体から、次のようなものが生まれた。すなわち、その頭には蚕が生まれ、その二つの目には稲種《いなだね》が生まれ、その二つの耳には粟が生まれ、その鼻には小豆が生まれ、その陰処《ほと》には麦が生まれ、その尻には大豆《まめ》が生まれた。（『古事記』福永武彦訳）

オオゲツ姫は、生者としてその身体から食物を生み出すのですが、スサノオはそれを「穢い」と感じます。オオゲツ姫は死んでも豊かな霊力を失わず、穀物を生み出すほどでした。スサノオは『古事記』で多義的な性格を担わされていますが、少なくともこの場面では、オオゲツ姫の霊力を豊かなものとは見なさず、「穢い」と見なしています。オオゲツ姫の身体からの分泌物や排泄物は、死汁を飲んだり浴びたりする行為に通じる聖なるものではなく、穢れたものへと反転しているのです。

何がこの視線の反転を生んでいるのでしょう。穢れた身体を嘆いてイザナギが行なった禊払いについて、吉本隆明は書いています。

人間のあらゆる共同性が、家族の〈性〉的な共同性から社会の共同性まですべて〈醜悪な穢れ〉だとかんがえられたとしたら、未開の種族にとって、それは〈自然〉から離れたという畏怖に発祥している。人間は〈自然〉の部分であるのに対他的な関係にはいりこんでしか生存が保てない。これを識ったとき、かれらはまず〈醜悪な穢れ〉をプリミティブな〈共同幻想〉として天上にあずけた。かれらはそれを生活の具体的な場面からきりはなし、さいしょの〈法〉的な共同規範としてかれらの幻想を束縛させた。そうすることでいわば逆に〈自由〉

な現実の行為の保証をえようとしたのである。

（『共同幻想論』）

わたしたちはここで、「聖なるもの」が「穢れたもの」へ反転し、生と死の分離に到る本質的な契機に突き当たっているのではないでしょうか。それは、自然からの乖離です。自然から離れてしまったという畏怖は、「聖なるもの」を「穢れたもの」へと反転させていきます。そしてそれが、人間と自然の関係では必然的なものだという認識まで到ったとき、人間の共同性は「醜悪な穢れ」と見なされるでしょう。そしてそれを「プリミティブな〈共同幻想〉として天上にあずけた」、つまり他界へと転化するのです。そうすることで、彼らは祭儀や儀礼を通じた規範も受け取り自身を拘束しますが、一方で、自然から乖離する自由を得ようとしたということです。

棚瀬は、原始農耕を行なう種族は地下の他界を持つ他にも、死穢《しえ》の観念を持っていることを明らかにしています。ということは、はっきりと確認されてはいないものの、琉球弧でも原始農耕が行なわれたとすれば、その時、「聖なるもの」の「穢れたもの」への反転を生んだでしょう。北のヤポネシアとの貝交易のなかで、集落ごとに貝の加工の役割分担を行なうようになったときも同様だったかもしれません。そして奄美大島の伝承が暗示するように、森林を伐採し農耕地へとつくりかえたことは大きな意味を持ったでしょう。それは自然からの乖離が、かつてない規模で行なわれたことを示しています。こうして反転によるねじれが結び目を持つほどに進んだとき、生と死が分離します。このとき、徐々に進行していた価値の反転は決定的になり、死体や葬地は聖なるものであると同時に穢れたものであるという二重性を帯びてタブー化されます。琉球弧で、死者に親しみを覚えるという一方で、葬地を指さすこともタブーとするほど畏怖させる二重性が生まれたのも、この後だと言うことができます。

海上はるか彼方へ

これだけではありません。生と死の分離には、もうひとつ重大な転換が伴いました。ニライカナイというと、地下であるとともに、海上のはるか彼方と考えられていますが、はじめから遠かったわけではありません。それはもっと身近な、死者を呼べばすぐに来てくれるような近しい場所と考えられていました。そう、ニライカナイは遠ざかっていったのです。そしてそれも、洞窟を塞ぐ、生と死が分離することと無縁ではありません。

ここでもう一度、マンガイア島の例を挙げましょう。マンガイア島の神話では、他界へ至る穴を塞ぐ経緯だけでなく、塞いでしまった後のことも、とても印象的に語られています。まず、あの穴を塞ぐ事件のあと、死者はアレマウクという崖の上から「あの世」へ行くことができなくなり、また死者の霊魂もその道を通って「あの世」から上がってくることもできなくなりました。それ以来、死者は別のルートをたどらざるを得なくなっています。

すぐに「あの世」へ行けなくなった死者たちは踊ったり自分の家を訪ねたりして過ごしますが、島の南半分の死者は夏至に、北半分の死者は冬至に、行動を起こします。死者たちは磯づたいに、珊瑚礁のとげとげしい角に悩み、つる草に足を取られながら旅をして、朝陽を臨む地点に集合します。出発の時間は一行のリーダーが決めます。その時になると、死者たちは泣きながら集まるのです。水平線を見守り、朝陽が昇る瞬間に太陽の通る道に行くために出発し、夕方、沈む太陽を臨んでふたたび集合します。そして、太陽が地平線に沈む瞬間に、死者の一行は夕陽の黄金色の光跡を追い、きらめく海を越えて太陽とともにあの世へくだるのです。これが太陽とともに行なう最後の悲しい旅です。

なんて印象的な物語でしょうか。そして、琉球弧の島人にとってはなんて身近に感じる場面でしょう。わたしたちは西の海に沈む夕陽が海を照らすあの輝きを黄金の道だと感じますが、マンガイアの島人もそのように見立て、そこを死者たちが他界へ行く道として捉えるのです。

夕陽（与論島）（撮影・Erina Ohara）

ただ、マンガイア島の「あの世」は、琉球弧のように地下と海上の二重性としてあるのではなく、海上はるかであっても、その下にくだった地下とされているのが、琉球弧と違っています。これはマンガイア島では、琉球弧より霊魂思考が優位なためだと考えられますが、マンガイア島の神話は、「この世」

池間島

と「あの世」の境界を塞ぐ、生と死が分離するということが、他界の遠隔化の契機であることを鮮やかに示しています。

生と死の分離を契機に、琉球弧でも、ニライカナイは海上はるか遠くに遠隔化されたのです。

ところで、他界が遠隔化される前の段階があったとすれば、「あの世」のひとつは、トロブリアンドのトゥマ島のように、実在の島だった可能性があることを意味しています。実際、そうだったのではないでしょうか。

たとえば、宮古島の北西一キロ足らずにある池間島がそうです。宮古島の死者は、池間島にある大主《ウプラス》御嶽を通ると言われています。そしてこの御嶽の神女たちには死ぬ前にその霊魂が姿を現すのが見えるとも言います。この話を採取した民俗研究家の源武雄は、この御嶽があの世への関所と考えられていたのかもしれないと書いていますが（『宮古島の民俗』）、宮古島の死者が池間島の御嶽を通過するということは、遠隔化される以前の宮古島の他界が池間島であることを物語っているのでしょう。

残念ながら、池間島の他には他界の島だったことを示唆する伝承にわたしは出会っていません。

しかし、それを知る手がかりはないわけではないと思えます。
遠くからやってくる琉球弧の神々は、しばしば、近くの小さな島に寄ってから大きな島に上陸すると言われます。あのアマミキヨも、最初は久高島に上陸してから、次に知念半島の玉城に上陸したのでした。この神の行路は、他界の遠隔化を逆に辿っているのではないでしょうか。つまり、かつて久高島は沖縄島の東南部の島人にとって他界の島だったのが、他界が遠隔化されると、神々は来訪する際、かつての他界である久高島をたどり直しているのです。

伊波普猷は、神は「いったん澳《アウ》を足留《あしどま》りとして、本土に上陸する」（「君真物の来訪」）と書きましたが、神が上陸する前にいちど立ち寄る「奥（澳武《オー》）」とは、地先の島のことです。そのなかのたとえば、久米島の東方にある奥武島は聖域化されているので、そこは神の「足留り」であり、かつての他界の島だったと考えられます。また、屋我地《やがち》島と沖縄島の本部《もとぶ》半島の付け根のあいだにも奥武島がありますが、ここはかつて葬地であり、現地の老人は「後生《グソ》」と呼びましたから、文字通り他界の島だったわけです。

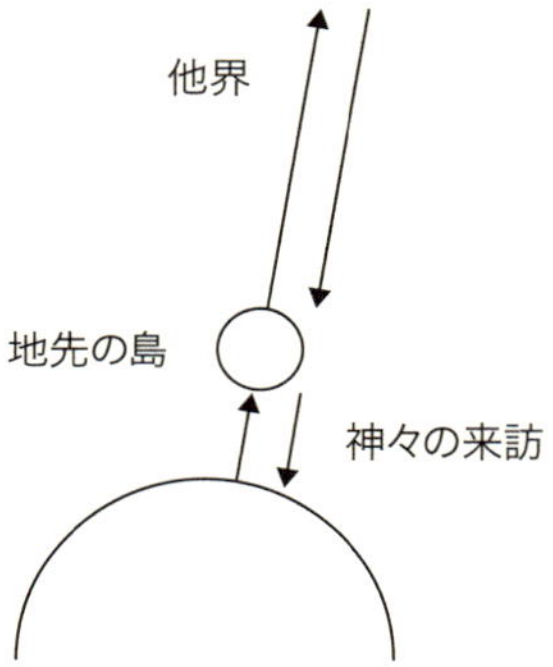

他界の遠隔化と神の来訪進路

「足溜り」とは語られない場合でも他界の島の系列と見なせるのは、浜比嘉《はまひが》島のすぐそばにある小さなクバ島です。クバ島は、神の葬地であり、かつ、浜比嘉島にとっては遥拝する島でもあります。クバ島は、折口信夫が「海岸あるいは、島の村々では、その村から離れた海上の小島をば、神の居る処として遥拝する」（『琉球の宗教』）と指摘した系列にあるものとして言うことができるでしょう。

これらのいくつかの島は、ニライカナイが海上はるか彼方へと遠隔化される以前の実在する他界の島だったと考えることができます。琉球弧には、地先の島（そこに人が住んでいてもいなくても、葬地であってもなくても）はたくさんあるので、「移行」の段階にある時に、地先の島を臨む場所に集落があった場合は、そこは他界の島だった可能性があります。そして、実在した他界の「島」には、その同位相に「山」も付け加えることができるでしょう。この場合も、海の彼方からやってくる神が立ち寄るとされているはずです。

包含するニライカナイ

「この世」と「あの世」の境界を洞窟にしたとき、地下や地先の島等が「あの世」だと考えられました。トロブリアンドのように地下とともに実在の島を「あの世」と見なした段階があったのです。そして、地先の島と山は「あの世」として同位相にあり、どこが「あの世」になるかは、集落を囲む地勢が決定しました。

生と死の分離とともに、それらの他界は、底知れない地下や海上のはるか彼方、海底へと遠隔化されます。この遠隔化には、「あの世」が、実際の場所ではなく観念的な場所として空間化することも意味していました。
この遠隔化と観念的な空間化のなかで、海上はるか彼方に遠ざかった地上の他界は方位を持つことになります。それは西方です。棚瀬はオセアニアでは広く西方の他界が認められるのを見い出し、それは日没と関係があるのではないか考察していますが、マンガイア島の神話を経ると、棚瀬の考えは正しいのだと思います。日の出とともに生まれ日没とともに死ぬとみなした野生の思考にとって、太陽の沈む方を他界の方位と見なすのはとても自然に感じられます。ちがいは、霊魂思考の強まったマンガイア島では水平線の下の地下に「あの世」を考え、霊力思考も強度をもっていた琉球弧では、「海上はるか彼方」と「底知れない地下」は共存したのでした。

もちろん他界の方位を決めるのは太陽だけではないでしょう。海を渡って移動した種族であれば、その原郷を「あの世」と見なすこともありえます。池間島では「亥の島」といい、宮古島の砂川では「神の島、南《パイ》の島」と、実在しない島を「あの世」とする場合もありますが、こういうときの「亥」や「南」は種族が訪れた原郷の方位を記憶したものかもしれません。

他界の方位についてはこの他にもいくつかの系列が考えられますが、琉球弧で、生者と死者との関係の変化を契機に、島人に起きた大きな変化という意味では、酒井卯作も「西方を死者の赴く場所と考える例が圧倒的に多い」というように、地先の島から海上はるか彼方の西方への移行が、普遍的なものでした。

しかし、不思議なことに、死者が赴く方位は西方とする事例が多いにもかかわらず、神々の原

ニュージーランド

郷や豊穣の地は東方と捉えられています。むしろ、海上はるか彼方のニライカナイという場合は、東方を指すことが多いのです。この東西の対照は何を意味しているのでしょうか。

人類学者の後藤明によると、生命の東と死の西とでもいうような東西の対照は、ニュージーランドのマオリにも見られます。マオリにとってのニライカナイはハワイキと呼ばれています。後藤はマオリのハワイキに見られる観念を次のように整理しています（「海彼世界への魂の旅」）。まず、マオリにとってハワイキは祖先がそこから航海してきた原郷です。そして原郷というだけでなく、ハワイキは人間が創造された場であり、火や料理や生と死、つまり文化が生まれた場所です。食料もそこからやってきたし、よいことも悪いこともやってきました。そして死者の行く世界もハワイキとされています。ハワイキは容易に到達できないとされていますが、その方位は一定ではなく、東は生命や実りがもたらされる方向で、西や北は死者が向かう方向だとされると言うのです。

こうしてみると、マオリのハワイキと琉球弧のニライカナイは、東西の対照はほぼ同じで、それだけではなく、ハワイキとニライカナイの内実も似ていると言えます。また、ハワイキが人間の創造の場とされるのは、あのドリームタイムの場の記憶が反映されていると言えるでしょう。その意味では、ハワイキの方が時間の深度を持っているのかもしれませんが、ニライカナイを豊穣の源とする考えには、ハワイキと同様に、ドリームタイム的な場の思考が潜んでいると考えられるのではないでしょうか。琉球弧には再生信仰があり、その豊かな霊力には、ドリームタイム的な永遠の現在性と創造性の思考が宿っています。

すると、生と死が分離し、他界が空間化、遠隔化された時、他界の共同幻想には、死者の世界という意味だけではなく、ドリームタイム的な場も弱められながら、生命の源や文化の源、よいことも悪いこともあわせ持つ場としても疎外されたのではないでしょうか。そうだとするなら、死者が西方に赴くとされたとき、同時に生命の源は東方であるとする観念も発生したと考えることができます。

生と死の分離は、ここでは太陽が昇る東と、沈む西という方位として表現されます。しかし、昇る太陽と沈む太陽は、繰り返される反復のリズムのなかにあるのですから、生と死は分離の契機を孕みながら、円環するという構造を失っていないことになります。そのことは、東と西の意味を両方、含むものとしてニライカナイという言葉が存在していることに現われているでしょう。つまり、『古事記』でいう「根の国」と「常世」は、琉球弧では『古事記』の世界ほどには、分離していないのです。このことの持つ意味は重要です。それは、生と死が完全には分離していないことを意味するからです。

厚い「移行」の層

琉球弧で定着生活がもたらしたのは死者との共存でした。沖縄の知念には「後生《グソ》や雨だれの外」ということわざがありますが、これは、死者の世界が軒先の外というほど近くにあることを伝えるとともに、死者をごく身近に葬ったことも示唆しているように見えます。

死者との「共存」は、直線的な時間の認識を生み出し、死は生からの「移行」だと考えられるようになりました。ただし、霊魂思考による時間の認識はどこまでも伸びていくものではなかったので、永遠の現在性を持つドリームタイム的な場と行き来する円環の思考も持続することができましたし、生まれ変わるという再生の原理も保たれていました。

やがて死者との「共存」に矛盾の意識を持ったとき、生者と死者の世界の境界に洞窟が設定されます。洞窟は、光と闇が交錯する場所であれば、アダン林のなかや山のなかの薄暗いところも同じ意味を持ちました。この境界の発生によって、生者の世界と死者の世界は「区別」されるようになります。

洞窟を塞ぐ奄美大島の伝承は、島の南部で採取されたものですが、語られているのは北部の土浜でのことでした。その土浜では、洞窟を通って一里くらい先に「あの世」があると信じられていましたが（茂野、同前）、これは生と死の「移行」の段階のなかで、死者との共存から死者の世

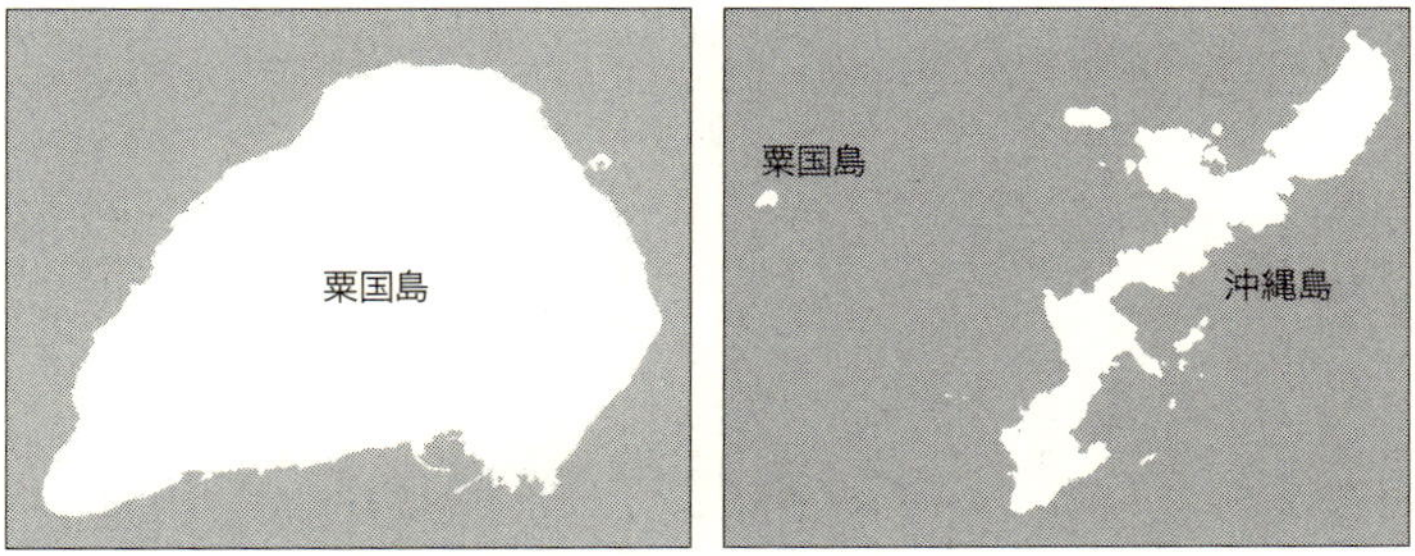

粟国島

界を区別した時期の思考の層を示していると言えます。粟国《あぐに》島では、潮水を三度かき分けたかと思うと、そこにはもうニライカナイに通じる神の国があったと伝承されたのも同じです。

そして死者との「共存」から、死者の空間が「区別」されると、死者は「共存」するのではなく、帰来するようになります。ふだんは「あの世」にいるけれど、夜になるとやってきて踊るなどというように語られるのです。

次に生と死の「分離」の段階がやってきました。洞窟の穴は塞がれ、他界の空間が独立します。そしてそれは他界の遠隔化の契機になります。近しい地上と地下の他界は、海上はるか彼方や海底、地下深くへと遠ざかっていきました。

マンガイア島の神話は、「分離」によって、死者が「あの世」へ簡単に行けなくなったことを示していました。ニュージーランドのマオリでは、入墨は「あの世」から持ち帰った技術だと語られますが、入墨の技術と引き換えに、「この世」と「あの世」の境界は閉じられてしまいました。そして、その後は、霊魂だけが「あの世」に行くことができるようになったとされています（後藤明『南島の神話』)。マオリでは、霊魂だけが通えるようになったとされるように、「分離」という契機は、死者が「この世」へ戻ってくるのも難しくする事態を意味していました。簡単に、帰ってくることができなくなるのです。

生と死が「分離」すると、死体や葬地が「聖なるもの」から「穢れたもの」になるという反転も決定的になります。大神島では「岩ヌパナ」という岩窟が、底知れぬ深さで後生《グソ》に通じる所だといって島人に怖れられるようになり(源、同前)、葬地の指さしもタブー化されます。

分離による他界の空間の独立は、他界が共同幻想として成立したことを意味しますが、同時に、ドリームタイム的な場も弱められながら、もうひとつの他界の共同幻想として疎外されました。琉球弧の場合、それはニライカナイという言葉のもとにひと括りで表現されています。つまり、ニライカナイとは、死者の世界の他界であると同時に、生命の源が宿る他界や異界としての意味を持ちました。それは、太陽の運動のリズムとして西と東の方位として表出されたのです。これは、生と死が完全には分離していないことを示すと、わたしたちは考えてきました。

この、完全には分離していないということは、島人の感覚のなかにも生きていると思えます。葬地を恐れ、死を穢れとみなす感じ方もありますが、死者を身近な存在として思う心性も持っているからです。

ここで柳田國男が久高島について記した、あのメモのことが再び思い出されます。「死人を大に忌み、死すれば家をすつ。埋葬なし。棺を外におき、親族知己集飲す」という記述です。ここでは既に死穢の観念が生まれていますが、それと矛盾するように殯の行為のなかでは死者との共存が生き生きとしていて、ここにも「移行」の層が顔を出しているのを認めることができるのです。

ここまでくると、死者の出現によって「家を去る」行為にも別の感じ方ができるように思えます。わたしはそれを、まるで死者に強いられた難題のように捉えてきました。けれどそこには、現在のわたしたちにとって家を建てることがそれこそ難題であること、そして、死霊への恐怖や死穢の感覚をいくぶん投影させてしまっているのかもしれません。酒井は、「家を去る」習俗を考察するなかで、「マブイ別《ワァー》シ」の際に奄美大島南部でよく使われるという言葉を引いていました。それは、「生きている人は巣を変える（イキチュンチュヤ・スィゲーシュン）」というものです。「巣変え」、まるで「遊動」生活をしている頃の言葉のようではないですか。この言葉には、人間の行動を動物のそれとしてみなす霊力思考が生きていますが、「家を去る」ことが、強いられたものではなく、むしろ積極的なものとして捉えられているように響いてきます。つまり、「家を去る」行為には、「死者との共存」の感覚が宿っていたのです。

さて、そろそろ「巣変え」ならぬ、章変えをしてよいでしょう。マオリでは、生と死の分離は、霊魂とともに語られていましたが、わたしたちも「霊魂」について取り組むときがきたようです。

6　マブイの成立と協奏——霊魂

霊魂の成立

現在まで連綿とする琉球弧の野生の思考といえば、筆頭に挙げられるのは霊魂です。それはマブイ（マブリ）という言葉だけでなく、マブイが抜ける、マブイを込めるといった状態や作法としても生きています。

マブイ（霊魂）はどのように成立したのでしょう。その経緯を琉球弧にうかがうことはできないので、棚瀬データベースを中心に、広く民族誌の記述から探っていきます。

まず、最初に霊魂と見なされたのは「影」だと考えられます。たとえば、死者の他界への道行きを神話に残したマンガイア島のある物語では、戦士の力は、なんと影の長さによって変わりました。つまり、彼の力は、朝が最大で、昼が近づくにつれ衰えて、夕方にはまた強くなります。夜にどうなるかは言うまでもありませんが、その秘密を知られた戦士は、正午に殺されてしまいます（フレイザー『金枝編』）。マンガイアの島人は、すでに霊魂の観念を持っていますが、この物語には、流動的なエネルギーである霊力とは別に、目の知覚に映る「影」が生命に直接かかわるものとして捉えられている点で、霊魂の初期形が「影」であることが鮮やかに封じ込められていると思えます。

やがて、「人間のなかにいる人間」（フレイザー、同前）として「霊魂」が明確に概念化されると、「人間のなかにいる人間」と「影」が同じ霊魂として同一視されます。タミ族がそうで、彼らは「長い霊魂」と「影」を同一視しています。さらに、「人間のなかにいる人間」としての「霊魂」が独立性を高めてゆくと、「霊魂」を指す言葉が「影」の意味もあわせ持つだけになり、「霊魂」と「影」は無関係と見なされるようになると、「影」は「霊魂」という言葉の意味からも消えていくことになります。

「霊魂」概念の成立の前に、「影」と同じように霊魂とみなされたのは、「水に映った映像」でした。これも「影」と同様の過程をたどったと考えられますが、ニューギニアのクオマ族では、霊魂は「影」と「水に映った姿」としてみることができると信じられていて、霊魂と「影」や「水に映った映像」が同一視される段階を保存していました。

「水に映った姿」が霊魂と見なされるのであれば、「肖像」もそうなったことは想像がつきます。

それに、小さい頃から写真を撮られ慣れていない人にとっては、分かる、という感触も過ぎることでしょう。たとえば、南アメリカのカネロの先住民は、写真に撮られると魂を抜かれると信じていましたが、これはもう他人事ではありません。

このように、「影」「水に映った映像」「肖像」という具体像を経て、「人間のなかにいる人間」として「霊魂」は概念化されていったと考えられます。こうなった霊魂は、「夢」に新しい意味を付け加えました。霊力思考が優位な段階では、「夢」は予知の意味を持っていました。たとえば、オーストラリアのアボリジニでは、狩猟の前には一睡もせず、狩猟に連れてゆく犬を観察します。眠っている犬が吠えれば、夢で狩を成功させたものとみなして翌日、狩猟に同行させるためです（『アボリジニの世界』）。霊魂概念が成立すると、夢見る人が夢のなかで訪れる場所は霊魂が実際に行った場所になり、故人と会えば霊魂が死者と会ったのだと見なされるようになります。つまり、眠っている間、霊魂は身体を抜け出して遊行すると考えられるわけです。そこで、眠っている人を起こさないという作法には、霊魂が抜けているのに起こしてしまうと、霊魂が帰れなくなり死んでしまうという理由が考えられるようになります。

ところで、霊魂の成立にはもうひとつ重要な変化が伴っていました。霊力思考が優位な段階では、人間の身体は霊力が充満していると捉えられますが、霊魂の成立によって、霊力も霊魂化の作用を受け取り、もうひとつの霊魂と見なされるようになります。

これを「霊力」の側から考えたのはフランスの社会学者デュルケムです。彼の主張は、「霊魂」

にまつわる議論のなかで打ち出されているので、おおまかな流れを押さえておくと、まず、イギリスの人類学者のタイラーが一八七一年に、未開社会では万物に霊魂が宿ると考えられていると発表し、万物を霊的存在とみなすアニミズムの概念は広く知られるようになります。これに対して、タイラーの弟子筋のマレットは、万物は呪力を持つというのが、霊魂に先立つ概念だと主張し、メラネシアでそう呼ばれていることから、それを「マナ」という言葉で概念化しました。これ以降、人格的な霊魂と非人格的なマナなどと呼ばれて議論は長く展開されていきますが、デュルケムの主張は、マレットがマナ概念を打ち出した直後の時期になされたものです。

デュルケムはオーストラリアの先住民には、霊魂という概念は認められないとして、トーテミズムにマナの原理があることを見い出します。そして、霊魂を「個別化したマナ」と捉え、「霊魂とは、一般に、各個人の内に化身したトーテム原理そのものである」(『宗教生活の原初形態 下』)と結論づけました。

デュルケムの定義は本質的だと思えますが、これをわたしたちの文脈から捉え直しておきましょう。わたしたちは、マレットが主張したマナ概念を「霊力」と見なすことができますが、「霊魂」はそれとはまったく別の道筋から成立したと考えてきました。そして、霊魂が成立したときに、身体に充満する霊力も、霊魂の作用を受けて、もうひとつの霊魂として捉えられるようになったと考えています。ここからみると、「各個人の内に化身したトーテム原理」という定義は、霊魂化の作用を受けた霊力を意味しています。言ってみればデュルケムは、霊魂の成立に伴う霊力の変化を捉えたのです。

こうして、霊魂の概念が成立したところでは、「霊魂」と「霊力としての霊魂」が存在するようになります。霊魂の成立は、その初源では、ふたつの霊魂の出現を意味していました。

霊魂の協奏

「霊魂」を指す言葉には、「霊魂」以外に「影」や「水に映る映像」の意味も持つことがしばしばあります（たとえば、ソロモン諸島のエディストン島人は霊魂を「ガラガラ」と呼びますが、それは同時に影、反映、写真を意味しました）。なかでも代表的なのは「影」で、それが霊魂という概念の起点になったと考えられます。同じように、「霊力」を表わす言葉の意味のなかで、代表的なものを挙げるとすれば、「息」です。おそらく、「息（呼吸）」は霊力思考が初期に見い出した霊力の形だったでしょう。呼吸は人間と植物に共通する特徴であり、人間が植物としての人間を感じとった段階に、「息」が意識されたのだと考えられます。霊魂は「影」を根拠にして概念化されたように、霊力は「息」を筆頭に見い出されたのです。

そして、「息」と「影」を根拠にして生み出されたふたつの霊魂は、種族ごとに多彩に語られることになります。

ニューギニアの東にあるブーゲンビル島（ソロモン諸島）のシウアイ族は、「ルマ（ruma）」と「ウラ（ura）」という二つの霊魂を持っています。ルマは「気息霊《きそく》」であり、ウラが「陰影霊」だと記録されていますが、おそらくシウアイ族は、「息」と「影」という霊力と霊魂の典型的な出自を保存したのです。場所は変わりますが、古代中国でも、ふたつの霊魂は、元の意味を保持したまま、霊魂は「魂」、霊力としての霊魂は「魄《はく》」と、表現されました（池田末利「魂・魄考」）。

ふたつの霊魂の名称は記録されていませんが、そのもともとの意味を豊かに残していたのは、死者が出ると家を去ったニューギニアのカイ族です。カイ族は、影にも身体にも心臓にも、目にも頭にも、足にも分泌物にも霊魂があるという多様な霊魂観の持ち主ですが、それらはおおよそ二つに整理できるようだと報告されています。そのひとつは、死後まで存続すると考えられ、身体を持たないだけで、地上に住んでいる人間と似ていると見なされました。もうひとつの霊魂は、樹液が樹木に充満しているように全身に満ちていて、温熱のように触れるものに伝わるというものです。わたしたちは、前者が「霊魂」であり、後者が「霊力としての霊魂」であると捉えることができますが、両者ともに、ふたつの霊魂の原型をよく保存しています。カイ族は、霊力思考も霊魂思考も、ともに生き生きとしていて、あの世にも一生があり、あの世で死ぬとクスクスなどの動物に転生すると考えていました。

ふたつの霊魂で最もよく知られているのは、ニュージーランドのマオリ族の「ハウ」かもしれません。ハウは、フランスの人類学者マルセル・モースの『贈与論』で、贈り物についている「贈与の霊」として紹介され、広く知られています。ハウは、「贈与の霊」というだけではなく、「霊力としての霊魂」のことも指しており、もうひとつの「霊魂としての霊魂」は「ワイルア」と呼ばれています。モースは、現地のインフォーマント（情報提供者）の言葉を引用する際、「ハウというのは吹く風のことではありません」という説明を唐突に入れているので不思議な印象を与えるのですが、これをここでの関心に引き寄せれば、マオリの人々は、霊力を「ハウ」と呼び、それが「霊力としての霊魂」や「贈与の霊」である他に、「風」の意味も持ったことを教えているのでしょう。

これまで何度か話題に出てきたタミ族は、ふたつの霊魂を、「長い霊魂」と「短い霊魂」と名づけました。「長い霊魂」は「影」と同一視されることは前に触れましたが、人が死ぬと「長い霊魂」は、身体を抜け出て遠方の友人に死を伝えて、その後に、北にあるニューブリテン島の「あの世」に向かいます。「霊力としての霊魂」は、死とともにしばらくすると消えるとされることが多いのですが、興味深いことにタミ族の「短い霊魂」は、「長い霊魂」とは違う死後の道行きを持っていて、地下の「あの世」であるランボアムに行くのです。そしてランボアムでの一生を終えると、蛆や蟻として転生します。生まれ変わるというのは霊力思考の強いところで現われますが、タミ族の島人は、「霊力としての霊魂」にも、「霊魂としての霊魂」と同様に動く力を付与することで、転生という信仰を生かしたと考えられます。

ニューギニアのカイ族では、霊魂は霊魂らしく、霊力は霊力らしく原型の意味を保っていますが、タミ族では両者の概念が再編されていることがうかがえます。

チェロキー・インディアンも、「霊魂」と「霊力としての霊魂」の概念に再編を加えていますが、ここでは、フォレスト・カーターの『リトル・トリー』という作品に頼ります。民族誌の記述では、とかくふたつの霊魂の行動や現象の側面だけが記録されていますが、『リトル・トリー』は著者が先住民の血を引いているので、その内在的な意味を教えてくれるのです。

お祖母さんが孫に語りかけます。

> からだが死ぬときにはね、からだの心《ボディ・マインド》もいっしょに死んでしまう。でもね、霊の心《スピリチュアル・マインド》だけは生きつづけるの。そして人間は一度死んでも、またかならず生まれ変わるんだ。ところが生きている間、ヒッコリーの実みたいにちっぽけな霊の心しかもっていなかったらどうなると思う？　生まれ変わっても、やっぱりヒッコリーの実の大きさの霊の心しか持てない。だから、なにも深く理解することはできないんだ。それで、からだの心がますますのさばるから、霊の心はますます縮んじゃって、しまいには豆腐ぐらいになって、見えなくなっちゃうかもしれない。もう霊をなくしちゃったのをおんなじだよね。
>
> （『リトル・トリー』）

死とともになくなる「からだの心」は霊力であり、死後も生きつづける「霊の心」は霊魂であるとみなすことができますが、大きくもなり小さくもなり理解の深さにも関わるという「霊の心」の持つ性格には霊力の意味も付与されています。そしてチェロキー・インディアンでも、「霊の心」によって生まれ変わると考えられています。

この記述をたどると、「霊魂」と「霊力としての霊魂」は、生死の説明原理であるというだけ

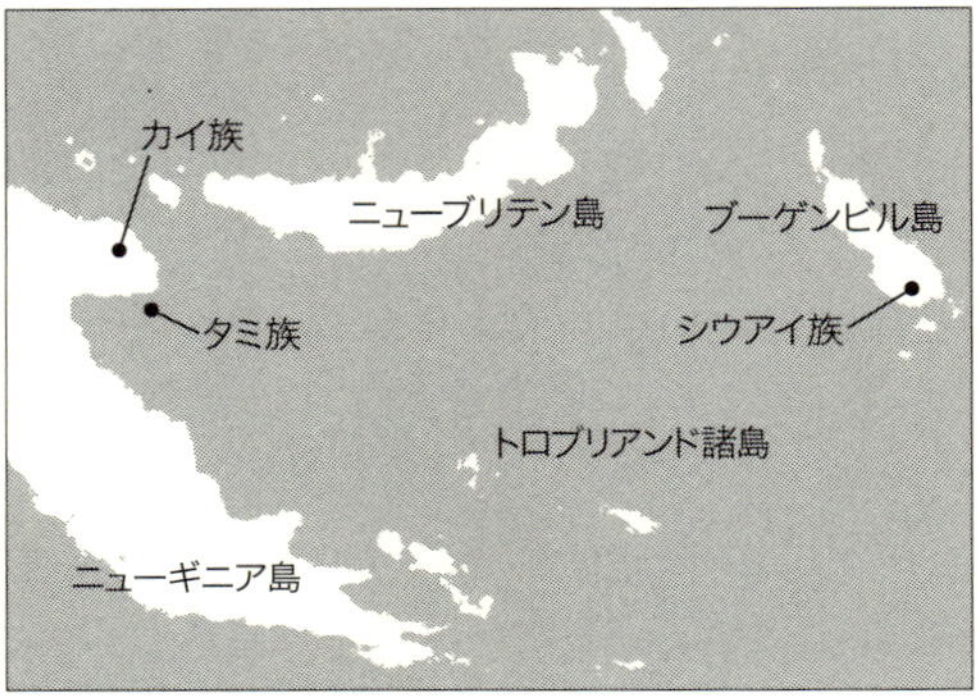

「霊魂」例の種族と島（ニューギニア周辺）

ではなく、生きる意味を説明するだいじな概念であることが分かってきます。

民族誌の記述は、『リトル・トリー』のような、その種族にとっての内在的な意味に届きようがないのが残念なのですが、生まれ変わる仕組みについてなら詳細に教えてくれたトロブリアンドにも触れておきましょう。これまでの例とは異なり、トロブリアンドでは、霊魂はバロマひとつで語られています。マリノフスキーは、バロマは水に映った映像のようなものという証言も得ているので、バロマが「霊魂としての霊魂」に出自を持つことが分かります。マリノフスキーに先立ってトロブリアンドを研究したセリグマンは、「kaiyawos」と呼ばれる人間の「息」あるいは他の生き物が、バロマと一緒にトゥマ島に行くと書いているので（The Melanesians of British N.G.）、もともとはふたつの霊魂があったという示唆も受け取れます。ただ、あの世で愉快な生活を送り、それに飽きると脱皮をして幼児霊に戻るというバロマの死後の生き様を見てきたわたしたちは、トロブリアンドでは霊魂と霊力はバロマに統合されていると見なしてよいでしょう。

こうしてみると、霊魂の成立とともに、霊力も霊魂化され、ふたつの霊魂として捉えられ、その先に、両者の意味は種族ごとに再編されていったと考えられます。ここではふたつの霊魂の他にひとつに統合された例を挙げましたが、数を増やす場合もあり、多様です（与論島では最大九個とも言われています）。再編された霊魂は、その種族の他界観や生きる意味を映し出す鏡だったことでしょう。ふたつの霊魂の協奏は、種族の哲学を語るのです。

マブイとセジ

霊魂の成立時に霊魂はふたつあることを踏まえると、わたしたちが気になるのは、琉球弧で知られている霊魂がマブイひとつだということです。マブイは、抜けたり込められたりするので、「霊魂としての霊魂」の意味を持っています。それでは、マブイとともにあったはずの「霊力」は何と呼ばれていたのでしょうか。霊力を指す言葉は今も生きているのでしょうか。

こう問うと、もっとも可能性があるのは、「セジ」だと思えます。セジは、「セジ高い」「セイづけ」などの言葉が神女とともに語られるためか、「霊威」と訳されることが多いのですが、セジを「霊力」として見ることはできます。セジ（シジ）は「神、霊、不可視の霊力」の意味を持ち、シジタカサン（霊力が高い）などと使われます。また、兄弟に対する姉妹を表わす「をなり神」の古語的な敬語に「ウミナイウシジ（おなりの霊）」という表現があります（高橋恵子『沖縄の御願ことば辞典』）。ここからは、「をなり神」という言葉の祖形は「をなりの霊力」だったことが示唆されますが、そうであるなら、セジはもともと人間に備わっていると見なすことが可能です。セジ高い人というのは、霊力を高めた人という意味の他に、もともと備わっている霊力が高いという意味も持つはずです。

「込めるものであるマブイ（マブイ込め）」と「つけるものであるセジ（セジづけ）」という対照にも、「霊魂」と「霊力」の意味が生きています。そこで、わたしたちは、琉球弧のマブイが成立したときに「霊力としての霊魂」を指したのはセジだと仮定しましょう。

ではなぜ、マブイとセジはふたつの霊魂として語られることなく、マブイだけが霊魂の意味を持つようになったのでしょう。ここに示唆を与えてくれる伝承にわたしは出会っていませんが、考えられるのは、兄弟に対して姉妹が霊的に優位であるという琉球弧の「をなり神」の信仰が、霊力（セジ）を女性に引き寄せ、男女を合わせた人間の持つ霊魂の意味を弱めていったという経緯です。こうした経緯の結果として、神女にかかわる霊力としてセジが語られることが多くなったのではないでしょうか。

ところで、アイヌもまた、霊魂はラマットというひとつだけが語られています。アイヌは霊魂思考を発達させているので、ラマットも霊魂としての霊魂を指すと考えられます。ただ、そのなかには、「憑き神」と呼ばれる守護精霊の霊魂があり、それは生まれつき持っているものと、病気のとき助けてくれるような後からつくものがあるので、これは「霊力としての霊魂」のように見えます。琉球弧では、「霊力としての霊魂」は、マブイに統合されていませんが、アイヌの場合は、ラマットに統合されたということなのでしょう。ただ、アイヌの例に誘われるようにいえば、琉球弧の場合、マブイの数が生を安定させると言われることがあるのは、霊力（セジ）をつけることを言い換えたものかもしれません。

霊力思考と「こころ」

霊魂が概念として成立すると、霊力も霊魂化の作用を受けて、「霊力としての霊魂」として捉えられるようになり、ふたつの霊魂が成立します。ではこの「霊魂」と「霊力としての霊魂」を、現在にいるわたしたちはどう受け止めたらいいでしょう。霊魂と霊力という言葉をそのまま、日常のなかで使うことははばかれるにしても、その意味を生き生きと受け取ることはできないのでしょうか。現に、『リトル・トリー』で語られる「霊のこころ」と「体のこころ」は、哲学に高められていて、わたしたちは心動かされるものを感じてとっているのです。

こう考えると、そこに三木成夫は大きな視点を与えてくれます。

解剖学者としての三木の考察をたどると、霊力は「こころ」に、霊魂は「あたま」に対応していると見通すことができます（『内臓とこころ』）。

三木は「心のめざめ」はいつ頃始まるのかという問いを立てています。彼はそこで印象的なエピソードを紹介するのですが、娘がまだ立つことも覚束ない赤ちゃんの頃、窓辺から初めて雀をみたとき、雀を指差して、その後に家の中にあるあやし道具の鳥の飾りを指差したといいます。そこで三木は、娘が「雀」と「鳥の飾り」は同じだと言いたいことに気づきます。これは、育児中の親にはよく分かることです。思い出す方もいらっしゃるでしょう。ところが三木はここで、これは赤ちゃんにとって、「おそらく生まれて初めての、ひとつの感動だった」と指摘します。子供が窓辺で初めて生きた雀を見たとき、それが家の中で見慣れた鳥の飾りのイメージと、似ている、似ているものとして同じだと感じる。それは子供にとっては発見であり感動なのだ、と。そしてそれこそが「心のめざめ」に他ならないと言うわけです。わたしたちは、子供の指さしに気づくことはできても、この洞察には驚かされるのではないでしょうか。

ここから三木は、似ている、同じという思考の働きを「こころ」として取り出しました。名づけのなかにも「こころ」の働きは生きています。三木が例に挙げるのは「ナメクジ」で、ここには、ナメクジの「すがた・かたち」と、「なめる、くじる」という語感の持つ根源の類似があると指摘しています。あだ名もそうです。たとえば、「石頭」というあだ名の場合、融通の利かない硬さや動かしがたさと、石の性質が似ているからこそ、「石頭」と呼ぶわけです。

「こころ」は、感応、共鳴、心情として表出されますが、思考の働きとしては、現象を「すがた・かたち」から捉え、原形とその変身としてみていきます。三木は、そこで根源的な類似から、似ているものを見い出していくことを象徴思考と呼んでいます。

ここまできて、わたしたちは「こころ」の象徴思考の働きが、動植物や自然物に「根源的な類似」を見い出し、トーテムとして象徴化する霊力思考に重なっていることに気がつきます。

驚くことに、解剖学者の三木は、ここに身体的な根拠も与えています。三木によれば、「こころ」とは「内臓」です。そしてさらに、内臓とは「植物性器官」なのだと言います。たとえば、動物から腸管を引き抜いて、それを手袋を裏返すように裏返しにすると、そこには幹を軸に四方に枝葉を広げた植物の姿が浮かび上がってきますが、それが植物性器官です。そしてこれは比喩ではなく、意識しなくても心臓は動き、やや自覚しながらですが自然と呼吸をしているのは、まさに植物としての身体の働きだと言うのです。

やや古風な表現で、怒り心頭に発したとき、「はらわたが煮えくり返る」と言いますが、「こころ」とは内臓なのだということが、ここには見事に示されています。言われてみれば、胃腸の調子が悪いと気持ちが塞がるのも、まさに「こころ」が内臓の表現であることを教えています。

そして、胸が痛む、心が踊るというように、内臓を象徴しているのは「心臓」だと指摘されています。わたしはここで、琉球語で「こころ」の情動を表わす言葉として「キム(チム)」があるのを思い出します。それは「心臓」というよりも、内臓一般を指しますから、「キム」という言葉には、心臓に象徴化される以前の「こころ」のありかがよく保存されていると言えるでしょう。セジが「霊威」の意味に傾く一方で、キムは、霊力の祖形の語感を残しているのです。

霊魂思考と「あたま」

三木の議論を続けましょう。「こころ」が植物性器官に対応するのに対して、「あたま」は動物性器官に対応します。体表を覆う筋肉、張り巡らされた神経、そして目や鼻などの感覚系器官がこの系列に入ります。植物性器官が栄養と生殖を担うのに対して、動物性器官が担うのは、感覚と運動です。そして「こころ」が心臓に象徴されるように、「あたま」は頭脳に象徴させることができます。

「こころ」は、生物も無生物も区別せず、そこに「すがた・かたち」を捉えますが、「あたま」は、そこに「しかけ・しくみ」を見い出そうとします。三木は、「こころ」の象徴思考に対して、「あたま」は概念思考を担うとしています。

ここでもわたしたちは、死体に群がるアマンを見て、そこで人間がアマンに化身するという仕組みを捉える霊魂思考が、「あたま」の概念思考の働きに重なるのに気づきます。

霊力思考は、植物としての人間を「息」に感じ取り、霊魂思考は、目を通した知覚から「影」に霊魂を見い出していました。こうしてみると、霊力思考と霊魂思考は、三木の言う「こころ」と「あたま」の働きに対応し、植物性器官と動物性器官に基づくという身体的な根拠を持っていると捉えることができそうです。

三木は書いています。

動物性器官が、しだいに発達して、これが植物性器官に介入したとき、ヒトに至ってまず、心情がめざめ、この世界が開かれる。次いで、動物性器官のやむところのない発達は、さらに精神の働きをうみ出し、この働きが、逆に植物性器官を大きく支配するとともに、やがては心情とはげしく対立するようになる。つまり、ヒトのからだでは、このように植物性器官に対する動物性器官の介入が、二つの段階に分かれて行なわれたことがわかる。

いまこれを人類の歴史のなかでながめると、そこにはまず豊かな心情にみちあふれた先史時代が幕を開き、次いで精神が全体を支配する歴史時代がこれにつづく。この大きな流れがヒトの赤ん坊の生い立ちに、いわば象徴的に再現されることはいうまでもない。子どもの中に同居する〝けがれのない心〟と〝手のつけられないわがまま〟は、この間の事情を端的に物語っているのではなかろうか。（『ヒトのからだ』）

三木は、心のめざめと同じように、「あたま」のめざめはいつ頃かと問い、二歳半のころ、自分の意に沿わないとイヤイヤをしたり、「ちがうの」と言ったりする段階を挙げています。三木はここに「否定の判断」を見ていますが、それは「手のつけられないわがまま」として表現されることにもなると捉えられています。

こうして人間の身体的根拠を起点にすれば、霊力は「心」として連綿としており、霊魂はやがて「精神」として展開されることになると見通すことができます。言い換えれば、「霊力」とは野生の心であり、「霊魂」とは野生の精神なのです。

もうひとつ重要だと思えるのは、わたしたちは琉球弧の野生の思考を例に、霊力思考が優位な段階から、霊魂思考が前面化する過程を捉えてきましたが、三木から示唆を受けるのは、それを人間の成長に重ねてみることができるという視点です。トーテミズムを考えたとき、わたしは、動植物や自然物にすら根源的な類似を見い出すのは、受精卵から人間の身体を得ていく過程に根拠を持っているのではないかと見なしましたが、ここまでくると、この想定もあながち間違った考え方ではないと言えるのではないでしょうか。

病の三類型

「霊魂」という概念は、やがて「精神」へと展開されることを思えば、この発明はとてつもなく大きな意味を持っていました。それは、霊力思考から霊魂思考が分離し、前面化したことを意味します。そしてその前面化は、病の類型の広がりとして展開されていきました。

霊力思考が優位な段階では、病の原因の筆頭には呪術が挙げられます。そして、呪術による病は、身体にモノが呪物として埋め込まれることとして考えられました。だから、たとえばオーストラリア・アボリジニのシャーマンの場合、病の治療法は、病者の身体をマッサージし、呪物であるモノを吸い出すことでした。この、「呪物が身体に埋め込まれること」が病の第一類型です。

霊魂思考が、「霊魂」という概念をうみ出すと、病気の原因は、「霊魂の遊離」として考えられるようになります。そこで、この段階のシャーマンが行なう病の治療法は、遊離した「霊魂の捕獲」になります。この「霊魂の遊離」が病の第二類型です。

そして重要なことがもうひとつあります。霊力思考が優位な段階から、霊魂思考が「霊魂」という概念で前面化したときに、「霊魂」と「霊力としての霊魂」の再編が行なわれたように、ふたつの思考は両者が混融した形態を生み出します。病の原因として、それは「悪霊の憑依」と考えられました。これが病の第三類型です。第一類型では、モノとして考えられた病の原因が、ここでは霊魂の一種というモノではないものに置き換えられています。つまり、霊力思考の優位のもとで考えられた病の原因は、霊魂思考の関与を受けると、呪物であるモノが埋め込まれるのではなく、モノではない霊魂が入り込むと考えられたのです。この場合の治療法は、第一類型を反復して、悪霊などの霊を吸い出すことが初めのスタイルになりました。

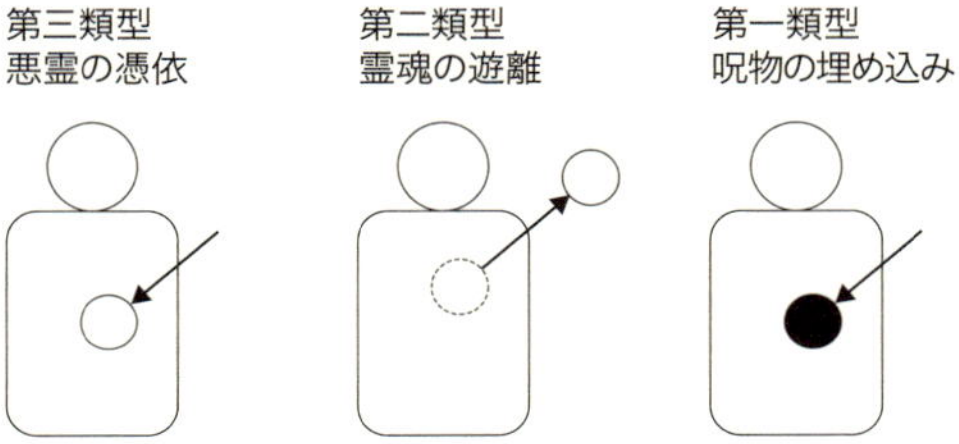

「病」の類型

これによって、霊力思考に対して霊魂思考が前面化した段階になると、病は、「霊魂の遊離」と「悪霊の憑依」という二つの類型として捉えられるようになります。わたしたちは、老衰死のような静かな息の引き取り方は、霊魂の離脱として、苦しむ死に方は悪霊の憑依として捉えられたのかもしれないと予想したくなりますが、ここでようやく琉球弧に戻って、病をめぐる霊力思考と霊魂思考の織物のさまを見ていきましょう。

マブイ込め

遊離した霊魂を取り戻すマブイ込め《グミ》は、よく行なわれてきました。なかでもマブイを落としやすい（マブイが離れるとは言わないのです）子供の場合は、シャーマンに頼まずに祖母や母が行なうことも珍しくありません。

集落《シマ》ごとの作法の違いはさまざまですが、特徴的なシーンに焦点を当てると、まず、子供がマブイを落とした場所へ行きます。そこで作法は二つに分かれます。ひとつは、そこに子供の着物を持っていく場合です。マブイを落とした場所に着くと、着物を広げて、そこでサン（ススキの葉を結んだもの）をまわしてマブイを救い上げる所作をします（沖縄島大里）。もうひとつは、マブイを落とした場所で、小石を三個拾う場合です（沖縄島今帰仁）。そして道すがら、「マブヤー、ついでおいでね。家でご馳走をあげるからね」などとなだめて、家に着いてからも、「遅くまで遊んできたね、もうどこにも行かないでよ」と言い添えたりします。帰宅すると、着物の場合は子供に着せてやり、小石の場合は、子供の膳に置いて食事をさせ、寝るときも、しばらくはその小石を枕元や寝床の下に置いてやります。

着物で包み込むのは、いかにも遊離した（落とした）霊魂を扱う所作としてふさわしいものです。ところが小石の場合は、霊魂は霊力的にも捉えられているのが分かります。そこでは、霊魂は小石に乗っていると言われていますが、これは小石に付いていると見ることもできます。霊力思考からみれば石も生きていますが、琉球弧では、成長するとも考えられています（伊波普猷「生長する石」）。石が生きているだけでなく成長すると信じられたのは、伊波が指摘しているように、島人が珊瑚礁を見ていたからでしょう。珊瑚礁は実際に大きくなるし、石灰岩でできた洞窟の鍾乳石も育つのですから、自然をよく観察していた島人にはとてもナチュラルな認識だったのです。

小石を使うマブイ込めでは、霊力豊かな石にマブイを付着させ、子供の膳や寝床に置くことで、子供にマブイを取り込ませることと、付けることが二重に考えられていると捉えることができます。

このように、マブイ込めという、いかにも霊魂思考のもとでの治療のなかにも、霊力思考と霊魂思考が織物のように編み上げられているのが分かります。

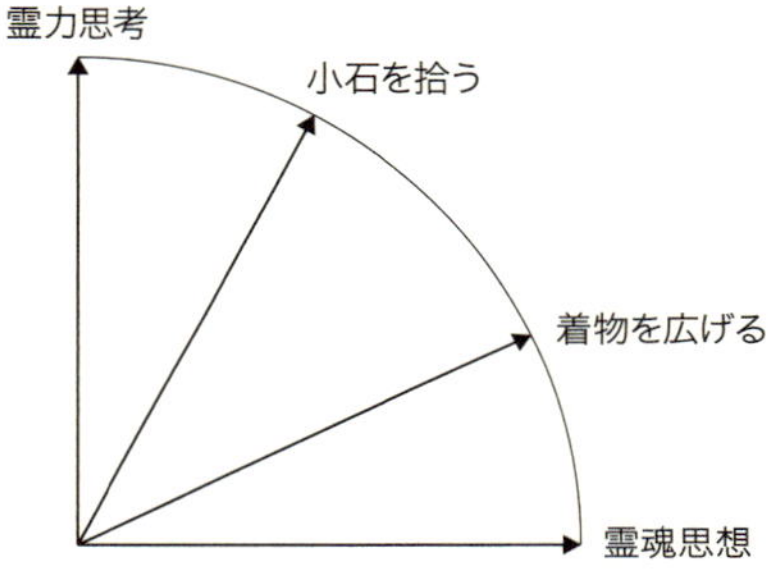

「小石を拾う」と「着物を広げる」

死の前後1・添い寝

死が近づくと、「魂呼《たまよ》ばい」が行なわれます。屋根に登り、墓に向かって病者の名を呼びます。これは病の第二類型に応えたもので、身体から遊離して後生に向かおうとする霊魂を呼び戻すのです。

けれどその前後に、屋内では別の作法も展開されていました。瀕死の状態になったときに特徴的なのは近親者が病者を抱きかかえる所作が見られることです。息を引き取りかけた病者に抱きつき、頭を抱え腕をかけて座らせ、大声で名を呼ぶのも「魂呼ばい」の所作のひとつです。この病者に抱きつく作法の延長に、「膝抱き人《チンシダチャー》」という役割がありました。長男が枕元に座り、それから兄弟姉妹が順繰りに病者を囲むように座るのですが、病者の膝に当たるところには、娘（那覇）あるいは孫（浦添）が座ります。この膝に当たる位置に座る人を「膝抱き人《チンシダチャー》」と呼ぶのです。ここではもう抱く仕草は見られませんが、「膝抱き人」という言葉には、「抱く」という意味が残されているのが分かります。

また、息を引き取った後、死者とともに寝ることを宮古島では「抱きとまうず」と呼びますが、これには「死者を抱きながら泊まる」という意味があります（谷川健一『日本人の魂のゆくえ』）。沖永良部島でも、近親の女性たちが、亡くなった夜に死者と「添い寝」をしていました（柏常秋『沖永良部島民俗誌』)。

わたしたちはここで、「抱く」というモチーフがときに顕在化したり、ときに潜在化したりしながら死の前後を通底しているのを見ることができます。この、死の前後の「抱く」という行為は何を意味しているのでしょうか。そこに目を凝らしたのも酒井卯作です。

酒井は、死の直前の「膝抱き人」に娘や孫などの若い世代が選ばれるのは、その強い霊力を、霊力の弱まった病者につける行為であり、こんどは逆に息を引き取った後に、妻や母などの女性たちが添い寝をするのは、死者にまだ残っている霊力を生者に移そうとする行為である、と捉えています(同前)。わたしたちは、食人や死汁を浴びたり飲んだりする行為を霊力の転移の呪術だとみなしてきましたから、「膝抱き」や「添い寝」において、霊力の転移が思考されていると見なす酒井の洞察には共感できます。

「魂呼ばい」といえば、これもいかにも霊魂思考のもとでの所作ですが、そこには同時に、霊力思考による「抱く」行為が行なわれ、死の前後では向きを変えた霊力の転移という所作が重ねられているのを見ることができるのです。

そして、「霊力の転移」の側面から見れば、宮古島や沖永良部島での死者との「添い寝」は、あの「食人」の行為の弱められた変形なのだということに気づきます。「食人」は間接化され、霊力は体温の伝わるほど近い身体に転移するのです。なぜ、食人は弱められたのでしょうか。琉球弧の伝承では、食人を行なってきたが、あるとき、自分の親を食べるのは忍びないと言った人がいて、代わりに豚や牛の肉を出したところから、動物の肉の共食を行なうようになったと語られます。こんな伝承が教えるように、忍びないという誰かの声が契機になったのでしょう。そうして直接的な霊力の転移の行為は終わりますが、そこに込められた他者との同一化、近親者を自分のなかで生かすという思いは、弱められた行為として継続されるのです。言い換えれば、持続する霊力思考の流れを踏まえると、食人の本質的な意味は他者との同一化であることが再確認できるでしょう。

そしてそうであるなら、死者との「添い寝」が、殯《もがり》の行為のもっとも本質的な意味であるという考えに導かれます。それは「通夜」の本質的な意味でもあるのではないでしょうか。

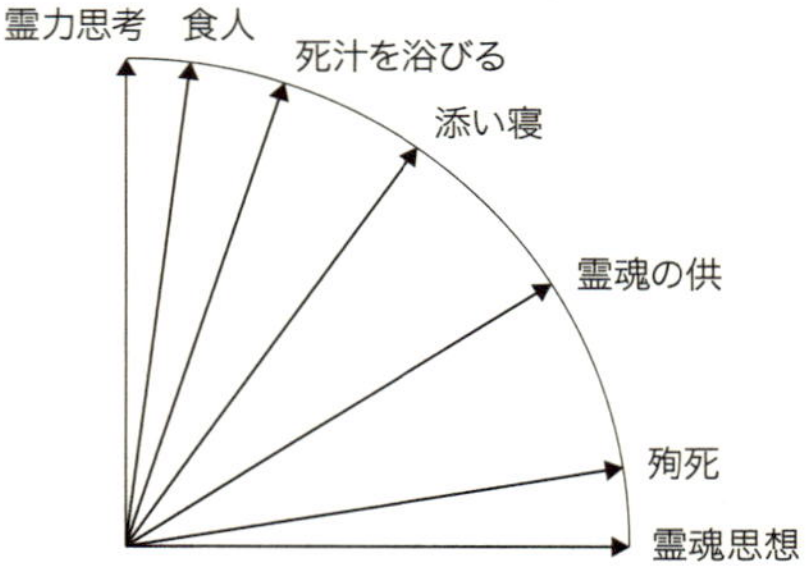

「添い寝」と「霊魂の供」

ただ、この死者との「添い寝」は、微妙な拮抗のうえに成り立っていたと思われます。というのも、霊力思考より霊魂思考が強ければ、添い寝は、「あの世」へ行く死者の供を意味すると考えられることになるからです。ニューブリテン島では、死者との添い寝がいくつか報告されていますが、そこでは、霊魂が他界への旅の供をするという証言も得られています。この霊魂思考がさらに進展すれば、殉死が考えられるようになるでしょう。

琉球弧では霊力思考が強度を保っていたので、「添い寝」は「霊力の転移」を意味したと考え

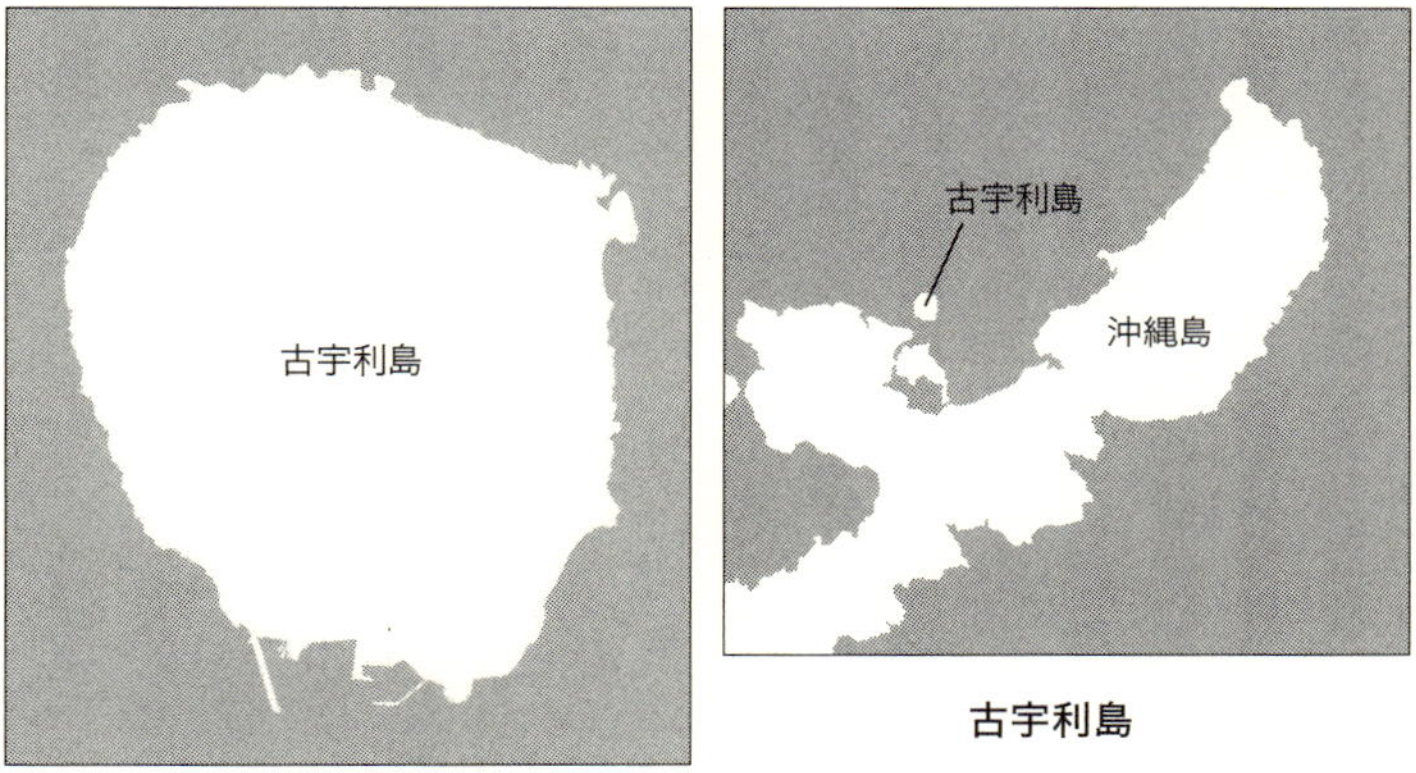

古宇利島

られます。

ところで、瀕死者あるいは死者との「添い寝」は、さらに重要な意味を持ったと思われます。国頭の古宇利島では、身を清めた二人の神女が御嶽に入り、祈りを捧げたあとに白い装束を脱いで裸体になり、御嶽に安置されている二個の頭蓋骨を酒で洗い、白布巾で拭くという神事が行なわれていました（島袋源一郎『沖縄県国頭郡志』）。わたしたちは裸の女性が頭蓋骨を洗うという行為に、グロテスクさとエロティックさを感じます。そしてグロテスクさは偏見であるとしても、エロティックさの方はそのものの意味が込められていると思えます。二人の神女は、性的な意味で裸体になっていると考えると、裸体になり神酒で頭蓋骨を洗うのがここでの性的な行為の中身になります。

古宇利島には男女二人から島が始まったという始祖神話があり、この二個の頭蓋骨は、始祖神のものと擬定されていると考えられます。そうすると、幻想の性行為の核心にあるのは、始祖神からの「霊威の継承」です。二人の神女が行為の対象にしているのは、物質的には頭蓋骨ですが、本質的には始祖神話に根拠を持つ古宇利島の共同幻想であり、古宇利島の共同幻想の霊威を継承するというのが、この儀礼の持つ意味です。ここでは、「瀕死者を抱く」という行為は、「神を抱く」という行為に、「霊力の転移」は「霊威の継承」へと変換されているのを見ることができます。言い換えれば、瀕死者を抱く、死者と添い寝をする行為の核心にあった「霊力の転移」は、神という概念が生み出されると、「霊威の継承」として権力の根拠を生み出す儀礼に変換されたのではないかと考えることができます。

ここからは、即位した天皇が行なう大嘗祭での神との共寝や、琉球弧の聞得大君《きこえおおきみ》が即位の際に行なう御新下り《オアラオ》での神との共寝を遠望することができます。そうであるなら、人にして神、神にして人であるという権力の発生を担う祭儀は、瀕死者を抱き、死者と添い寝をする「霊力の転移」の習俗に解消させることができるのではないでしょうか。

死の前後2・悪霊払い

「霊魂」が成立すると、死者は見えないだけで同じだという存在から、霊魂を意味するという層を加え、次第に「死者」は「霊魂」に取って代わられます。そして動植物や自然物、風、潮などの自然現象の擬人化された霊力だったカミ（精霊）は、それ以外の不可視の存在を生み出し、かつ、人間の自然からの離反に応じて、人格的なカミ（精霊）と非人格的、非人間的なモノ（物の怪・

精霊）に分化していったと考えられます。

琉球弧では、物の怪はムン（ムヌ）を呼ばれました。死後の作法として、病の第三類型である悪霊の憑依が原因と考えられる場合は、「悪霊（ムン）払い」が行なわれました。

ムン払いは一九二〇年代後半（昭和初期）に記録された糸満の例が鮮明な印象を与えてくれます（酒井、同前）。そこでは、葬送（野辺送り）をすませると、親族は息を引き取った部屋で輪を描いて座ります。そこで三人の男性が輪の外を七回まわり、次に外に駆け出します。そしてもう一人の男が「マブイはどこだ」と叫び、石を投げながら三人を追いかけるのです。三人は「ここだ」と答えながら追いかけられ、海岸まで行って追いかけっこを終えます。四人の男は部屋に戻ると、こんどは輪の外を五回まわり、死者が使用したものなどを持って海に捨てに行きます。これが終了してから親族も海岸に下りて波を蹴るのです。

マブイ込めでは、着物でマブイを掬い上げるのであれ、小石に付かせるのであれ、あたかもそこにマブイ（霊魂）がある仕草が作法の中身でしたが、この糸満の例では、人間がムン（悪霊）を演じるところが劇的であり、かつ島人が感じていた世界のありようが可視化されて、強い印象を残します。死者が生前、使っていたものを捨てるのも霊魂思考のもとでの所作です。これがもっと鮮明になれば、道具は破壊されるでしょう。破壊することで、物の霊魂は解放され、死者が使えるものになると考えられるようになるからです。

死の前後3・霊魂の除去

死後三日から四十九日にかけて、「マブイ別シ《ワァー》」が行なわれます。酒井は、「マブイ別シ」は、「マブイ込め」が霊魂の取り込みなのに対して、その反対の「霊魂の除去」に当たり、「死の完成」を意味すると書いています。

「マブイ別シ」を司るのは、霊魂の技術者としてのユタです。ここで、奄美のシャーマニズムを研究した民俗学者の山下欣一の記録を頼りに、「マブイ別シ」が、深夜どのように行なわれるのか、その流れを、ユタと参加者の所作に焦点を当てて見てみます(『奄美のシャーマニズム』)。

ユタは、供物の米に線香を立てて、手に束ねたススキを持ち、輪を描くように静かにまわしながら呪詞を唱えます。ユタはこのときユタの起源譚を語るのですが、その呪詞は奄美の民謡に似て哀愁を帯びています。それに誘われもするのでしょう。雰囲気が高まってくると、死者を思って涙ぐむ者もでてきます。マブイ(霊魂)はユタの力で呼び寄せられますが、不慮の死を遂げた死者たちが、ユタを通じて思いを語ろうとして集まってくるので、葬送を終えた死者のマブイ以外は追い返さなければなりません。ユタは時々口笛を吹きながら呪詞を唱え、ススキや指で迎えるべきマブイを誘うように家のなかの方へススキを大きく振ります。

突然ユタの呪詞のなかに、家族への呼びかけや、「来たよ、来たよ」という言葉が死者の口調で混じってきます。これが死者の霊魂の到来の合図になって、次第に呪詞が少なくなり、ユタの口を借りた死者の言葉が多くなっていきます。このときには、まわしているススキはゆっくりと眼前で弧状を描いて、ユタの表情は没我的です。歌うような話しかけるような語りは、生前の口調を彷彿とさせて、参加者は涙を流したり、死者の名前を思わず呼びかけたり、号泣したりする者も出てきます。そして残した思いを語る死者に対して、生者はユタを通じて聞きたいことを問い、ユタはそれに答えるのです。

この応答が済むと、マブイを後生《グショ》に送るための呪詞を唱え、マブイを送り出します。そして、ススキで参加者の頭を撫で、貝殻などをくわえさせて生者のマブイの安定化を図ります。

八丈島でこれと同様の口寄せに立ち会った酒井卯作は、深い感動を覚えたといい、「人間の心の底をゆさぶらないではおかないような、原始的な感動があった」(同前)と書いていますが、ユタと参列者が行なう「マブイ別シ」もきっとそうなのでしょう。ただ、わたしたちはこの感動を疑うことはできないとはいえ、それとは別に、前に茂野が書いていたように、「家中の者は大笑い」する場面もいつでも出現しえたことも忘れないでおきましょう。島人の心には、死者に対する異なった感覚の層が折り重なっているのです。

「マブイ別シ」は、死者の霊をユタに取り込む行為を本質にしており、病の第三類型を技術化したものだと言えます。「マブイ別シ」は、それとともに、死者の霊魂を「あの世」へ送り出し、また生者の霊魂が動揺して不安定にならないために定着させる技術も含まれていて、霊魂の技術

が集約されています。細かくみれば、頭をス스キで撫でるのは霊魂の動揺を抑える仕草ですが、貝殻をくわえさせるのは、貝殻の持つ霊力の転移による生者の霊力の強化だと思えます。

ところで、「マブイ別シ」は、「マブイ込め《グミ》」と反対の、「霊魂の除去」を意味すると説明されていますが、実際の流れを辿ると、それに留まらない意味が重ねられているように見えます。竹富島では、「死者が自分の死を認める日」と説明されていて、これは「霊魂の除去」を言い換えたものだと理解できますが、それだけではない含みを感じさせます。それがよりはっきりするのは、加計呂麻島では、「死者と生者を分ける」と説明されることです。この説明の仕方は、死者の家で、死者の霊魂を「あの世」に送る儀礼の流れに添っていると言えるでしょう。「マブイ別シ」は、死者の身体からの「霊魂の除去」でもあれば、「死者と生者を分ける」意味も持つわけです。

ここでわたしたちはもうひとつのことに思い当たります。

「死者」は死者の「家」と同一視されていました。そこで、「家」の方は、喪屋を建てることによって、死者の家を生者のものにした経緯を見てきました。ここからみれば、「マブイ別シ」は、同じ考えを「死者」に対して向けたものなのではないでしょうか。つまり、「喪屋」は、死者の「家」に対して、家を生者のものにするために行なわれたとしたら、「マブイ別シ」は、「死者」に対して、家を生者のものにするために行なわれているのです。加計呂麻島で「死者と生者を分ける」と言われるのには、こうした意味が込められているのでしょう。茂野幽考は、「マブイ別シ」を「霊魂追い出しの祭り」(同前)と呼んでいましたが、この身も蓋もない言い方は、ある意味でことの本質をよく捉えています。茂野は「マブイ別シ」をすると「さっぱりしたような気持になる」と言うのですが、その真意の一端もここにあるのでしょう。

「マブイ別シ」は、「霊魂の除去」であり「死の完成」ですが、同時にそれは、死者の霊魂を追い出し、死者の家を生者のものにするための呪術であり、それによって「死者と生者を分ける」ことをしているのです。この側面からは「マブイ別シ」とはつまり、生と死の区別が象徴的に表現されたものだと言えます。

こうして、家（キャンプ地）を去ることで対応していた死は、喪屋を建てる他にも、死者（の霊）を家の外（他界）に追いやることで、死者の家を生者のものにするところまで至ったのでした。

死の三角形

死の前後の作法には、「哭きうた」（酒井正子『哭きうたの民族誌』）や「慰み《ナーチャ》」、「動物供儀」の習俗も挙げたいところです。しかし、これまでの例を見ただけでも、琉球弧の島人はよく死を、生と病と死を見つめてきたことに心を動かされます。折口信夫は、昔は、「生死が訣《わか》らなかった」（「古代人の思考の基礎」）、生と死の区別がはっきりしていなかったと、「殯《もがり》」の意味を説明しましたが、たしかにそういう側面はあります。しかも初期の殯では、死は生からの移行であると考えられていたのであれば、生と死に現在的な意味での区別を設けていなかったでしょう。ただ、「生死が訣らなかった」と言いますが、現在は分かっているかといえば、科学的な知見は高度になっているものの、個々の場面では、脳死や家族の集合を待って、生死を特定の時間で区切るという中途半端なやり方をしています。それに比べたら、むしろ生死をよく分かっていたという観方もできるのではないでしょうか。

そしてそれだけではなく、生と死をよく見つめてきたというとき、その視点の置かれている場所は特異なものがあると感じられます。

死の前後の作法をみると、「マブイ込め」や「魂呼ばい」、「悪霊払い」、「マブイ別シ」には、霊魂思考の強い働きを認めることができます。しかし、いかにも霊魂思考の作法である「魂呼ばい」のなかにも霊力思考が織り込まれているのが確認できますし、「添い寝」は弱められた「食人」として霊力思考が前面に出ていました。これは、「霊魂」の成立以降も、霊魂思考が全体を覆うことはなく、霊力思考が依然として強く働いていたことを示しています。

ここで、霊魂思考の発達の見られるアイヌを参照すると、よりはっきりすることがあります。アイヌの神謡には、しばしば上方から下を見ている視線があらわれます。たとえば、『銀の滴降る降るまわりに』では、「梟《ふくろう》」が、「人間の村の上を通りながら下を眺め」て、子供たちが弓で梟を射ようとしているさまが歌われます。

「銀の滴降る降るまわりに
金の滴降る降るまわりに。」という歌を

歌いながら子供等の上を
通りますと、(子供等は) 私の下を走りながら
云うことには、
「美しい鳥! 神様の鳥!
さあ、矢を射てあの鳥
神様の鳥を射当てたものは、一ばんさきに取った者は
ほんとうの勇者、ほんとうの強者だぞ。」
(『アイヌ神謡集』)

何気ない描写に見えますが、この神謡を生み出すのにアイヌの人々が根拠にしたのは臨死体験ではないでしょうか。臨死体験で頻繁に報告されるのは、死にかけている自分のまわりに医者や家族がいて、それをベッドの上から見ていたという光景です。そのとき、手当てをしている医者の後頭部まで見えたと具体的に報告されます。アイヌの人々も、実体験としてか、イニシエーションなどの儀礼を通じてか、この体験をしていたのではないでしょうか。それが、この神謡のなかの視線を支えていると思います。吉本隆明はこの神謡について、鳥だから上空からの視線になるのは不思議ではないと見なすとしたら、それは全く違うのであり、「この神謡の神話的な行為が視線=意識になった(身体を離脱した)体験の眼の叙述から成り立っている」(『南島論』)と指摘していますが、わたしにもそう思えます。

この鳥、梟は貧乏な子の矢に当たってやり、その子の家族が大事に扱ってくれたので、宝物を

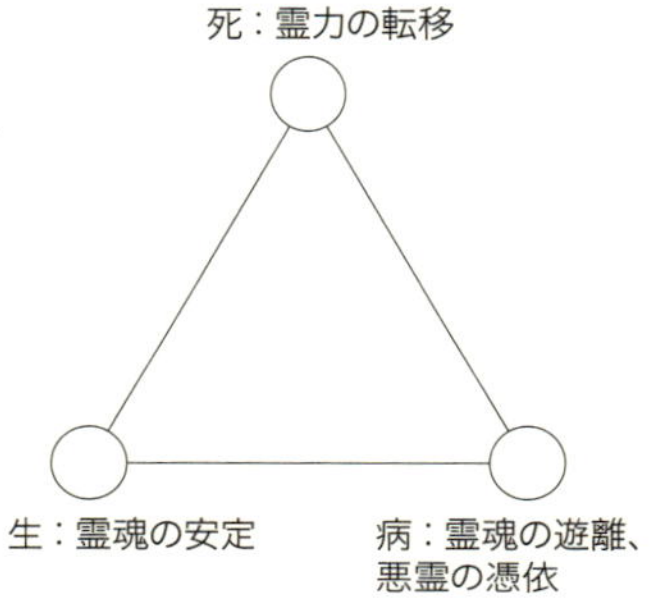

死の三角形

授けてあげるのですが、そのとき、「私は私の体の耳と耳の間に坐っていました」と解説をします。この、「私の体の耳と耳の間に坐って」という記述は、「霊魂」として見ていることを示しているのでしょう。梟は貧乏な子の矢に射られて死んでしまったのですが、梟の「霊魂」は生きて、貧乏な子の家族のもてなしに報いたいと思うわけです。この梟の眼差しは、霊魂思考による死からみた視線だと言うことができます。

アイヌの神謡に見られるこの視線は、とても新鮮に感じられます。というのも、琉球弧の神話や伝承には、この、上からの視線が希薄だと思えるからです。いわば霊魂思考による死からの視線が明瞭には現われてきません。

そこで、アイヌの神謡に見られる発達した霊魂思考を参照して気づかされるのは、そこにある死からの視線が、「霊魂の離脱」とは別の場所からもやってきているのではないかということです。死にまつわる島人の作法をみると、「霊魂の離脱」によって死を説明し、儀礼もそれに則って行なわれてはいるものの、その向こうにはもうひとつ別の、死からの視線が感じられます。

それは、「霊力の転移」です。

わたしたちは、「喪屋」でも「霊力の転移」という思考に出くわしていました。霊力思考の働きが強く見られるというとき、それは、「食人」や「添い寝」に見られるように、「霊力の転移」が、死の位置から生や病を照らしていることを意味しているのではないでしょうか。

ここで、「霊力の転移（死）」と「マブイの安定（生）」、「マブイの遊離や悪霊の憑依（病）」の三つを頂点とした三角形を思い浮かべてみます。「霊力の転移（死）」は、「マブイの安定（生）」と「マブイの遊離・悪霊の憑依（病）」に対して不干渉なのではなく、両方に対して配慮を行います。人間は、「霊力の転移」という配慮を受けながら、生と病のあいだを行ったり来たりして生活し、死という場面では、三角形の頂点で、生者に「霊力の転移」を行うのです。

そして、この「霊力の転移」は、その背後に、永遠の現在が反復し、死者とこれから生まれてくる者を包含したドリームタイムの場があって、それに吊り上げられるようにして頂点を構成しているのではないでしょうか。これがきっと再生の原理にもかかわっているのでしょう。そこでは、死は分離ではなく、転移の一様式です。

琉球弧では、生と病と死は霊魂の動向によって説明されました。にもかかわらず、生と病は、「霊魂の離脱」としての死からだけではなく、「霊力の転移」としての死の場所からも照らされています。それが、「霊魂の離脱」という上方からの視線が発達しなかった理由であると考えられます。琉球弧の場合、「霊魂」の成立以降も、島人の「霊力の転移」という眼差しが途絶えることはなく、儀礼の作法のなかにしっかり息づいていました。

7　クチとユタの原像――呪言

唱えることは実現すること

マリノフスキーの『西太平洋の遠洋航海者』は、贈与を核にした交易を鮮やかな印象で伝えてくれます。この、クラと呼ばれる交易は、きっと琉球弧の貝交易にも示唆を与えてくれるに違いないのですが、いま触れたいのは別のことです。

贈与を核にした交易に物々交換や商品交換が伴うこととは別に、『西太平洋の遠洋航海者』の厚い記述で驚くのは、交易に向かう航海には夥《おびただ》しい呪術が随伴していることです。実際それは、クラ交易のためのカヌーを作る際、伐採する木の精霊を追い払うことに始まり、カヌーがきちんと組み立てられるように、風を受けて速く走るように、航海が無事に行なわれるように、クラが成功裡に進むようにと、何度も行なわれるのです。それは、カヌーの建造から航海を終えるまで、場面が代わるたびに行なわれていると言っても過言ではありません。

降りてこい、おお、木の精よ、トクワイよ、枝に住む者よ、降りてこい。降りてこい、枝のまたに、若枝に住む者よ。降りてこい、ここへ来て、食べよ。向こうのサンゴの頭を出したところに行け。そこに集まり、群らがり、騒ぎ、叫べ。

（カヌーの木を切る作業の前に唱える呪文、同前）

私のカヌーよ、なんじはつむじ風のごとく、消えゆく影のごとくである。遠くに行って姿を消せ、霧のごとくなれ、行け！

（旅の開始の前に唱える呪文の終結部、同前）

呪詞の対象は、自然やカヌーに対してだけではなく交易の相手にも及びますが、それは対象に命令し、呪詞のとおりに実現させるのが内容であり目的になっています。呪詞はただの言葉ではありません。呪詞は、それを唱える人の「腹のなか」にしまわれていると考えられていますし、対象となる物体に直接声が届くことが重視されています。つまり、呪詞は霊力そのものであり、それを唱えることは霊力の転移に他なりません。また呪詞は、神話と関連づけられ、土の中から最初に出現した人間が持ってきたと語られますが、土の中からというのは、琉球弧でいう洞窟からと同じ意味を持っています。つまり、初めからあったものとして考えられているのです。

そういう大きな存在であり力を持つ呪詞ですから、それを唱えることが実現させることを意味するということが、ここでは信じられています。実際、順を追って記述されている呪詞をたどってゆくと、場面が代わるごとに、自然と人間との関係づけを行なっている印象がやってきます。人間が自然の一部として溶け込んでいた存在から、動植物や自然物とは異なる存在であることを自覚していったとき、その乖離感を、自然との乖離の象徴でもある言葉によって埋めるために呪詞は唱えられなければならないという、いわば霊力を持つ言葉によって関係を編み直しているように見えてくるのです。

自然のイメージ的身体化

こうした、未開と呼ばれる社会の人間と自然の関係を根本的に捉えるには、どうしたらよいでしょうか。こういう問いを前に思い出されるのは、マルクスの言葉です。

第二次産業の勃興を目の当たりにして、同じ問いに向き合ったマルクスは、人間は「非有機的自然」に依存して生きていると考えました。人間が動物を超えて普遍的になればなるほど、人間の依存する非有機的自然の広がりも普遍的になります。植物、動物、石、空気、光などは、人間の生活と活動の一部であるとともに、それらが人間の意識に入り込んで、ときに自然科学の対象に、ときに芸術の対象になり、あるいは生活手段として、「加工した上で享受され消化」されます。その産物は、栄養、燃料、衣服、住居など様々な形になるけれど、身体を持つ人間は自然物に依存しないでは生きてゆけません。

マルクスの表現を借りれば、自然は呪術の対象でもあって、呪詞により自然を加工するのだと言えばいいのかもしれません。続けてマルクスは書いています。

人間の普遍性は、実践的には、まさしく人間が自然の全体を自分の非有機的身体とする普遍性のうちにあらわれるので、そこでは、自然の全体が直接の生活手段であるとともに、人間の生命活動の素材や対象や道具になっている。自然とは、それ自体が人間の身体ではないかぎりで、人間の非有機的な肉体である。人間が自然に依存して生きているということは、自然が人間の肉体だということであり、人間は死なないためにはたえず自然と交流しなければならないということだ。人間の肉体的・精神的生活が自然と結びついているということは、自然が自然と結びついているというのと同じだ。人間は自然の一部なのだから。

（『経済学・哲学草稿』長谷川宏訳）

この表現からは、人間が自然の一部を取り出し、人間にとって有用なものに加工するイメージがやってきます。原油からプラスティックを作り出すように、砂利や水からコンクリートを作り出すように、自然をその原型とは別の姿形に加工するのです。個別の人間に焦点を合わせれば、金づちで釘を打つとき、金づちは、木や鉄から作られた「非有機的」なものだけれど、人間はそれを身体の延長のように使っています。金づちを打つ瞬間は、金づちが人間の身体の一部のように感じられます。そのことをマルクスは、人間は自然を人間の「非有機的な身体」とするという言い方で捉えています。

ここからみれば、呪詞とは、望む現実を得るために、未開社会が行なう自然の加工そのものに他なりません。ただし、「非有機的な身体」という表現は、自然の加工を物質的に行なう第二次産業を念頭において言い表わしたものです。そこで、これをわたしたちが対象にしている未開社会に対して言うために、未成熟な言葉ですが、「非有機的な身体」を、「イメージ的な身体」と言い換えてみます。

たとえば、霊力思考が優位な段階でトーテムを考えたとき、「アマン―人」は、人間にとってイメージ的身体としての祖先でした。人間の似姿を持つ霊魂も、人間のイメージ的身体として考えられたものです。そこで、呪詞は、望む現実を得るために、自然を人間のイメージ的身体に加工するための根本的な方法に他ならないと言うことができるでしょう。

ところで、マルクスの言う「非有機的な身体」は、製造業、建築業、化学工業等の第二次産業に的確に対応しているのに対して、「イメージ的な身体」は、未開と呼ばれる社会の狩猟・採集に対応していないように見えるかもしれません。イメージ的な身体化と、動物を狩り植物を採る行為とは別物に見えるからです。

ところがそうではないのです。それは実際の狩猟に先立って行なわれる儀礼によく現われています。霊力思考が優位なところでは、狩猟に先立つ儀礼の行為は、動物の声や動きの模倣がその核心になります。動物の声や動きを真似ることで動物と一体化するのです。実際の狩猟は、その結果としてついてくるもので、狩猟行為の本質は、この儀礼のなかの模倣にあると考えられます

『アボリジニの世界』)。つまり、狩猟の対象となる動物を、人間のイメージ的身体として捉えているのです。

また、霊魂思考が優位なところでは、狩猟の前にシャーマンは、あらかじめその動物の霊魂を獲得することが重視されるという報告があります。そしてシャーマンが獲得した霊魂の数だけ、獲物は獲れると信じられており、ここでも狩猟の本質は、狩る行為そのものではなく、霊魂というイメージ的身体の獲得なのです（ウノ・ハルヴァ『シャマニズム』）。

こうしてみると、呪詞という呪術の言葉が、未開の社会にとって本質的なものだということが見えてきます。呪詞を発すること、それに伴う所作を行なうことは、自然をイメージ的身体として変容させ、望む現実を生み出す行為に他なりませんでした。

呪言（クチ）の世界

呪術の言葉は、琉球弧の島人にとっても日常的なものでした。それは呪言《クチ》と呼ばれています。マリノフスキーの記述に刺激を受けてわが身を振り返ってみれば、民俗学のテキストを紐解かなくても、それは身近なところにありました。鼻炎気味だったわたしの父はよくくしゃみをしたのですが、そのたびに母や祖母は間髪を入れずに、「クスコレバナ（糞くらえ鼻）」と合いの手を入れていました。あれはくしゃみによって誘発されるマブイの遊離を防ぐための呪言なのでした。

子供の乳歯が抜けたとき、「ワーヌパートゥユムイヌパートゥ、ワーヌパーヤムイベーク（私の歯と鼠の歯とでは、私の歯がはやく生える）」と唱えて、下の歯の時は屋根へ、上の歯の時は床下へ投げていましたが、これも呪言のひとつです。これに似た呪言はポリネシアのラトンガにもあって、「大ネズミ、子ネズミ。私の古い歯をあげよう。どうか新しいのをおくれ」（『金枝篇』）と、鼠は競争相手ではなく、同一化の対象になっています。

琉球弧の島人は、どんな呪言の世界に生きていたのでしょう。わたしは、「語《こと》問ひし磐《いは》ね樹立《こだち》、草の片葉《かきは》をも語止《ことや》めて（しゃべっていた岩や木立や、草の葉も言葉をやめて）」（「祝詞」）というように、自然現象の音を言葉として聞く例を琉球弧に探すのですが、まだ出会っていません。ただ、自然物と対話をしていたものなら見つけることができます。

やまなんてぃ　　山で
しらったんくとぅ　　焼かれた苦しみを
わしれぃてぃな　　忘れたか
（名瀬・田畑英勝『奄美の民俗』）

これは炭火が踊る時に唱えるものですが、火が生きた話し相手として捉えられていたことを予想させます。火を擬人化しているわけですが、ニューカレドニアの子供たちが牛を自分たちと同じ存在と見なしていたように、擬人化といっても人に見立てたという程度ではなく、交流し合える相手として見た奥行きがあったのだと思えます。

擬人化という意味では、この呪言を採取した民俗研究家の田畑英勝が印象的なエピソードを紹介していています。まだ幼なかった田畑の子供が駄々をこねるので、夜にもかかわらず外に出して泣くままにさせていると、田畑の母が形相をかえて飛んで来て、「夜がさらっていく（または、取り殺してしまう）というのに、小さい子を家の外に出すなんて、馬鹿な真似をして」と、彼を責めました。田畑は「夜がとる」という言葉をその時初めて聞き、強い印象を受けるとともに、「夜というものをこれほどまでに強く感じさせられたのも初めてであった」と書いています。その時の「異常な顔や声」と一緒に残る母の思い出は、同時に感じ方の「大きな隔たり」を実感させもしました。生きられた呪言の世界と、そこからの別れが、ふたつの世代によって演じられたのです。

ここでは、「夜」は恐怖の対象になっていますが、「夜」の霊力を感じとったもので、死霊や妖怪として現われているわけではない点が古層を感じさせます。

はじむぇはじむぇ　はじむぇよ、はじむぇ（ハゼの木——引用者）
吾《ワン》もけしんな　私に手むかいするな
吾もけいれぃば　私に手向ったら
吾《ワ》がいしょぬ　私が海の
角《チノ》くゎに　角に
くわすっとー　かますぞ
くわすっと　かますぞ
（笠利、同前）

これはハゼの木負け（かぶれ）を予防するための呪言ですが、ハゼの木が擬人化されているとともに、ハゼの木に海の霊力を対抗させているのが印象的です。命じるような言い方に見られる、人間が自然に対して優位性を持とうとする傾向は、望む現実を得ようとするトロブリアンドの呪詞と同じ位相にあるのでしょう。

昨夜《ユブイ》見ちゃん夢《イムイ》や　　昨夜見た夢は
ゐい夢残《ノホ》てぃ　　よい夢は残って
悪さん夢や　　悪い夢は
はるばる草ぬ根に止《トウマ》れ　原々の草の根にとまれ　（大和村、同前）

この呪言では、「夢」すら取り出されるものとされているのが印象的です。霊魂が身体を抜けるように、「夢」も身体を離れることができるという発想は、霊魂思考が前面に出てきた段階で生まれたものだと考えられます。

とおとがなし　　神様
よね　一夜　　今晩一晩
わんねぃん　くぅま　私に　ここを
貸らしくんそーれぃ　貸して下さい　（名瀬、同前）

これは狩猟で猪待ちをする際に、座る場所の四隅に柴をさし、唱える呪言です。神の概念が生み出された後には、神への許しを請うのも呪言の役割でした。そしてこの呪言は山だけではなく海でも同じだったようです。松山光秀は、幼い頃（おそらく一九四〇年前後）、潮待ちをする祖父が砂浜に四角形を描き、その囲いのなかで祈る姿を見ています。その時、何を唱えたのか幼い彼には分からなかったといいますが（『徳之島の民俗2』）、まさに名瀬のこの呪言と同様のものだったのでしょう。

わたしたちは、田畑が採集した例を離れても、漁の際に、口笛を吹いて風を起こしたり、「チュ、チュ」と口をすぼめてつぶやいて魚を引き寄せたりといった、日常の営みに張り巡らされたたくさんの呪言を、琉球弧に想定することができるでしょう。

自然をイメージ的な身体とする呪術の世界は、自然の擬人化の世界ですが、そこでは自然と対話をすることができました。そして自然に対して人間が優位であると考えられると、自然は動かすことのできる対象になり、神の観念が生み出されると、神が祈願の対象になっていきます。このいくつもの段階を通して、対話を媒介するのが呪術の言葉でした。

反復するイメージ的身体化

田畑の「夜がとる」エピソードに示されるように、呪言《クチ》の世界はほとんど失われてしまったと言っていいでしょう。ここで母と田畑の間にあるのは、呪言で編まれた世界を信じる者と信じない者との隔たりであり、今のわたしたちは子である田畑の側にあるのですが、しかし、田畑の立場がそのまま連続しているわけでもないと思わせることがあります。というのも、呪言は「迷信」

として退けられてきましたが、その「迷信」という言葉が、この隔たりを言うのにふさわしくないと感じられてくるのです。このことは、田畑の世代が近代化を背負っていたのに対して、わたしは呪言があらかた失われた後にやってきた世代であり、呪言を信じてあれをしたりこれをしなかったりという生活と、深いかかわりを持たなかったことから抱く印象かもしれません。けれどそれでも言い尽くせないのは、わたしたちが、今またまったくちがう道筋から、新しい呪言の世界に身を浸し始めているからではないでしょうか。

マルクスが人間の普遍性を、「人間は自然を人間の非有機的な身体とする」と考えたとき、自然とは天然自然を指すのは自明のことでした。ところが、今の都市生活者の環境は、すでに天然自然ではなく、人工的自然になっています。朝は電車で通勤し、日中は街中を飛び回ったり、パソコンの前で仕事をしたりして、夜は自宅やレストランで食事をするように、天然自然にほとんど触れずに一日を過ごす都市生活者の姿は、現在もっともありふれたものだと言ってよいものです。そこで、マルクスの言う人間の普遍性は、未開社会に対してだけではなく、第三次産業の構成が過半数を超えて都市化された場所に対しても拡張する必要がありそうです。

そこに対応する言葉は、「人間は人工的自然を人間のイメージ的身体とする」という表現になるのでしょう。

もっとも身近な例として挙げられるのはインターネットです。そこでは、クリックひとつで違う世界を閲覧することができますし、通信圏内であれば、地球と宇宙のどことでもつながることができます。小さな行いはすぐにそれを実現することにつながっているのです。また、脳の血流や電流の動きを感知してロボットを動かす技術も実用化されつつあります。ここまで来ると、念じることが、動かすことに通じているわけで、まさに呪言的世界だと言えます。

ここで未開社会と都市社会を対応させてみます。

未開社会　天然自然を人間のイメージ的身体とする

都市社会　人工的自然を人間のイメージ的身体とする

こう対応させてみれば、自然は天然自然から人工的自然へと転換していますが、ここでの人間と自然との関係は、霊力と霊魂の思考の段階のそれと同型をなしているのに気づきます。

しかも、それだけではありません。呪言の世界が生き生きとしていたとき、身体と世界が分離されていないのが人間と自然との関係のあり方でした。わたしたちはもちろん身体と世界を分離して捉えているわけです。しかし、ＧＰＳ機能を持ったスマートフォンなどの端末でみると、手元の地図に自分の位置と歩行が反映されていて、まるで身体と外界が融合している世界を外側から見ているような感覚がやってきます。ウェアラブルの技術が進展すれば、その身体と外界が融合した世界と、現実空間を見ることとはさらに連続的になって、世界は主客未分なイメージ的な身体として立ち現われてくることでしょう。言ってみれば、今またわたしたちは、科学技術によって、身体と世界が融合しつつある場所にいるのです。

この日常の実感と呪言の世界とはどこかが似ている、わたしたちがそう感じとっているからこそ、呪言の世界を「迷信」として退けるのは、どこか不適切な気がするのではないかと思えます。

このことには少し胸が躍ります。それは、かつて「迷信」として退けられてきた野生の思考のなかに込められた知恵が、生かせるのではないかという可能性に気づかされるからです。しかし、それはまだ手繰り寄せられない。そこには大きな示唆があるはずだ、けれどそれが何か分からない、といったもどかしさが、ここにはあります。

こういうときは、琉球弧で呪言の世界にもっとも身を浸してきた人物たちの世界を訪ねるのがよいかもしれません。そう考えてみれば、その人物たちとは、琉球弧でシャーマンの資質を持ったユタをおいて右に出る者はないでしょう。

原《プロト》ユタ

縄文中期の藤内遺跡から出土した「蛇体《じゃたい》頭髪土偶」に、谷川健一は惹きつけられました。いや、惹きつけられるどころではなく、谷川に言わせれば、それは彼に一撃を与えるものでした。住居跡から出土した土偶は十二センチほどの高さがあります。はっきりした特徴をたどると、顔の表情には幼さが感じられますが、目が少し吊りあがっていて、左の眼から頬にかけては二本の線が引かれていて涙を流しているようにみえます。胸には二つの膨らみが認められるので、女性を象ったものなのでしょう。両腕は左右に突き出されているだけで抽象化されており、胴体の下は土台になっていて足も省略されています。これだけだと少女像に見えますが、谷川を驚かせたのは頭部でした。皿状に象られた顔の後ろを見ると、そこに右巻きにとぐろを巻いた蛇がはっきりと姿を現わしているではないですか。とぐろを巻いた蛇は頭をもたげて頭頂部付近で顔を上げているのです。

一九七〇年に、信州の考古館で蛇体《じゃたい》頭髪土偶に遭遇したとき、谷川が衝撃を受けたのは、ある意味では無理もないことでした。谷川は、昔の祝女《ノロ》が、ハブをコントロールすることができるとして、供をする少女たち、アラボレの頭髪にハブを巻きつけたという話を知っていました。蛇と神女との並々ならない結びつきに気づいていたのですから、目の前にある「蛇を戴く土偶」は、頭髪にハブを巻きつけた少女アラボレそのものに見えたことでしょう。興奮するのも無理はありません。

「蛇を戴く土偶」（井戸尻考古館蔵）

勢いを買った谷川は、そこから一気に断言します。「はじめに巫女があった。巫女は神とともにあり、巫女は神であった」。ここで「神」を「蛇」に置き換えれば、それが蛇体《じゃたい》頭髪土偶の指し示すものであり、これは「蛇巫」の誕生を意味する（『蛇』）。つまり、谷川にとって蛇体頭髪土偶は、（蛇を介した）神の出現を意味していました。

一方、谷川とは全く別の場所で、蛇体頭髪土偶に魅せられたのは人類学者のネリー・ナウマンです。日本民俗学という枠組みから自由で風通しのいい視野を持ったナウマンは、中国や中東の土偶を辿って、そこに「月と蛇」という共通のモチーフを見い出します。満ちては欠ける反復を繰り返す月は不死の象徴であり、蛇はその月の水を飲むことで不死になる。この土偶が流している涙はその水を示しているのであり、蛇体頭髪土偶が表現しているのは、不死を実現する生の水を持った月の女神に他ならない。そう、ナウマンは読み解いています（『生の緒』）。

このナウマンの説明には説得力があります。わたしにはこの解読の当否を判断することはできませんが、少なくとも、いきなり神に直結させるより、神話的なモチーフを探るアプローチは妥当だと思えます。違和感があるとすれば、「神」という言葉で、生の水を持った「月神」ではなく、「月の化身」あるいは「月の精霊（カミ）」と言うならより受け取りやすくなります。ナウマンの解読を参照すれば、琉球弧でもかつてはこうした神話的な理解が共有されていたのではないでしょうか。

そして実際、琉球弧には、蛇と月と女のかかわりで語られる「死の起源」伝承があるのです。

月の中に生き水を担いだ天からの使いの女の絵が残っているのは、生き水を神様からもらってくる途中、人間は桑の実をとって食べているうちに遅くなった。そうすると蛇などが先に浴び、人間は生き水を浴びることができなかった。そのために蛇は脱皮し、人間は脱皮できなくなってしまった。

（酒井卯作、同前）

こうして琉球弧では、月に「餅をつく兔」ではなく、「水を運ぶ人」の姿をみるのですが、この神話は、ナウマンの解読とよく響き合っているではありませんか。

この神話やナウマンの解読を媒介にすると、谷川の発見に接近しやすくなります。わたしたちは、蛇が不死と水に強い結びつきを持つのを知っていますから、神女と蛇との結びつきにも、トーテムにつながる思考の存在を想定することができるからです。そしてそうだとしたら、「はじめに巫女があった。巫女は神（蛇）とともにあり、巫女は神（蛇）であった」という、聖書になぞらえた定言にも違和感があると言うべきでしょう。わたしたちは絶対的な存在である「神」と精霊を区別するために「カミ」という言葉を使ってきましたから、そこからすると、ハブを頭髪に巻きつけて蛇と一体化したアラボレの姿を発生の場所にまで遡れば、それは、「神」というよりトーテムとしての「蛇―人」に淵源を持つ祖先像を体現したものだったのではないでしょうか。

同じように、ここでの「巫女」についても、神として振る舞った「祝女」と区別するために、憑依型シャーマンの原像と言うに止めておきましょう。蛇と一体化したアラボレの姿は琉球弧の憑依型シャーマンの原像を今に伝えるものであり、その段階でのシャーマンはトーテムとしての「蛇―人」に淵源を持つ祖先像を体現した、と見なすのです。

憑依型シャーマン

霊力思考が優位な段階から、霊魂思考が前面化していく文字以前の琉球弧では、脱魂型のシャーマンを想定する必要はないのでしょう。

脱魂型のシャーマンは、自分の霊魂を身体の外に解放し、天空を飛翔させ、精霊と交渉したり、病者から遊離してしまった霊魂を探し出したりします。脱魂型のシャーマニズムが発達したのは北方アジアで、そこでは霊魂思考の強い進展が見られます。彼らも憑依を行ないますが、その本領は、病の第二類型である霊魂の遊離に対して、探索し取り戻すことにありました。

ただ、霊魂思考がきわめて発達したシャーマニズムのなかで、霊力思考の働きが見られないわけではありません。彼らも憑依を行なうことからもそれは知れますが、何といっても、シャーマンの入巫の過程はそのことをよく物語っています。シャーマンの志願者は、その巫儀のなかで、怪物によって肉体をばらばらにされ、その上で、金属などを身体に埋め込まれるのです。思い出してください。霊力思考が優位な段階での病の第一類型は、呪術によりモノが身体に埋め込まれることによって引き起こされていました。いわば、霊魂思考優位のシャーマニズムでは、その病の第一類型の思考に基づいて、シャーマン誕生の儀礼がなされているのです。ですから、霊力思考は、シャーマン誕生の秘儀のなかに潜在化されているのだと言うことができるでしょう。おそらく、北方アジアでは、霊力思考に対して霊魂思考がすみやかに優位に立ち、脱魂型のシャーマニズムを発達させたことが、霊力思考もその強度を保ち続け、憑依型のシャーマニズムを発達させた琉球弧や東南アジアとの違いです。

ところが脱魂型のシャーマニズムで行なわれる天空への飛翔のモチーフは、ユタの呪詞のなかにも見い出すことができます。瀕死の病者を相手に明け方に行なう呪詞、「アカトゥキ《暁》ヌタチラ」がそれです（先田光演が沖永良部島で採取した貴重な記録です）。ユタは唱えます。

> 夜の明ける暁に「ムンクジョヌヤス島」が羽を合わせて歌っている頃、東の竜雲と西の鬼雲が、「ナカビ島」で一緒になって生んだ子だが、生みの親は鬼になり竜になり、飛び去った。生んだ子に聖名を与えなかったので、聖名をほしがって、天に昇り、照る太陽の門に隠れて、照る太陽に恨み言をいっていた。
>
> 照る太陽は病気になった。
>
> 弟の子のユヌカニが、天の庭にユタを頼まれる。ただでは、天の庭には昇れない。ユタの道具箱、お双紙を脇に挟み、袖にはさんで天に昇る。
>
> 照る太陽は、入口で迎える。お双紙を手にのせて、一枚、七枚と操ってみて、病気の原因を占う。太陽の門の北脇に悪霊が住まっているのが病気の原因だと分かる。外に三人、内に五人。棒くさり、鉄くさりを持って北の門、アラキ門から打ち出してきた。
>
> （悪霊）弟の子のユヌカニは、生き神、サヤ神ではないか。

（ユヌカニ）生まれと親を聞かせてくれ。

（悪霊）東の竜雲、西の鬼雲がナカビ島で一緒になって生んだ子だが、生みの親は鬼になり、竜になり、行き散り、飛び散った。聖名を与えなかったので、聖名がほしくて、天の庭に昇ってきたのだ。

（ユヌカニ）生まれと親を聞いてみると、鬼の子、竜の子ではないか。暁の夜明け雲と一緒に、雲の行くところを見て一緒に行くのだ。行けよ、去れよ。

（山下欣一『奄美説話の研究』話者の追加とアレンジ）

未開社会の呪言が記録された際、もう呪言を発する先住民にすらその意味が不明になっているのはよくあることです。「アカトゥキヌタチラ」でもその事情は変わらず、ところどころに不明な箇所を残していますが、全体の文意を損なうほどではないと考えられます（呪詞には主語がついていないので、括弧で記された話者は、筆者による推察です）。

この呪詞では、病気になったのは太陽で、病気を引き起こしたのは名前をもらえなかった悪霊が、恨み言（呪言）を太陽に向けたからだとされています。そして、ユタが悪霊を払うことで病気が治ることが暗示されます。今のわたしたちからみれば、瀕死の人を前にお話を聞かせて、まるで呑気なことをしているように見えますが、それは違うのでしょう。

人類学者のレヴィ＝ストロースは、南アメリカのクナ族で、難産の際、産婆の要請を受けてシャーマンが唱える長い歌謡について考察しています。難産は胎児をつくるムウという霊の力の過剰性によって、母親の霊プルバが捕えられることから引き起こされると考えられています。そこで、シャーマンは歌謡のなかで「ムウの道」を通り、「ムウの住みか」、「濁った泉」に辿りつくのですが、文脈からみればこれは明らかに、膣と子宮のことを指していると、レヴィ＝ストロースは指摘しています（『構造人類学』）。

歌謡の主旨は、失われた母親の霊、プルバの捜索にあります。そして、障害物を破壊し、猛獣を征服し、シャーマンとその守護霊たちがムウとその娘たちに向って、呪術の武器を使った大勝負を交えるといった有為転変の末に、プルバは取り戻されます。そこでムウは征服され、プルバは解放されるのですが、それはつまり分娩が起こることにつながっています。

シャーマンの歌謡は、分娩に寄りそう意味内容で辿られています。ということは、有為転変の過程に登場する「空想的怪物や猛獣たち」は、「擬人化された苦痛そのもの」だとレヴィ＝ストロースは言います。

ここで気づかされるのは、クナ族のシャーマンの呪詞も「アカトゥキヌタチラ」もお話には違いないのですが、それは比喩として患者に届いているということです。もっともクナ族の難産の場合、物語は「アカトゥキヌタチラ」よりはるかに劇的だと思えますが、ここには出産という具体的な過程がある程度理解されたものと、死に際の全般を扱っている違いは踏まえなくてはいけないでしょう。

レヴィ＝ストロースは「歌謡は病める器官に対して施される心理的触診であり、治癒はこの触診によって達せられるのである」と書いていますが、「アカトゥキヌタチラ」でもまさに「心理的触診」が行なわれていると言うことができます。

さて、話を戻せば、憑依型のシャーマンであるユタの呪詞、「アカトゥキヌタチラ」のなかでユヌカニが天空へ飛翔するのが、脱魂型シャーマンのようで興味深く感じられます。しかし、これはユタが脱魂を行なった痕跡を示すのではなく、北方アジアのシャーマンの行為が伝承されたか、もともとあった天空飛翔のモチーフを語るものだと考えられます。天空飛翔のモチーフはあったとしても、それを霊魂思考のもとで脱魂の技術として思想化する土壌は琉球弧にはありませんでした。霊魂思考が優位な北方アジアでは、シャーマンは病の第二類型である「霊魂の遊離」を技術化しましたが、琉球弧は霊力思考の働きも強いので、病の第三類型である「霊魂的なものの憑依」を技術化しているからです。

生き残ったユタの可能性

原ユタからのシャーマンの系譜を継ぐユタは、現在では「マブイ別シ《ワァー》」や生活上のアドバイスを行ない、家族や個人を助ける霊魂の技術者として知られています。しかし、原ユタがユタになる過程では、共同幻想を対幻想の対象にする根神《ニーガン》、祝女《ノロ》という系譜も生み出されてきました。

本土ヤポネシアの神社にあたる「御嶽《ウタキ》」が成立すると、原ユタに淵源を持つシャーマンのなかで「根神」になる女性が現われ、その兄弟である「根人《ニーッチュ》」とともに共同体を象徴するようになります。やがて、「按司《アジ》」という首長が出現すると、按司の姉妹である「祝女」が根神の地位につくようになり、共同幻想と対幻想は分離の度合いを強め、「祝女」は共同幻想を対幻想の対象とする側面を強めていきます。祝女がしばしば独身であり、またそう強いられたのはそのためでした。

この根神、祝女が、原ユタに淵源を持つシャーマンの系譜から生まれたことは、ユタの呪詞に示唆されています。というのも、ユタが自身の由来を語る呪詞では、自分の祖先を太陽（共同幻想）の妻と位置づけていて、その祖先像は根神や祝女の性格と重複しているのです。

呪詞のなかでは、ユタの祖とされる「思松金《おもいまつがね》」は太陽に愛され、太陽にさされて子を孕んだと、取り澄ました表現になっていますが、同型の説話には、放尿をしたときにとか、しどけない姿で庭へ出て、和やかに照り映える春の光を浴びていると体に異常を感じたなどと、もっと生々しく語られるように、ユタは自身の出自を太陽の妻と位置づけています。

この「太陽の妻」としての「ユタの祖」像は、原ユタには届きませんが、根神が分化する手前には対応させることができます。そうであるなら、原ユタに淵源を持つシャーマンが、根神、祝女という共同体を象徴する存在を分化させたとき、それ以外は、共同幻想をつかさどる場面からは退場したユタとして、家族の霊魂の技術者という役割に居場所を見い出していったと考えられます。

さて、祝女と重複する面を持ちながらも、家族や個人をサポートする霊魂の技術者となって定着したユタは、琉球王朝の成立以降、しばしば弾圧されてきました。近代以降には、「迷信」として世論から弾圧されるという側面が加わりました。しかし、興味深いことに「男の女郎買い、女のユタ買い」と揶揄《やゆ》されながらもユタは生きながらえてきました。弾圧や蔑視にもかかわらず生き残ってきたのは、それだけユタが、島人に絶えず必要とされてきたからに他なりません。

わたしはここで何気なく「絶えず」と書きましたが、そう書いて立ち止まらざるを得ないのに気づきます。それというのも、わたしたちは琉球弧の野生の思考を、現在からみれば断絶があり、実際にうかがい知れないものがあるのを感じて、まるで塞がれた扉の向こうを透視するように考えてきたのですから、そこに連綿としたものがあるということに目が向くというものです。

ここで驚くべきことを教えてくれる視点があります。精神科医の森山公夫によれば、シャーマニズムの「脱魂」と「憑依」は、病的解離の「遁走《とんそう》」と「多重人格・憑依」に対応しているというのです。「遁走」は、一時期の記憶を失い別の場所に蒸発してしまい、多重人格は一人のなかに複数の人格が現われる、どちらも病的と見なされる症状を指します。森山は書いています。

諸精霊や神々を求めて飛び立つ脱魂は、原母的なるものを求めて脱出する遁走に通底し、諸精霊や神々がシャーマンに憑く憑依は、原母性の不在による寂しさ・絶望に怯える人が原母性を代理する存在（人・動物など）に取り憑かれる憑依・多重人格に通底することは明らかである。

（「解離論の新構築」）

わたしたちは「脱魂」であれ「憑依」であれ、何か特異なものと見なしがちですが、「遁走と多重人格」と言われると、急に身近なものとして迫ってくるのを感じます。森山の言う通りだとしたら、ユタが行なった病の第三類型である「悪霊の憑依」の技術化は、現在的にいえば、「多重人格・憑依」の技術化を指していると、言い換えることができるわけです。

森山は、現在的な「霊魂の遊離」と「悪霊の憑依」が顕在化したのは、臨床経験からは一九九五年以後のことであると指摘し、グローバル資本主義の浸透が、人間の関係を割き、居場所をおびやかしていることに、その背景を見ています。母親や母親の代理になる存在の喪失を基にした「憧れと寂しさ・恐怖」の体験が、軽重の差はあれ、「人を解離的世界に誘う」のであり、現在はそうした「精神の病が一般化する新たな時代」なのだ、と。

それなら、原初的な「霊魂の遊離」と「悪霊の憑依」の理由は何なのか。森山はそれを「原母的なものの喪失」と呼んでいます。シャーマニズムの研究をさきがけたルーマニア出身の宗教学者ミルチャ・エリアーデは、脱魂のシャーマニズムに見られる原母的なもの喪失の回復を「原初的な時への回帰」と呼びましたが、わたしたちが使ってきた言葉でいえば、それはドリームタイム、あるいは自然との一体感が生き生きしていた段階への回帰と言えばいいでしょう。ここで森山は、「原初の人類がすでに、文明以前へのノスタルジアをもっていただろう」と指摘するのですが、こう言われると、人類という存在が、母なるものの喪失を繰り返してきていることに思いを馳せないわけにいかない気になってきます。

そうだとしたら、わたしたちはここで、森山が近年の顕在化の原因として挙げるグローバル資本主義の浸透を、もっと根底的に言ってみたくなります。それはきっと、マルクスのいう「全自然を人間の非有機的身体とする」段階から「全人工的自然を人間のイメージ的身体とする」段階への移行として言うことができるでしょう。そしてこの移行には、人間と自然との関わり方の変化というだけでなく、「天然自然」が「人工的自然」に置き換わるという未知が含まれています。それは母なる自然からの乖離は極大化している、あるいはことによれば「母」を見失ってしまったということになります。

しかし、ここには喪失感だけではないものがあると言うべきではないでしょうか。人間と自然との関係は、天然自然が人工的自然に置き換わっていますが、それと同時に、自然を「イメージ的身体化」するというかかわり方は、むしろ原始・未開の段階の在り方に回帰する、あるいは反復するという側面を持っているのです。

ここでユタの可能性が浮上してきます。度重なる弾圧や蔑視にもかかわらずユタは存命してきました。絶えることがなかったのは、そこに母なるもの、あるいは原初の時への回帰を希求する島人の願望が底流し続けてきたからでしょう。ユタは「病」を技術化することで、その島人の願望に応えてきました。「精神の病が一般化する新たな時代」のなかで、生きながらえたユタから何が編み出される可能性があるでしょう。それは、言ってみれば現在的な呪言です。もっとも呪言といっても、それは「呪い」ではなく、「予祝」の意味を持つはずです。

そのために必要なのは、トーテミズムと再生の原理が生きていた段階まで、ユタが降りていくことだとわたしは思います。現在の琉球弧の宗教性は、祖先崇拝と自然崇拝が著しい特徴になっています。このうち祖先崇拝は、自分と直接つながる先祖という人間の系列がもっぱらになっています。けれども、「未開」の段階の琉球弧までさかのぼれば、そこでは祖先は人間の系列をはみ出し、アマンやシャコ貝や蛇という動物や、可能性としてなら植物や自然物にいたります。人間の祖先はアマンだった、シャコ貝だった、そういう世界を、わたしたちはおぼろげながらに掴んできました。そこは、祖先崇拝と自然崇拝が同一化する地点と言っていいかもしれません。ユタがそこまで降り立ってゆき、そこから言葉を汲み上げてくることをなしえたら、人工的自然のなかでの、イメージ的な身体化に対応することができるはずです。それが存命してきたユタの可能性ではないでしょうか。琉球弧でも人工的自然が増してゆくのを避けられないなら、それは生きられる呪言や神話として、島人を助けるはずです。

宮古島（右上）、池間島（右下）、大神島（左上）と珊瑚礁　撮影・仲程長治

III 生と死の分離を超えて

8　まれびとコンプレックス――珊瑚礁

植物と人間の同一視

現在の考古学は、琉球弧が農耕を取り入れたのは十～十二世紀のことだと結論づけようとしています（奄美諸島十～十一世紀、沖縄諸島十～十二世紀、八重山諸島は未確定）。九世紀以前、つまり考古学が時代区分している貝塚時代の「農耕仮説は否定されてよい状況だろう」（高宮広土・千田寛之「琉球列島先史・原史時代における植物食利用」）とされていて、かつ、十世紀以降の農耕では、稲、麦、粟などの穀物農耕が主体になっていると指摘されています。ただ、貝塚時代にヤムイモなどの焼畑による根栽農耕が全く否定されたわけではなく、考古学者たちの探究は続けられていますが、あったとしても低生産に留まるだろうと予想されているのです。

わたしは琉球弧での根栽農耕の存在と規模がひどく気になります。南太平洋をみると、根栽農耕の行なわれる社会には、人間や動物の死体から有用な植物が生えたという死体化生の神話があるのですが、ここには人間と、植物や動物との関係の変化が劇的に封じ込められているように見えるのです。なかでも、殺害された死体から植物が生まれたという型の神話は、その特徴を強く物語っています。以前に紹介したスサノオとオオゲツ姫の説話は生えてくる植物が穀物であることに特徴がありますが、これも死体化生型の神話に類型化されます。

ドイツの民族学者イェンゼンがインドネシアのセラム島から採取し、よく知られるようになったこのタイプの神話の筋はこうです（『殺された女神』）。

アメタ（黒い、暗い、夜などの意味）と呼ばれる男がいた。アメタは狩の最中にココ椰子の実を見つける。その夜、夢のなかで、「地中に植えなさい」と言われたので、その通りにすると、三日後には高い樹に育ち、さらに三日後には花が咲いていた。アメタは花から飲み物を作ろうとするが、手元を狂わせて指を怪我してしまい、傷から流れた血が花にかかった。

それから三日後に、花と血が混じり合ったところから人間が生じかけていて、顔ができた。その三日後には胴体が、さらに三日後には完全な女の子になっていた。その夜、再び夢で、「女の子を家に連れて帰りなさい」と言われたのでその通りにして、娘に「ココ椰子の実」という意味のハイヌウェレという名前をつけた。ハイヌウェレは急速に成長し、三日後には大人になった。大人になったハイヌウェレは、大便で陶器の皿や銅鑼などのような宝物を排泄したので、アメタはたちまち裕福になった。
そのうちに九夜続けるのが習わしのマロ踊りが開かれる。ハイヌウェレは毎夜、踊りのなかで、みんなに宝物を与え続けた。宝物は夜ごとに高価になっていき、人々ははじめのうち喜んだものの、やがて妬ましくなり、九夜目にハイヌウェレを殺してしまう。アメタはハイヌウェレが殺されたのを知り、埋められた彼女を掘り出し、死体を多くの断片に切り刻んで、その一つひとつを別々に広場のまわりに埋めると、そこにさまざまな種類の芋が発生して、以後、人間は、これらの芋を主植物として生きることができるようになった。

人間の血という霊力とココ椰子から生まれたハイヌウェレが、仲間たちに殺害され、その死体からは芋ができたという箇所に、わたしたちは、人間から植物への化身という、トーテミズムの解体現象を見ることができます。ここでは、人間と植物が同一視されていますが、その視線は、生と死の瞬間においてのみあらわれるわけではありません。

ニューカレドニアの例を見ましょう。ココ椰子の油を身体に塗っておしゃれをしている若者がいると、娘たちは「水が、樹液が肌の下に透けて見える」(同前)と言ってほめるのですが、レーナルトによればこれは比喩ではなく、「彼女たちは樹木の芽と人間の体の繊維が同じ若々しい樹液をいっぱいに含んでいると本当に思っている」のです。しかもこの同一視は神話にも接続していて、神話では祖先が森の樹木の幹から生まれたとされています。神話が人間と植物の同一性を語っている通り、ニューカレドニアの島人はそう信じているわけです。それだけではありません。

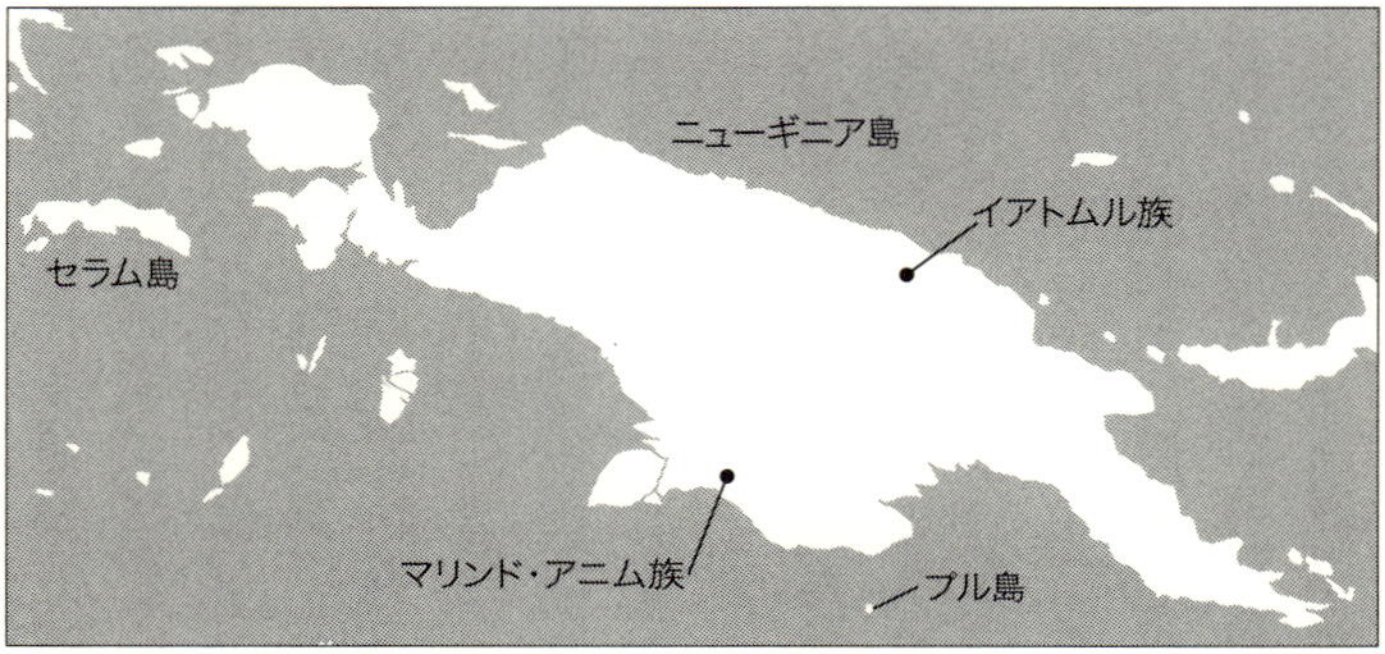

セラム島、ニューギニア島、プル島

セラム島の神話が、人間はハイヌウェレの死体から生えた芋を食べることで生きることができるようになったとされているように、ニューカレドニアの島人は、ヤムイモを「祖先の肉」と見なしているのです。

反作用を繰り込む

しかし、わたしが死体から植物が化生する神話に惹きつけられるのは、語られる神話は生きたものであるという以上に、神話とは生きられるものであるという例を知ったからでした(岡正雄『異人その他』)。

巨大なニューギニア島の中南部に住むマリンド・アニム族は、マヨ祭儀の終幕に、選ばれた女性を実際に殺害し、その骨を植えられたばかりのココ椰子の側に埋めるというのです。神話とは語られ信じられるだけのものではなく生きられるものであるということを、彼らの行為は衝撃的な形で伝えています。衝撃的なのはそれだけではなく、この祭儀で男子結社員たちはその女性と性交し、かつ殺害したあとに食べてしまうのです。マリンド・アニム族はなんといったらいいか、思考を象徴化していくのが苦手なのか、行為が直接性を離れていません。たとえば、琉球弧でも「食人」は、「添い寝」として弱められ変形されていました。そうすることで他者との同一化という思考を生き延びさせているわけです（レヴィ＝ストロースは「異性装」もそうだと指摘しています）。あるいは、マリンド・アニム族は象徴化して変形する前の姿を荒々しい形で見せていると受け止めればいいでしょうか。

マリンド・アニム族のマヨ祭儀の例を踏まえると、この神話が気がかりで仕方がなくなるというものです。しかしわたしたちは、マヨ祭儀を野蛮さや残酷さとして受け取って片づけないために、ここでふたたびマルクスのいう「人間の普遍性」の場所から捉えてみたいと思います。

すると、生きられた神話のなかの人間と植物の同一視が、トーテミズムによるものではなく、初期の農耕社会で生まれたトーテミズムの解体表現であるなら、マルクスの言う「人間の普遍性」を、農業としての第一次産業まで拡張する必要がありそうです。それは、「人間は自然を人間の有機的な身体とする」と言うことができるでしょう。農耕は、自然を加工するというより、自然の一部を増殖させるものですから、無機的な身体化というより有機的な身体化と呼ぶのがふさわしいと思えます。人間によって作られたヤムイモや芋は、人間の有機的な身体なのです。

けれど、ここまでくると、この表現だけでは足りないのに気づきます。「自然の有機的身体化」というだけでは、農耕を言い当てることはできても、人間が殺害されることを表現することができません。

ここで、手がかりになるのは、マルクスの「人間の普遍性」に対する吉本隆明の受け取りです。

全自然を、じぶんの〈非有機的肉体〉(自然の人間化)となしうるという人間だけがもつようになった特性は、逆に、全人間を、自然の〈有機的自然〉たらしめるという反作用なしには不可能であり、この全自然と全人間との相互のからみ合いを、マルクスは〈自然〉哲学のカテゴリーで、〈疎外〉または〈自己疎外〉とかんがえたのである。(『カール・マルクス』)

吉本は、マルクスが人間の普遍性を「自然の非有機的身体化」と捉えたところに立ち止まり、マルクスの真意をくみ取るように、それは同時に、「人間の有機的自然化」という反作用が伴うと言うのです。わたしたちはここで一気に視野の広がるのを感じないでしょうか。「自然の人間化」という作用には、「人間の自然化」という反作用が伴なう相互関係であることが、これによって鮮やかに浮かび上がってきます。

マルクス―吉本の自然哲学を受け取って、人間は自然を人間の有機的な身体とするという農耕社会の普遍性を補ってみましょう。

人間は、全自然を人間の有機的身体とし、人間は全自然の有機的自然となる。

そしてこう捉えると、自然の有機的身体化が「農耕」に当たり、人間の有機的自然化が「人間の殺害」に当たることが見えてきます。生きられた神話のなかの人間の殺害とは、人間が自然を加工することが実質的になった農耕での人間と自然の相互関係を、ある意味で素直に表現したものでした。ハイヌウェレの神話やマヨ祭儀では、人間が植物と同一視されるということが、実際に、ばらばらにした植物を土中に埋めることで新たな植物が生成される点にまで及んでいるのです。

わたしたちがマリンド・アニム族のマヨ祭儀に陰惨な残酷さを感じる一方で、ある感銘に似たものを感じるとしたら、人間が自然に対して行う作用に対して、その反作用もしっかり組み込んでいることに対してなのでしょう。農耕という「植物の人間化」の行為は、たとえば豊作や旱魃などによって生存が左右されるという反作用を受け取ってきました。しかし彼らは、反作用を受動的に受け取るだけではなく、それを「人間の植物化」として意識的に組み込み、自然との相互関係を保とうとしていたのです。

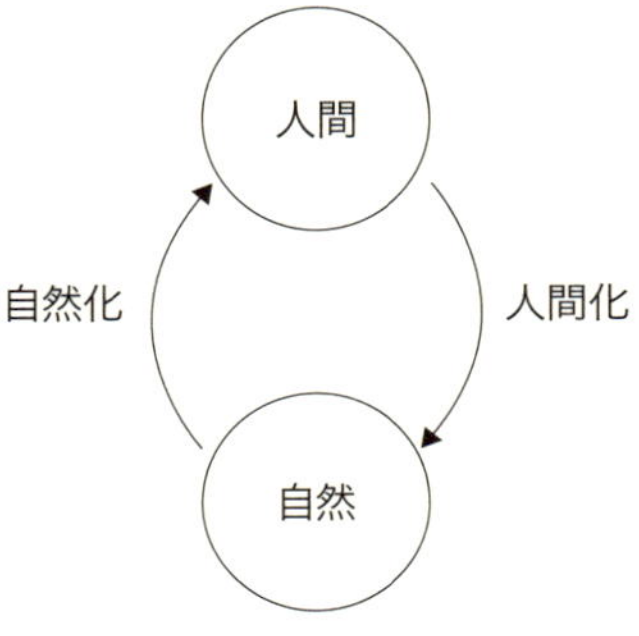

「自然の人間化」と「人間の自然化」

マルクス―吉本の自然哲学をたどると、わたしたちは自然の「非有機的身体化」には自覚的で夢中であっても、人間が自然の有機的自然になることは自覚的ではない、あるいは消極的であることに気づかされます。それは公害に端的に示されてきました。自然を加工する過程で生まれた工場からの噴煙や廃棄物は、その反作用も受け取ることを意味し、それは有機体としての人体を損なわずにいませんでした。そして、人工的自然をイメージ的身体化する現在では、モノや人との肌触りのある関係を失くしたところで、精神的な病が新しい公害として身近になっています。森山の言う「精神の病が一般化する新たな時代」です。

マルクス―吉本の自然哲学が優れているのは「自然の人間化」のあとに、「人間の自然化」を付け加えるのを忘れなかったこと、作用と同時に働く反作用への視点を手放さなかったことにあると思えます。

わたしたちはここで、未開と呼ばれる社会の人々が、人間と自然との関わりのなかで、自然に手を加えるときには、必ず人間も影響を受けるという反作用の面を見逃してこなかったことに気づかされます。それは、死者が出るとまるで条件反射みたいにキャンプ地を去るように、身体と世界を分離していない世界認識の未発達さとして言うこともできるでしょう。しかし、そこには、人間だけを自然から優位に立たせることをしない、人間と自然の対称性をいつでも回復しようとする道理に適った態度、あるいは豊かな霊力思考を見ることができるのです。

「女の作った御馳走」

琉球弧の考古学が、根栽農耕の存在について、低生産に留まるという予想のもと、現在も追跡中であるなら、死体化生型の神話の存在はどうでしょうか。

ないことはないのです。それは「女の作った御馳走」と題されています。

旅をして歩く若い侍がいた。旅から旅をしているうちにいつの間にか夜になっていた。男はあたりに泊る所はないかと捜していると、すぐそばに宿があり、年とったひとりの女がいた。男が夕食を頼むと、

「しばらく待って下さい」と女は言って、戸をみんな閉めてしまった。

「お願いですからこの戸を開けないで下さい」と言って、女は外へ出て行った。

あんまり遅いので、男は不思議に思って戸をのぞいてみた。女は盛んに御馳走を作っていた。御馳走というのは、歯のくそ、鼻くそ、目やに、耳のくそなどを入れて作っていた。男はまったく驚いた。

しばらくして女が持って来たのは、そんなのを入れたとも思われぬほど立派なものだった。男はしゃくにさわって女を殺してしまった。また不思議、女の口からは米が、鼻からは麦が、目から野菜、耳からは芋がスクスク生えたという。（名瀬浦上、田畑英勝『奄美大島昔話集』）

なくはない、と歯切れの悪い言い方をしたのは、この説話はもう神話と呼べるものではなく、昔話になっています。しかも、いくつかの点で、神話の原型が損なわれ、大事な意味が失われてしまっています。

まず、女を殺すのが「侍」だということが違和感を喚起します。オオゲツ姫は、神格化された人間として同じであるスサノオによって、ハイヌウェレも同じ島人の仲間によって殺されますが、「女の作った御馳走」では、殺害するのは旅をしている部外者であり、かつ殺害を職業にしてい

る「侍」だという点で、原型の持つ意味は損なわれています。つまり、スサノオの説話には、支配者としてのわたしたち、ハイヌウェレの神話には共同体のわたしたち、という視線がありますが、「女の作った御馳走」には、「わたしたち」のことであるという視線が欠けているのです。

また、女性の身体から生成されるひとつが「野菜」と一般化されているのも、生きられる神話の切実さから離れてしまっています。そして何より、女性のつくるご馳走が、歯くそ、目くそ等を入れて作られていることです。この神話で大事なのは、オオゲツ姫は口や尻から直接、食べ物を出し、ハイヌウェレもその排泄物がそのまま宝物であることで、霊力の表現たりえているのに、「女の作った御馳走」では現実の目くそ、鼻くそ等を料理に追加することになっていて、神話的な思考は破られてしまっています。

そしてその影響は、殺害の動機にも及んでいます。ハイヌウェレでは最初、宝物をもらって喜んでいた島人たちが、次第に彼女の霊力を妬んで殺害しますし、オオゲツ姫では彼女の行為を豊かな霊力とは見られないスサノオが、「穢いことをする」という嫌悪から殺害に及んでいましたが、ここでは「しゃくにさわって」と、動機もあやふやになってしまっています。

「女の作った御馳走」は、もともとあった神話がその意味を失ったところで昔話への変形を受けたものか（原型の変形という点では逸脱している気もします）、昔話として流入したものに手が加えられたものかは分かりません。ただ、死体化生型神話が昔話化したものというよりは、神話の抜け殻が昔話として伝承されたと言ったほうがよいと思える中身なのです。

ただし、それでもここには注釈を加えておきたいことがあります。奄美大島の民俗研究家は、この伝承について、「浦上に穀物女神を語る死体化生伝承が存在しえたのは、（中略）古法の噛みミキを造るシマであったからこそである。つまりこうした伝承が伝播され人びとが受容していくことを可能にする土壌があったと言っていい」（高橋一郎「奄美・神の行方」）といみじくも指摘しています。「噛みミキ」は、女性が口で噛んだ材料を発酵させてつくる酒のことであり、こうした霊力を活かす製法を持続してきた浦上だからこそ、この伝承も流布されたという指摘は重要だと思えます。直接、食べ物を身体から取り出す原型は損なわれているとはいえ、そこにある霊力に対する感受性が、神話の抜け殻であっても、この昔話をつなぎとめたのです。

むしろ、もたらされる恵み

ハイヌウェレの神話について、かつては母の身体を食べていたという記憶を保持したものだと捉えたのは、人類学者の石倉敏明です。石倉はそれを、人間の成長過程のなかの「原《プロト》カニバリズム」として見ています（公開研究会「可食性の人類学」二〇一四年）。

1　出生前にへその緒を通して直接、子は母の身体から栄養を受け取る
2　出生後に乳房を通して栄養を受け取る

3　幼児期に、母の身体の代わりに料理された食べ物を食べる

わたしたちは前に、フォイエルバッハが乳児は食人者であると書いているのをみてきましたが、石倉はその認識をもう一段、踏み込み、胎児の段階まで掘り下げています。すると、子供の成長の過程に添えば、食事ができるようになる以前には、母の身体を食べていたということ、そして、食事ができるようになるということが母の身体の代わりに料理を食べるようになることに他ならないことが、よく了解されてきます。成長の過程で、かつては母の身体を食べていたことは抑圧されていきますが、その記憶を保持しているのがハイヌウェレ型神話だと、石倉は指摘するのです。

石倉はその原記憶の抑圧の過程に、象徴的な「母殺し」を見て、「エディプス・コンプレックス」に対置する形で、「ハイヌウェレ・コンプレックス」という概念を提示しました。エディプス・コンプレックスが「父に成り代わり、母と性的に結ばれようとする欲望」だとすれば、ハイヌウェレ・コンプレックスは「女を殺し、その屍体から産まれた価値物を享受する欲望」(石倉敏明)と言うことができます。

ここで思い出すのは、ハイヌウェレ神話の異文のひとつは、ハイヌウェレが殺されたのを嘆いた両親が、死体を掘り出すと、家々をまわり、「お前たちは彼女を殺した。だからおまえたちは、これからは彼女を食べなければならない」と言って歩いたと語られていることです。そして実際

に島人は、食べ物に対して、ハイヌウェレの身体を食べているという意識を内面化しています。ここにハイヌウェレ・コンプレックスの罪責感があります。

こう言われてみると、直観的には、エディプス・コンプレックスよりハイヌウェレ・コンプレックスの方が、わたしたちにはピンとくるというか、距離も近い印象がやってきます。石倉は両者を対置させて、ハイヌウェレ・コンプレックスを普遍的な概念として提示している気がするのですが、ここでは、人間と植物を同一視し、それを女性の殺害による植物の再生として表現したときに、かつては母の身体を食べていたという抑圧された記憶が再現され原罪化されたと受け止めておきたいと思います。

さて、ここまできてようやくわたしは、死体化生型神話が気になると言ったときの、気になる中身について言うことができます。琉球弧は、このハイヌウェレ・コンプレックスに対して、どのような通過の仕方をしたのか、ということです。言い換えれば、殺害による死体化生型神話を持った段階があったのかどうか。それが問いの中身になります。

そこで採取された限りでは、それらしい体裁を持っている唯一の説話「女の作った御馳走」から、わたしたちはハイヌウェレ・コンプレックスの手応えを得ることはできませんでした。

ここで、「人間による殺害」にこだわらなければ、死体化生型の説話は「煙草の起り」に見い出すことができます。

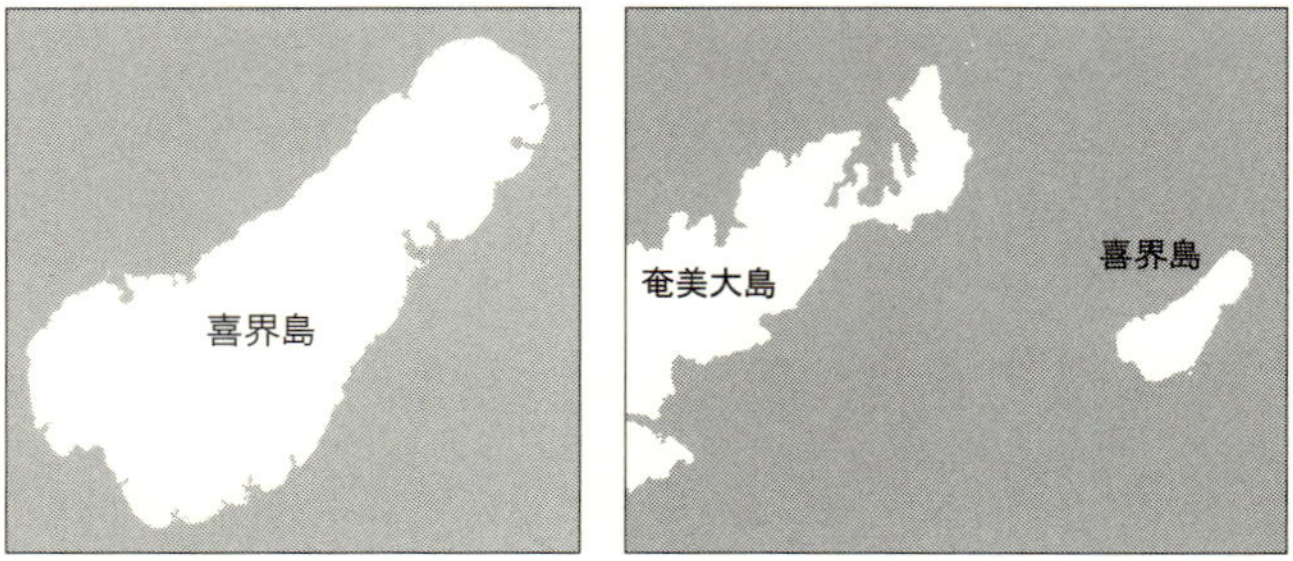

喜界島

「煙草の起り」

一人娘を失った母が墓の前で泣暮していると、ある日娘の墓の上に見た事もない一本の草が生え、見る見る伸びて大きい葉を澤山《たくさん》出した。その葉を持って帰って、煮たり茹でたりしてみたが、苦くて食べられない。そのうちに葉が枯れてしまったので、それを竹の管につめて火を点けて吸ってみると、何ともいえない良い味で、どんな悲しいことにも気慰めになる。それが段々流行って誰も彼も吸うようになった。

（岩倉市郎『喜界島昔話集』）

琉球弧で煙草が普及したのは十七世紀頃と言われているので、この伝承は相当新しいことが分かります。別の植物が煙草に置き換えられて更新された可能性もありますが、話の筋は煙草を素材にした流れに整えられています。そして編集が加えられたにせよ、人間の植物への化身という要所は押さえられていますし、娘の埋められている場所も言い伝えられているので、この昔話は生きた伝承らしさを保っています。ただそれでも、生成する植物は嗜好品であり、もともとの神話の持つ切実さからは遠ざかっていると言えるでしょう。

次に、「人間による殺害」に加えて「人間の身体からの植物生成」という要素を外すと、いくつか視野に入ってきます。たとえば、奄美大島の俵では、「鯨」の中に稲種が入っていたと伝承されています。また、同じ奄美大島の押角《おしかく》の老漁師から採取された話もあります。

宇検村の屋鈍《やどん》部落と枝手久《えだてく》島との間の海底に、牛の横臥《おうが》しているような恰好をした大きな瀬がある。仲間内でここをネリヤと呼んでいる。この附近は雑魚のよく獲れるところで、むかし宇検村の名柄《ながら》部落の漁師がここで獲った雑魚の腹の中に稲種が入っていた。これは糯米の種で、蒔いて育てたところがかなりの収量をあげた。この稲種は魚の腹の中から出てきたので、イューゴロと称したと伝えられている。（伊藤幹治「奄美の神祭」）

「稲種」は十世紀以降に確認された穀物ですが、「鯨」と「魚」の腹に入っていたとされるのが特徴的です。

さらに、「人間による殺害」、「人間の身体からの植物生成」に加えて、「死体化生」という主題も外してしまうと、琉球弧では、鳥が運んできた、人間が盗んできたという説話の型があり、数も多いと報告されています（大林太良「南島稲作起源伝承」）。

その多くは「稲種」の起源を物語ったものなので、伝承としても新しいと見なせますが、殺害による死体化生の神話は実質的にはなく、「魚」の腹に入っていた、「鳥」が運んできた、人間が「盗んで」きたと語られているわけです。

こうしてみてくると、魚の腹に入っているにせよ、鳥が落とすにせよ、盗んでくるにせよ、それらはもたらされたとする傾向が共通しています。殺害によって人間を有用な植物に再生させるということと、有用な植物はもたらされることではまるで違います。前者には、それまでの自然との関係を改変し、自然に対する人間の優位性を打ち立てようとする思考が底にあり、それが自然の一部を人為的に増殖することとして実現されますが、後者では、人間は自然に対して優位性を持っているわけではなく、人間は自然からの贈与を受け取るという受動的な立場に身を置いています。

そしてこのことには腑に落ちるものがあります。ここはもう自分の身体性に問うしかないのですが、自然に手を加えることによる「自然の増殖」というより、「自然からの贈与の授受」を厚い層としているのが、琉球弧の野生の思考ではないかという気がするのです。それは石倉の言う「原カニバリズム」の段階では、母の身体の代わりに料理を食べるという三段目ではなく、母の乳房から栄養を取るという二段目に対応しています。

ハイヌウェレ・コンプレックスを引き受ける、つまり「食べる主体」を確立するには、三段目を通過する必要があります。もちろん島人は個人としては、そこを通過しているでしょう。けれど、有用植物の到来を示す伝承を見る限り、象徴的な「母殺し」は明確な姿を見せることはなく、母の乳のように、それはもたらされるという語られ方が支配的であるとするなら、琉球弧では、三段目を意識化するには至らず、二段目のままにあったのではないかと考えられます。そして、それは島人の素朴な感覚に照らしても、そうだと思わせる信憑性があります。

そうだとするなら、「ハイヌウェレ・コンプレックス」を横に参照しながら考えると、文字を持たなかった島人の野生の精神（心）が厚い層として持ったのは、「まれびとコンプレックス」とでも言うべきものではないでしょうか。そういう言葉がやってきます。

人見知りの基層

「まれびとコンプレックス」という言葉でわたしが想起しているのは、生後六カ月ほどで現われるという、あの、「人見知り」のことです。この世界にはお母さんではない人がいる、そう気づいた時にみせる赤ちゃんの反応です。

ヤポネシアの列島人は大なり小なり人見知りであるとすれば、南ヤポネシアの琉球弧の島人は、その大のほう、強度の人見知りと言っていいのかもしれません。島人は人慣れしていないから、ふだんはやり過ごしていますが、「人見知り」を、歴史的に形成された心性に対応させてみれば、どう見えてくるでしょう。

キャプテン・クックが十八世紀後半にニューカレドニアを訪れた時のこと。島人は彼らの踏査行にめったについてこないし、島人の小屋の前を通り過ぎて話しかけても答えないし、言葉をかけずに道を急いでも島人は彼らに関心を払わなかったと、キャプテン・クックに同行した博物学者は書きました。これを受けて、モーリス・レーナルトは、「人見知り」という言葉こそ使っていませんが、島人の反応についてこう解釈しています。

これはニューカレドニアの人々が、横着であったとか無関心であったとかいうことではまったくない。そうではなくて、これは何もない地平線の向こうから来た人間たちの信じられない訪問を受けて、すべからく慎重に出方を待とうとする態度なのである。この連中は果たして本当の人間なのだろうか。ニューカレドニア島民は、彼らが真正の人間ではないことを疑わなかった。見かけは人間でも、彼らはその人々にカモという名を与えるのを拒んだのである。（同前）

キャプテン・クックの一行に対する反応は、琉球弧の島人なら、アマンが殻に閉じこもって足で蓋をしているようなものだと、すぐに了解できますが、同行したヨーロッパ人の博物学者は不可解に思ったのでしょう。それはレーナルトが言うように、「慎重」に見えることになります。しかし、彼がそれに加えて、「この連中は果たして本当の人間なのだろうか」と島人の不安を代弁するとき、ああそういうことだったのかという驚きがやってきます。前にみたように、カモは人間を指すというより、生きた人間らしい雰囲気を持った存在を意味していましたが、島人は、地平線の向こうからやってきた見慣れない人々を見て、生きた人間（カモ）だとは思えなかったのです。

レーナルトはこんなエピソードも添えています。あるカナク人が、ずっと以前に姿を消してしまい、とっくに死んでしまったと思っていた親族を、別の島でたまたま見かけることがありました。わたしたちならそういう時、「生きていたんだね」と声をかけるでしょう。ところが、島人は「お前はカモ（生きた人）か、それとも神か」、そう問いかけたというのです。ここで「神」と訳されているのはバオのことですが、「お前はカモか、それともバオか」と問うのは、言い換えれば生きた人間なのか、それとも、死に移行した人間なのかと聞いているのです。

死は生からの移行だというとき、そこには不可逆な時間の流れとして移り行きだという意味を持ちます。しかし、目を凝らすとそこでは、生は死に浸透していて、たとえば老人は「あの世」を生きる人とみなされました。同じように、死も生に浸透するので、死者が「この世」に現われることもできました。「移行」の段階では、生と死は相互に浸透しあいます。だから、「お前はカモか、それともバオか」という問いが成り立つのであり、「この連中は果たして本当の人間なのだろうか」というレーナルトの代弁もそれを推し測ったものでした。

わたしたちがレーナルトの解釈を新しい発見のように感じるのは、人見知りとは単に人慣れしていないということだけではなく、それが、人間とカミの区別がつかない段階の反応の仕方に淵源を持つことに気づかされるからです。わたしたちは、琉球弧では生と死の「移行」の段階を厚い層として持っているのではないかと捉えてきましたから、ニューカレドニアの島人の反応や行動を、人見知りの基層にあるものとして見てよいのではないかと思えます。

キャプテン・クック一行のエピソードは一世紀半前の出来事です。ところが、今でもニューカレドニアの島人が、町の雑貨店で衣服を買うとき、「カラ・バオを買いにいく」を言います。この現地語は「神の皮」を意味しています。レーナルトは、クック船長の時代以来、西洋の衣服の名前がそのまま残っているのだとして、「すなわち島に上陸した最初の白人たちは、神化された故人、あるいは故郷に帰ってきた死者と混同され、カモではなく、バオだったのである」(同前)と書いています。

地平線の向こうからやってきた人を、カミ化した死者、あるいは故郷に帰ってきた死者と見なすということ。これもよく分かると言うべきです。それは次章で探究する来訪神を出現させるわたしたち島人の態度そのものに他なりません。

ここから推し測れば、どうやら「まれびとコンプレックス」の思考では、人物であれ文物であれ、外からやってくるもの、島の外で出会うものを過剰な存在として受け止めてしまう傾向があるようです。わたしたちがこれを課題として受け止めるなら、過剰性の衣をはぎとって等身大に受け止める視線を持つことが大切なのでしょう。それに歴史の推移は、外からやってくるものが神ばかりではないことも教えています。そして現在、日本政府はまさに神の反対物と化したように過剰な暴力で、過剰な基地を永続せんとする行為に及んでいます。島人には元来、苦手なことですが、これに抵抗する論理と行動を身につけていかなければならないのも確かなことです。

ただ、この時、見ている相手に対する過剰な受け止め方を排するひとつの視点として、国家とそのもとにいる市民社会の人々を区別する必要があると思えます。日本政府の横暴は、国家としての日本の行為ですが、それと、本土日本に住む人々を区別するということです。これを同一視してしまうと、政府の横暴さは日本人の横暴さとして映ることになりますが、実際には政府の行動に反対の人々もいれば無関心な人々もいて、そこには様々な差異が存在しています。国家と市民社会の人々を同一視してしまうと、その小さな、しかし大切な違いが見えなくなってしまうでしょう。その区別を設けることは、琉球弧が、現在、対しているものの存在を不要に過剰にしないための視点だと思えます。

付け加えれば、「まれびとコンプレックス」をわたしは克服すべきものだと見なしているわけではなく、深く自覚することが大切だと考えます。それに克服ということなら、島人はとっくにその手立てを講じて花を咲かせています。島唄や芸能をはじめとした多彩なエンターテナーを輩出しているのは、その証です。

珊瑚礁の発生

わたしたちは、殺害による死体化生型神話は希薄である一方、有用植物は到来するという伝承は顕著であることを手がかりに、水平線の向こうから訪れるものをカミ（神）と見なす心性として、「まれびとコンプレックス」を抽出しました。「人見知り」を顧みれば、それはいまも島人の身体性に深く根ざしていると思えます。

それなら、まれびとコンプレックスを培った母体は何だったのでしょうか。

ここで、再び考古学の知見を頼りにすると、希薄な原始的農耕の痕跡に対して顕著な痕跡に該当するのは、漁撈です。考古学者の黒住耐二は、出土する生物遺体のなかでも、貝類を中心とした魚類がイノシシなどの動物より卓越するとして、約五〇〇〇年前から「漁撈—採集社会」と呼べる段階になり、それが約一〇〇〇年前まで続いたと指摘しています（「サンゴ礁を利用し続けた沖縄の人々」）。

この四〇〇〇年間、継続した漁撈を支えたものは何か。ここまでくると専門家に尋ねなくても、わたしたちは思いつくことができます。そう、珊瑚礁です。琉球弧の島々を縁取り、島の海の色を鮮やかに揺らめかせ、瀕死の状態ではあっても今も身近にある、あの珊瑚礁です。

珊瑚礁はいくつもの条件が整わなければ形成されることはありません。冬の海水気温が十八度以上であること、光を透過するきれいな海域で水深数十メートルであること。そのような場所から、珊瑚はゆっくり、ゆっくりと海面を目指していくのです。数千年に及ぶその間、珊瑚の成長速度を上回って海面が上昇しても、その逆に発達する珊瑚より海面が下降してしまっても、珊瑚は育ちません。海面の標高も安定している必要があるのです。そうした条件が整って珊瑚が成長し続けると、いつか海面に到達する時が来ます。これが、陸と海の間に島を縁どる第二の境界線の原形です。

琉球弧で形成されたときは、急な海面上昇がありましたが、幸いそれは珊瑚の成長が追いつけるほどのものにとどまってくれました。どのくらいの時間をかけたでしょう。たとえば育ち始めた珊瑚が海面に到達するまでの期間は、石垣島の北東部では三〇〇〇年、石垣島と西表島の間に広がる石西礁では一九〇〇年かかっています。差はあるものの、とにかく一年にわずかミリ単位の長さで、人間の個々の生涯なんて吹き飛んでしまう時間をかけて海面を目指し、波間に顔を出すときを迎えるのです。

琉球弧の島々で、珊瑚がいつ海面に到達したのか、地理学の知見を列記してみましょう（菅浩伸「琉球列島のサンゴ礁形成過程」）。

喜界島北部	六五〇〇～五五〇〇年前
喜界島西部	四七〇〇年前
沖永良部島	五三〇〇年前
与論島	四〇〇〇年前
水納島	六〇〇〇年前
沖縄島南部	七七五〇年前
渡名喜島	六〇〇〇年前
久米島	五七〇〇年前

珊瑚礁（大島海峡）（撮影・柳澤大雅）

石垣島北東部　四八〇〇年前
石垣島北西岸　四八〇〇～四五〇〇年前
石西礁　　　　四一〇〇年前

珊瑚礁の成立するタイミングには個々の島で時間差があるというだけでなく、喜界島の例を見ても、ひとつの島でも場所によって別々に、そして徐々に形成されたことがうかがえます。ヤポネシア全体でみれば、きっとあちこちでぽつりぽつりと島の周りがエメラルド・グリーンに変わっていき、なかでも琉球弧周辺の海域がひときわ輝いていったことでしょう。

ただ、地理学者の菅浩伸によれば、多くの島々で珊瑚が海面に到達する時期は、約六〇〇〇～四〇〇〇年前のあいだに収まると言います。そしてこの間は、考古学者が指摘していた、琉球弧が漁撈社会化する時期に合致しています。

珊瑚の海面到達　六〇〇〇〜四〇〇〇年前

漁撈―採集社会の形成　五〇〇〇年前

この推移を裏づけるように、イノシシ、大型魚、ウミガメ等の脊椎動物の遺体も、それまでイノシシが主体だったものが、約六〇〇〇年前から魚類の比重が増え、五〇〇〇年前以降はイノシシの比重は小さくなって大部分は魚類が占めるようになり、それが一〇〇〇年前まで継続するのです（樋泉岳二「脊椎動物遺体からみた琉球列島の環境変化と文化変化」）。どうやら琉球弧はこの時期に、狩猟―採集社会から漁撈―採集社会へという大きな変化を経験しました。

けれど、珊瑚が海面に到達した、それだけがこの大変化を引き起こしたのではありません。珊瑚の成長には続きがあります。礁嶺と呼ばれる珊瑚の山の頂は海面に到達すると、今度は陸を背にして海の方へ向かって成長を始めます。この横への成長が島を縁取る境界を「線」から「道」へと変えていきます。わたしたちがリーフと呼んで大潮とときに歩くこともできる礁原は、この横への成長によって形成されます。そして礁原の発達が、海の内側に、あの礁池（イノー）を作り出すのです。

このような数千年の過程を経て、ようやく珊瑚礁は島人の前に出現しました。

母なる珊瑚礁

さらに、続きがあります。礁原は外海に対して防波堤の役割を果しますから、島の地形を安定させます。そして海岸付近には珊瑚や貝の死骸から白い砂ができ、海岸を埋めてその表情を変えることになります。これは、内陸に生活していた島人が、浜辺に降りてイノーを探索するのを容易にしたでしょう。この時、人間に優しい環境として用意された珊瑚礁に対して、人間にも変化が起きなければなりません。

狩猟採集民だった島人は、長い世代の循環を通じて、島の周辺の海域の色合いが濃い青から次第に緑がかり、浅い海域ができてゆくのを眺めていたでしょう。砂浜ができてイノーを探索して、魚貝が美味しいことを知り、そこでの収穫がイノシシ猟よりも安定的だと気づくというように、生業を変化させるのにも時間が必要だったはずです。

ところで、このときもうひとつの大きな変化が起きています。考古学の教えるところによれば、「漁撈―採集社会」が形成された約五〇〇〇年前は、島人の生活が「遊動」から「定着」へと変化した約四五〇〇年前と、時期的に近しいのです。驚くことに、狩猟から漁撈への生業の変化は、遊動から定着への移行を促したようにみえます。わたしたちはばくぜんと農耕と定着を結びつけて考えていますが、そうではなく、琉球弧では、「漁撈」と「定着」の結びつきが強く現われて

マガキガイ
（さざなみ /PIXTA）

ナンヨウブダイ
（shinji/PIXTA）

いるのです。

定着は生業の変化だけではなく、死者の出現によってキャンプ地を去ることから家を去らないことまでの難事業を経ていることは前に見てきましたが、それは漁労への変化と重なっていると予想することができます。漁撈は、あの死者をめぐる難事業に取り組ませるほど魅力的だったのかもしれません。初期には、珊瑚礁のある海域はまだ島のなかで限定的だったので、その近くから定着は始まったのかもしれません。珊瑚礁での魚の動きを観察していくうちに、浜辺から半円状に石垣を組んで、干潮時に逃げられないようにする「垣」と呼ばれる原始的な漁法も編み出したことでしょう。垣を組むということは、場所を特定しますから、それによっても定着は促進されたのかもしれません。このように、珊瑚礁の形成は、生業の変化と、遊動から定着へという生活空間の変化も伴う大変化をもたらしたのです。

当時の島人が食べていたものをかいつまんで並べてみると、イタジイなどの堅果類やイノシシという山の幸、ティラジャー（トゥビンニャ）と琉球語で呼ばれるマガキガイや、動きもゆっくりで割と簡単に獲れるイラブチャー（琉球語）、ことナンヨウブダイなどを始めとした海の幸を挙げることができます。ここにやがて原始農耕の産物であるイモ類がリストアップされるかもしれません。

考古学者の伊藤慎二は、北琉球弧の貝塚人は、従来イメージする狩猟採集民と農耕民のどちらの枠組みには収まらないと指摘していますが（「先史琉球社会の段階的展開とその要因」）、たしかに食糧の中身をみるだけでも、狩猟採集民や農耕民というイメージに押し込めることはできそうにありません。わたしたちが、「漁撈―採集社会」というときも、狩猟や農耕を部分的に含めて多角的にイメージする必要があるのでしょう。そういえば今の島人も、農業をやっているかと思えば、島のガイドもするし、そうかと思えば、簡単な大工仕事ならやってのけるというように、職業の型にはめようとすると、何者なのか、分からない人がたくさんいます。当時の島人が、漁撈と採集だけに依存しなかったように、島人は根っからの器用人《ブリコルール》なのです。というより、文字がなかった頃の島人の器用人《ブリコルール》気質はいまも引き継がれているのでしょう。

ただここで、多様な生業のなかでも、定着の核になる要素を取り出すとすれば、やはり「海の畑」と呼ばれる珊瑚礁の存在の大きさを認めないわけにいきません。黒住耐二は、約七〇〇〇年前以降、珊瑚礁に生息する貝類の絶滅種は極めてわずかで、ほぼ変化していないと指摘しています（「貝類遺体からみた沖縄諸島の環境変化と文化変化」）。人間の植民によって動物が絶滅することは頻繁にみられることなので、このことも驚くべきことでしょう。琉球弧の珊瑚礁は、それだけ豊かな食の糧を、島人に提供し続けてきたのです。たしかに、マガキガイといいナンヨウブダイといい、今のわたしたちも馴染みの深い海産物たちです。

こうしてみてくると、琉球弧の自然は、新しい自然である珊瑚礁によって増殖したのです。認知考古学は、約二万年前から起こった気候変動による温暖化が、本土ヤポネシアでは、植物資源へ人間の目を向けさせ、定住期に入ったことを教えていますが（松木武彦『列島創世記』）、南ヤポネシアの琉球弧では、それは珊瑚礁の発生という画期として立ち現われたのでした。

島人は、約六〇〇〇年前には、実用に用いる以外に、貝輪や貝匙、貝玉を作り始めています。約三五〇〇年前にはもっと盛んになり、漁網錘やスイジガイで道具を作ったり、ホラガイを煮沸具に使ったりしていました。獣の形をした貝製品が現われるのもこの頃です。やがて、貝輪や貝匙は、大和のヤポネシアの人々の目にとまり、約二五〇〇年前には、あの貝交易がはじまるとされています。きっと自然からの贈与を受け取ってきた島人は、大和の人々に対しても、貝製品を贈与することから始めたことでしょう。トロブリアンドのクラ交易のような、贈与を核にした物々交換や商品交換の実態が、まだ琉球弧では浮かび上がっていませんが、少なくともその初期には、贈与が核になっていただろうことをわたしたちは予期できるのではないでしょうか。

ここまできて、わたしたちは約五〇〇〇年前から始まり約一〇〇〇年前まで継続した漁撈―採集社会を支えた珊瑚礁こそは、「まれびとコンプレックス」の母体となったものだと言うことができます。これは自然が、個人の成長史でいえば、乳児に母乳を贈与し続ける存在であったことに対応しています。まさに母なる珊瑚礁だったのです。

珊瑚礁の思考

遊動生活から定着生活に入り、死者と共存するようになると、島人は、死は生からの移行であるという時間認識を得ていきました。そして生者と死者の空間を区別したとき、その境界に、洞窟が選ばれました。死者は洞窟を通って「あの世」へ行くと考えられるようになります。そのとき、地先の島や山や地下は最初の「あの世」の場所として考えられたでしょう。珊瑚礁が「定着」を促したことを踏まえれば、これらの思考の推移も珊瑚礁とともにある生活のもとで生み出されたものです。それからどれくらい経ってからか、生者と死者を分離することが考えられるようになると、地先の島である「あの世」は、海のはるか彼方に遠ざかっていきます。

そしてこのとき、「あの世」との境界のモチーフは拡張されたのではないでしょうか。海の彼方が「あの世」であるなら、その境界は、「洞窟」であると同時に、もうひとつイメージできることになります。それが「珊瑚礁」に他なりません。珊瑚礁は、島と海の彼方のニライカナイとの間にありますから、境界と呼ぶにふさわしい位置にあると言えるでしょう。

しかし、珊瑚礁は、単にもうひとつの境界になったというだけに留まりません。

興味深いことに、海には干満のリズムがあるので、珊瑚礁は時間によってその表情を変化させます。干潮のときは、リーフが浮かび上がり、島はひと回り大きな輪郭線で囲われます。大潮ともなれば、島は「海の畑」の分だけ大きくなります。干潮から満潮にかけての間は、礁池《イノー》は海に浸されますが、浅瀬が続くので人の活動を妨げることはなく、外海とは明らかに区別されていま す。ところが満潮になると、珊瑚礁は海に覆われて、島は直接、海に対することになります。このように、「珊瑚礁」はときに島であり、ときに海であることによって、「島」である顔も「海」である顔も、両方合わせ待つ不思議な存在です。

ところで、この珊瑚礁の表情の変化は、島人の境界認識を揺さぶらずにおかなかったでしょう。島人には、海の彼方をニライカナイというだけではなく、珊瑚礁の外の海や海底を「あの世」と捉える感覚もあるので、潮が満ちてくるのは、「あの世」が押し寄せてくるように感じられるでしょう。そのうえ満潮になると、珊瑚礁は見えなくなり外の海と一体化してしまいます。このとき、珊瑚礁が拡張された境界だとするなら、珊瑚礁が見えなくなることは、境界が塞がることとして見立てられたのではないでしょうか。そして潮が引くと、「あの世」が遠ざかるみたいに、礁池《イノー》は人の生きた活動を許容して海の幸をもたらしてくれます。けれどそこは、外の海にも通じています。それはつまり、満潮のときに閉じられた「この世」と「あの世」の境界が、引き潮とともに再び開かれるように見えることになります。このとき、きっとリーフの珊瑚の割れ目であるクチがその出入口として見立てられるでしょう。

これはいったい、どういうことでしょうか。

生と死の分離により、ニライカナイが海の彼方に遠ざかったことで、島人は、珊瑚礁も境界であるという見立てを引き寄せました。そしてそれだけではなく、島人は、珊瑚礁が時間によって表情を変えるということを、境界が開くことと塞がることとして捉えたのではないでしょうか。そこでは、満潮のとき、「この世」と「あの世」の境界は塞がれるけれど、それ以外は開かれていると見なされるでしょう。つまり、境界が塞がるというあの、生と死の分離は、満潮という時間に集約されることになります。

わたしたちは、琉球弧でも生と死の分離を経ていることを見てきました。しかし同時に、「分離」されているにもかかわらず、生と死の「移行」の段階の感覚も色濃く残っている、そう捉えてきました。そしてそれを「移行」の段階の層を厚く持っていることとして考えてきましたが、どうもそれだけではないようです。他界が海の彼方に遠ざかるということは、洞窟が塞がれ、生と死が「分離」する事態が引き起こした出来事に他なりませんが、それでも、境界としての珊瑚礁は、「分離」を決定的にせずに「分離」を「移行」との時間の劇のなかに置き換えたのではないでしょうか。つぶさに見れば、むしろ満潮の時にしか珊瑚礁は塞がれずに、むしろ、「この世」と「あの世」は行き来できるという「移行」の段階のあり方が常態になるのです。

そして、「この世」と「あの世」の境界が開かれているとき、満ち潮に乗って、豊穣の印である魚たちがやってくるように、ニライカナイは死者の住む他界であると同時に、生命の根源である他界や異界でもあるというイメージは、珊瑚礁と海とのかかわりのなかでは自然に結びつくようになっています。こうしてみると、ニライカナイが、生と死の分離を完全には表現しないのも珊瑚礁があるからなのでしょう。

珊瑚礁こそは、島人を定着させました。そしてそれだけでなく、「まれびとコンプレックス」を形成するとともに、生と死は移行であり、「この世」と「あの世」は行き来できるという感覚を、生と死が分離の段階に入って以降も存続させることになりました。そこでは、生と死は分離し、境界は塞がれるけれど、また開かれるという特異な思考が生み出されました。この「珊瑚礁の思考」ともいうべきものが、文字を持たなかった島人からわたしたちへの最大の贈り物なのではないでしょうか。

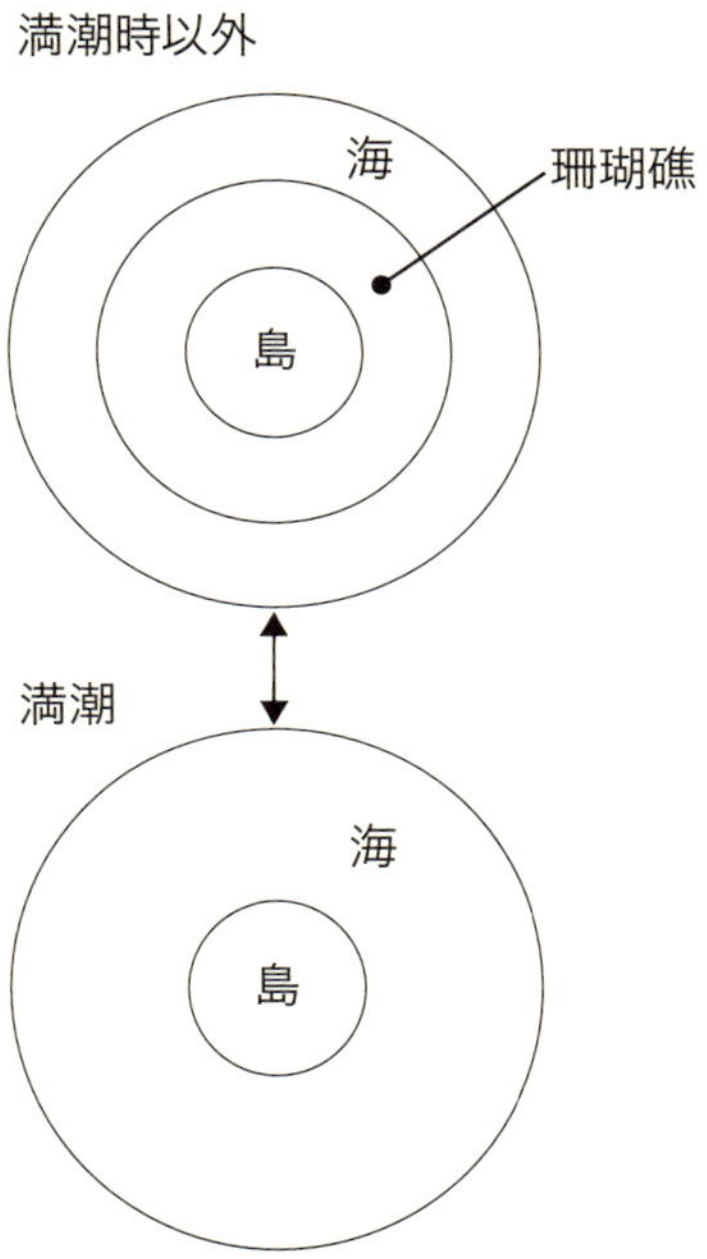

珊瑚礁の思考

9　仮面がつなぐ——来訪神

希薄な死

生と死が分離の段階に入って以降、島人の思考は、珊瑚礁自体を「この世」と「あの世」の境界とみなすことで、生と死の分離を固定的なものではなく、分離の瞬間を持つ時間のリズムのなかに置き換えました。それとともに、分離以前に遡行するように、生と死がふたたびつながるという瞬間を、儀礼のなかに表現してきました。それが、折口信夫が、「まれびと」と呼んだ、時を定めて訪れ来る来訪神です。

来訪神がやってくるとき、日常とは違う時間が流れます。そのさまは、珊瑚礁のように日常的とは言えず、現在では行なわれている島も限られています。そこで、長くなりますが、人類学者の報告を頼りに、新城島《あらぐすく》のアカマタ・クロマタ祭儀の模様を垣間見てみましょう。

祭儀は、八月五日夜の司たちの女神役がビタケ御嶽《ワー》の拝所でおこもりをするときから始まる。六日はオンプールーとよばれ、一年の豊作感謝をことほぐ日であって、夜には御嶽の境内でしし舞いが行なわれる。これがおわると、部落の家々は全戸が雨戸を厳重に閉ざして忌みごもりに入る。家の外に出ることも、部落内の道を往来することも、すべてがアカマタ・クロマタ祭儀団体（＝男子結社）の厳格な統制のもとにおかれる。というのは、この晩にビタケ御嶽の内部にあるナビンドーとよばれる霊地でアカマタ・クロマタが誕生するからである。したがって、団体の成員である男子は全員が御嶽の境内に参集し、一晩中寝ないでアカマタ・クロマタの生誕の秘事を護《まも》るのである。境内の周辺は若者たちによって厳重に警戒線がしかれ、何人もこれを突破して秘事を窺《うかが》いみることができなくされている。境内の一隅に草を編んでつくられた小屋があり、男たちはここで寝泊まりする。御嶽のなかからは一晩中ゆるやかな調子で太鼓の音がきこえ、忌みこもっている村人たちに今宵こそはアカマタ・クロマタの生れる日であることを告知するかのようである。

七日はムラプールーとよばれ、きたるべき年の予祝をする日にあたる。村人たちは一年に一度だけ出現するアカマタ・クロマタを迎えるための準備をする。女神役たちはパナグミと呼ばれる海の幸・山の幸を盛った献立をつくるのに忙しく、男の一部はアカマタ・クロマタの伴をするシンカとよばれる一団の先頭に立てるノボリを作る。これには太陽と月を染め抜いた旗がとりつけられている。午後四時頃になると、村人一同老いも若きも、子供たちすべてが御嶽の境内にあるナハおがんに集まってくる。おがんのなかでは女神役すべてがパナグミをもって集まり、神宴をくりひろげる。やがて夕刻太陽が沈みはじめる頃にアカマタ・クロマタの子供の方が出現する。全身葡萄の葉で覆われ、両手に細い鞭をもっている。これに触れると一年以内に必らず死亡するというので、アカマタ・クロマタがあばれだすと、群集は必死に逃げまどうのである。親のアカマタ・クロマタは夕刻も遅くなってから出現し、四神を中心にシンカが囲集し、さらに一般民衆も加わって豊祝の踊りを行なって御嶽における予祝祭を終える。夜はアカマタ・クロマタが一晩中部落内の各戸を、まずトゥネムトの家から司→カマンガ→バクスの家へと来訪し、さらにアカマタ・クロマタ祭儀団体における先輩・後輩の世代序列にしたがってつぎつぎと訪れていく。やがて一番鶏がトキを告げると、部落はずれの霊地ナビンドーへ通じる神道に村人一同が参集し、わらでたき火をして神送りの行事を行なう。このときにはアカマタ・クロマタが闇のなかから幾度となく姿を現わして別れの耐え難さを村人に告げ、村人もまた別れの歌を切なく、声をかぎりに歌いつづける。老人たちが万感胸に迫って思わず落涙するのも、このときである。この七日から八日朝にかけての行事はきわめてドラマチックで演出効果もすばらしく、そこには長年月にわたる文化的な発展の行程が深い影を落としているといえよう。

（住谷一彦『南西諸島の神観念』）

いかがでしょう。軒先から臭いを嗅いだだけでも、日常とは違う時間の流れと、ただならぬ気

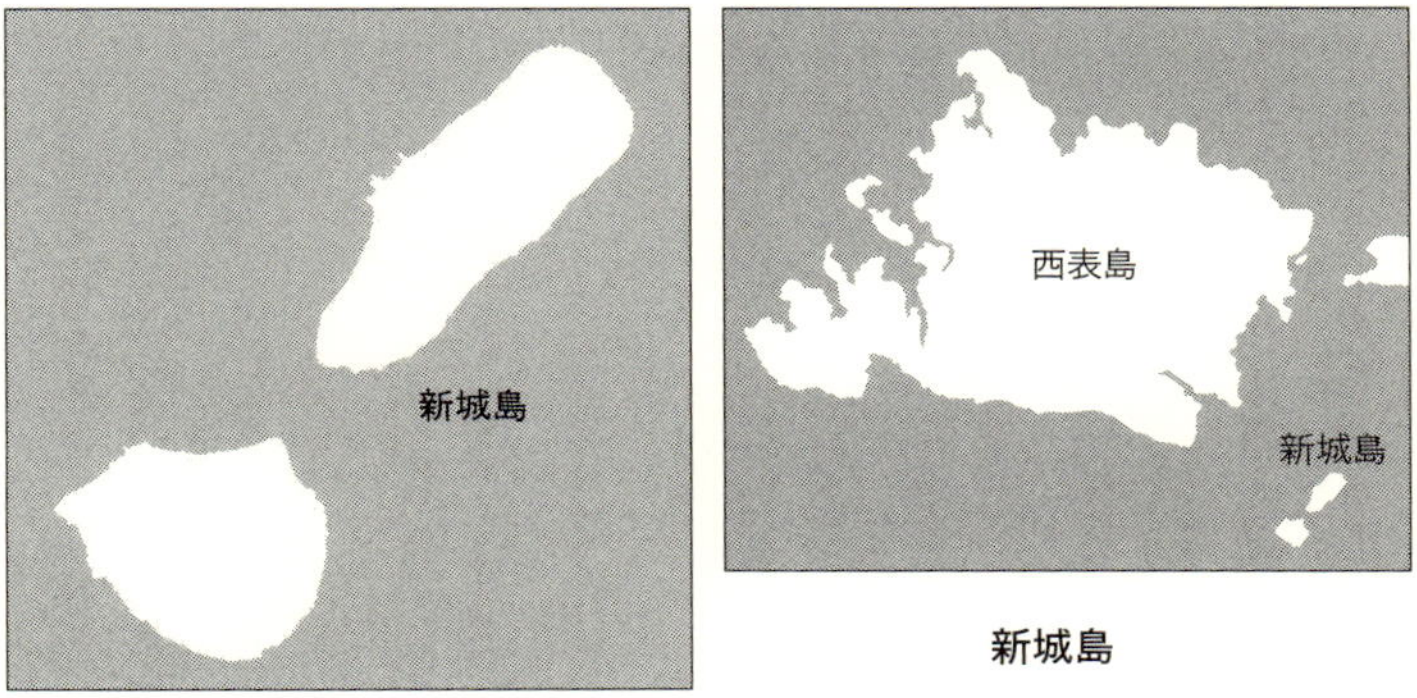

新城島

配が集落《シマ》を覆っているのが分かります。その前夜、男子結社員たちは夜通しアカマタ・クロマタ誕生の秘儀を行います。島人たちは外出を禁じられ、屋内にこもらなければなりません。翌日の夕方、いよいよアカマタ・クロマタがナビンドーから出現します。「この世」にやってきた神々は島人と一体になって踊った後、家々を巡って、明け方、鶏の鳴き声を合図に、別れを惜しみつつ消えてゆくのです。

老人たちが涙するというだけでなく、アカマタ・クロマタの祭儀がいまでも撮影禁止であることからも、この祭儀が島人のものであり大事にされているのが伝わってきます。

ここでアカマタ・クロマタ自体から少し目をそらしてみると、来訪神の誕生を夜通し準備している男子結社の存在が目に入ります。常の宗教儀礼が女性たちを中心に行なわれるのに対して、アカマタ・クロマタの祭儀は、男子結社員が中心になって動かしています。そこには、アカマタ・クロマタの誕生の秘儀を行ない、周囲を警戒し、また島人が外出しないように見張っている様子からも緊張感のある空気が漂っているのが分かりますが、実はもう少し内側の舞台裏に入っていくと、もうひとつ重要なことが進行しています。それは、男子結社への加入儀礼です。

男子結社は年齢階梯的な組織で、そこでは村のなかでの地位は白紙になり、日常の人間関係は再編されます。男子は十四、五歳になると入団しますが、誰でも加入できるわけでありません。村の出身者でなければならず、品行方正であることも求められます。また、加入の過程では、厳しい通過儀礼を受けなければなりません。その全貌は分かりませんが、たとえば西表島古見《こみ》の場合、太陽が照りつけるなか、長時間正座をし、歌と太鼓に合わせて両手を大きく開いたり合わせたりする動作を繰り返しますが、少しでも姿勢が崩れると、棒でぶたれたり水を浴びせられたりします。そして、意中の女性を告白しなければならないと報告されています（宮良高弘「八重山群島におけるいわゆる秘密結社について」）。長老からの査問を受け、認められた者は、祭儀の準備に早速取りかかりますが、同時に、アカマタ・クロマタの秘密を一切、口外しないことも約束させられます。

アカマタ・クロマタの祭儀では日常とは異なる時間が流れると書きましたが、それは入団者に対する加入儀礼にも貫徹しているのです。

実はここに見られる「加入儀礼」は、多くの部族社会に見られた「成人儀礼」と同じ意味を持っています。

少年は、成人儀礼で母や女たちから引き離され、痛めつけられ、しばしば怪物に飲み込まれるという形を取った象徴的な死を経て、大人へと再生しなければなりません。その過程で、名を変えたり、村落へ帰っても別人のように振る舞ったりしますし、また母親や親類も知らない人に接するような態度を取ります。この儀礼が数カ月続く場合も、何年も続く場合もあり、こうした試練のなかで、少年は象徴的な死を通じて生まれ変わるというのが成人儀礼の本質に当たります。

ところがここで気になるのは、その本質に照らすと、アカマタ・クロマタ祭儀を行なう男子結社の加入儀礼では、なんというか、死への接近が厳しくないことです。時代とともに省略された儀礼もあるでしょう。しかしそれを認めても、それでもあまりそこに重心がかけられていない印象がやってきます。死に接近し、象徴的な死を通じて再生を遂げる側面が「弱い」という特徴が、ここにはあります。

比べるようにいえば、象徴的な死を経るよりは、来訪神を現出させることのほうへ比重がかけられているように見えます。このことは、「生と死の分離」が弱められていることや、死が、霊魂の離脱としてだけではなく、霊力の転移としても捉えられていることとも、どこかで響きあっているように感じられます。

この共鳴を手がかりにすると、加入儀礼の象徴的な死が「弱い」ということは、少年が大人になるための死が象徴化されきっていないということ、言い換えれば、ここに世代をまたぐ再生の思考が伏流していることを意味していると思われます。そしてそれが、「あの世」から「この世」へと霊力を転移させ、来訪神を現出させることに顔を出しているのです。

異なると思えることは、もうひとつあります。それは同性愛です。

男子結社は太平洋のメラネシアでも広く見られますが、そこに訪れたヨーロッパの人類学者たちを驚かせたのは、男子結社のなかで、儀礼的な同性愛が発達していることでした。成人儀礼では少年たちは母親や女性たちから引き離され、新しく生まれ変わることを求められますが、その際、上位年齢の男性との同性愛が用意され、男性同士の結束も高められるように組まれているのです。ところが男子結社の存在が認められるのに、儀礼的な同性愛が希薄なのも、琉球弧から受けるもうひとつの印象です。

希薄な同性愛

この同性愛という側面は、たまたまメラネシアに見られるということではありません。森山公夫によれば、同性愛感情と異性愛感情は、人類史から見ると、兄弟姉妹婚の禁止を契機にして育まれたものだと言うのです。ここでも驚かないわけにいきませんが、兄弟姉妹婚の禁止は、婚姻の対象を家族や氏族の外に向かわせるということからは、それが異性愛を育むことになるのは想像がつきます。しかし、それは同時に、異性愛感情と同性愛感情が分岐、発展する契機になったのだと森山は言います。男女別の秘密結社の存在はそのことを物語っている、と。

この男女別の秘密結社が存在する社会的な意味は、これが男女別の資質の練磨（例えば男性では狩猟や競争・闘いの修練）の場であると共に、それを通してフロイトの云うような「同性愛性の熟成」を通しての「社会感情の醸成」にあったと考えることができる。

（「トーテミズムと人類文化の発祥」）

これはとてもはっとさせられる指摘ではないでしょうか。兄弟姉妹婚の禁止は、兄弟姉妹外という他人との異性愛を育むともに、同性同士の集団を通じて同性愛を育みます。ここで重要なのは、同性愛感情が「社会感情」を育むことにあるのでしょう。

このことは、人類史を個人の成長史としてみると、少し穏やかに理解することができるかもしれません。森山は、男子結社を個人の成長史としてみれば、ギャング・エイジに対応すると指摘しています。八、九歳から十三、四歳にかけて、遊びを中心に形成される同性だけの集団といえば、思い出すことはたくさんあるでしょう。きわめて内閉性が高く排他的ですが、親友が生まれるのもその場からでした。西表島古見の加入儀礼で求められる意中の女性の告白などは、まさにお互いの秘密を共有しあうギャング・エイジ特有の行動特性そのものです。振り返ってみれば、弱められた同性愛は、誰もが辿ってきた道なのです。

わたしは、歴史を大またぎに、しかし内在的に辿る興奮を覚えながら、森山の指摘に納得させられます。こうしてみれば、儀礼的な同性愛は、人類的な普遍性を持つのですから、メラネシアばかりではないはずだと予想できますが、そうその通り、琉球弧には痕跡の見い出せない同性愛は、琉球弧を北上した薩摩に出現するのです。中沢新一は書いています。

兵児《へこ》組織の中心は、年頃の青少年でつくられた兵児二才である。彼らは、共同の宿舎で寝泊まりした。そこでは、きびしい規律にしたがって、日常生活の中での自己鍛錬が、おこなわれた。いったんこの集団の内部に入ってしまえば、年齢による序列がもっとも重要な組織原理となるので、家の財産とか階級などのような、外の世界で大きな意味をもつ社会的価値による人間の位置づけは、徹底して否定された。兵児組織の中では、年齢原理だけを残して、あとは徹底した平等主義がとられていたが、これは、メラネシアや台湾や八重山群島の男子結社のケースと、まったく同じなのである。それぞれが、まったく対等の立場の個人として、集団の中で、自分の責任で自己鍛錬をおこなった。その鍛錬は文武にわたった。おたがいの間に、友愛の感情が芽生えた。それが、同性愛的なかたまりに達してしまう場合も、めずらしくはなかった。兵児は、いわば南日本の同性愛的文化の温床だったのだ。(『森のバロック』)

薩摩では出現する同性愛は、男性間の強い結束を生み出し、明治維新を推進する原動力となったのでした。兵児二才《へこにせ》は「女ぎらい」でなければならないとされましたが、ここからみれば、薩摩にみられる「男尊女卑」の思考の由来がよく了解されてきます。

南九州とメラネシアのあいだに琉球弧をおいてみれば、琉球弧の儀礼的な同性愛は、希薄だったのか衰微していったと考えられます。このことも加入儀礼での象徴的な死への接近が弱いこととかかわりがあるはずですが、もうひとつ外在的な理由をあげれば、琉球弧には、「軍隊」に象徴されるような、男性同士の結束を高める必然性がなかったからかもしれません。

再生の変形

ところで中沢新一は、来訪神は、「分離」された生と死をつなぎ直すのだと捉えています。現在は、もちろん生と死が「分離」されて以降の世界です。「分離」どころか、「断絶」であり、死後は存在しないという考え方も自然になっています。ところが、来訪神はそこで、「分離」された生と死をつなぎ直すのです。それができる存在であるために供えている条件を、中沢はこう表現しています。

それは死と生命を一つにつなぎ、身体の「内部」と「外部」を一つにつなごうとします。そういう力を持った物質としては、母乳、涙、血、精液、唾液、排泄物などをあげることができるでしょう。（『神の発明』）

アカマタ・クロマタは「全身葡萄の葉で覆われ」ていると報告されていましたが、中沢は、「人間の住んでいる領域と外の世界との境界に生えているのは植物ですから、それを身にまとう」のも同じ意味を持つと書いています。また、こうしたものは、輪郭をはっきりさせるというより、その逆の性質を持つので、「グロテスクの美に近親性を持つことになる」とも指摘しています。

ここで、生と死をつなぎ直すものとして、植物の他に、「母乳、涙、血、精液、唾液、排泄物」が挙げられていることに目が止まります。それは、わたしたちが霊力そのものと見なしてきたものに他なりません。やはり、来訪神の誕生には霊力思考が深くかかわっているのです。

中沢は続けます。

「来訪神」という存在が、低次の対称性を持つと言われることの、深い意味はそういうことなのです。それは(中略)、失われた対称性の一部分を回復しようと試みて、「あの世」と「この世」を一つにつなぎ、裏と表、内部と外部の区別のできた世界をトポロジーの奇術で裏返しにし、前方にだけ進んでいく時間の矢を止めて、あたりをドリームタイムの薄明に変えてしまうとするのです。(同前)

わたしたちは、野生の心を理解するのに、自己と世界が区別されず、時間も空間も現在使うような意味では発生していなくて、そして無意識とともに世界を知覚するという補助線を引いてきました。実感の伴わないところは少し目をつぶって、分かったふりもして通り過ぎてきましたが、ふたたび、この補助線を活かすことができそうです。そうすれば、来訪神は分離してしまった生と死について、それ以前には通じていたドリームタイムの場を出現させようとしていると受け取ることができます。中沢は、スピリットたちが変幻自在に変態を起こしている場を、「高次の対称性」が実現されていると書いていたことを思い出しましょう。彼が、来訪神は低次だけれど対称性を持つと書いたのは、「ドリームタイムの薄明」、つまり、生き生きとは感じられなくなったドリームタイムの場を垣間見せるということを言うのでしょう。わたしたちはここまで来ると、島人がアカマタ・クロマタの来訪を心待ちにし、別れの場面では涙するのが、頷けてきます。

そして来訪神が、垣間見せようとしているのが、ドリームタイムの時空の場であるとするなら、来訪神の持つ性格について言えることがあります。報告文のなかで、アカマタ・クロマタが出現するとされていた「ナビンドーという霊地」とは、実は「洞穴」のことです。そう、ナビンドーとは生者と死者の空間が区別されたときに、その境界に置かれた洞窟に当たります。そこから、アカマタ・クロマタは現われます。つまり、ナビンドーの向こうが死者たちの住む「あの世」であるという意味では、「あの世」から訪れるアカマタ・クロマタは、「死者」を意味します。

けれども、ナビンドーの向こう側という意味が、「移行」の段階を遡って、ドリームタイムの場に届くのであるなら、単に死者たちの世界というだけでなく、生者が死によって「アマン―人、人―アマン」というトーテムに還る場でもあります。それはつまり、「まだ生まれていない者」たちの場でもあることを意味するでしょう。このことは、ニライカナイが「あの世」という他界の意味だけではなく、生命の根源である異界という二重性を持っていることに重なります。

そうであるなら、来訪神に宿っている霊力思考の働きについて言えることが出てきます。来訪神とは、再生原理の弱められた変形です。再生が原理として生き生きとしているところでは、ドリームタイムの場とはまだ連絡がついていますから、来訪神が出現する必然性がありません。再生が原理ではなくなったところでは、断念された再生の代わりにドリームタイムの場を受肉した「まれびと」が出現するのです。

生と死が分離し他界が遠隔化されれば、死者たちは容易に生者の空間へ訪れることができなくなります。境界は塞がれてしまったのですから。そこで、塞がれた洞窟の蓋を取り払うように、時を定めて、死者が受肉を果たしてやってきます。しかし、それが再生の変形であるなら、やってくるのは「死者」というだけではなく、トーテムとしての祖先やこれから生まれてくる者の像を宿すことになるでしょう。そしてそれが宿されているということが、アカマタ・クロマタが蛇としてイメージされていることや、加入儀礼での死への接近が「弱い」ことに示されているのではないでしょうか。

来訪神の深度

記録された来訪神は、稲や粟《あわ》の農耕祭儀の際に、時を定めて訪れ来る神々です。その意味では、アカマタ・クロマタも農耕祭儀のなかの存在に留まります。しかし、そこで思考されているものは、トーテミズムに届く時間の深度を持っていました。

その時間の深度を探ろうとすれば、それきっと、中沢のいう植物や「母乳、涙、血、精液、唾液、排泄物など」の物質やグロテスクの美との近親性で測ることができるでしょう。また、折口信夫は、お盆などに帰ってくる祖霊と来訪神との違いについて次のように書いています。

恐らく山と田とを循環する祖霊と、遥かな他界から週期的に来る――特に子孫の村落と言うことでなく――訪客なる他界の生類との間に、非常な相違があり、その違い方が、既に人間的になっているか、それ以前の姿であるかを比べて考えると、どちらが古く、又どちらが前日本的、あるいは更に前古代的かと言うことの判断がつくことと思う。

（「民族史観における他界観念」）

その姿が人間的であるか、それ以前の姿であるかという尺度は、来訪神がその思考のうちに遡行する時間の深度の尺度としても生かすことができると思えます。

アカマタ・クロマタの黒、赤、白の仮面は怪異で、夜光貝をあしらった目は輝くといいます。「全身葡萄の葉で覆われ」た姿は怪物と呼ぶにふさわしいかもしれません。わたしもおぼろげな写真でしか見たことはないので、確かなことは言えませんが、来訪神が「身をふるわすと、微妙に全身揺れ動いて、彷彿としてきたりうける霊のいますかと錯覚されるから妙だ」（湧上元雄『沖縄民俗文化論』）という民俗学者の報告もあります。蛇のような登場の仕方といい、相貌や振る舞いといい、アカマタ・クロマタは「他界の生類」と呼ぶにふさわしいのでしょう。

この意味では、琉球弧を北に進んだトカラ列島悪石島のボジェは、赤土の赤と墨の黒のコントラストが鮮明で、その突きでた目、鼻、そして羽を持つ上半身とビロー葉で覆った下半身のいでたちは、巨大な昆虫のようにも樹木と植物の怪物のようにも見えて、「他界の生類」の表象性が豊かです。

波照間島のフサマラーも全身を植物で覆っていますが、仮面を含めた相貌が定かには掴めないので、時間の深度にはなかなか言及できません。しかし、その名フサマラーは「草から生まれし

悪石島

ボジェ（撮影・石川直樹）

者」という意味であり、またアカマタ・クロマタは別称をフサマラーと呼ばれることもあり、その名はまさに植物と人間の融合を感じさせます。

宮古島のパーントゥは、やや吊り上った目でウルトラマンのようでもあり、人間化が進んでいます。しかし、パーントゥは地下から出現するとされ、ンマリガー（産まれ井戸）の泥を全身に塗って登場するところ、中沢のいう、生と死をつなぎ直すものの条件をしっかり身に帯びていると言えます。

石垣島川平《かぴら》のマユンガナシ

パーントゥ（撮影・石川直樹）

アンガマ（撮影・仲程長治）

は、折口信夫がまれびとの典型のように挙げた「蓑笠姿」そのものに近いように見え、農耕とのつながりを連想させます。人類学者の比嘉政夫は、マユンガナシの呪言には、作物の植え付けの時期などの農耕技術が含まれ、「八重山石垣島の北の端から順に島の南西の端に近い川平に至る地名の列挙にはじまり、中間に農耕の技術の指示があり、牛馬の繁殖、人間の幸福、貢納の完了を予祝して完結しているようである」（『沖縄民俗学の方法』）と書いています。民俗学者の福寛美はこれを受けて、「マユンガナシ信仰の背後には、実際の農耕文化の伝播を担った実在の人間達が存在していたことを思わせる」（『沖縄と本土の信仰に見られる他界観の重層性』）と指摘していますが、その通りなのでしょう。ニューカレドニアの島人が、故人だけではなく、見慣れない人もバオ（カミ）と呼んでいたことを思い出しましょう。まれびとコンプレックスの目には、水平線の向こうから新しい技術を持って到来した人も神だったのです。

折口信夫も実見した石垣島のアンガマは、能面を彷彿とさせる翁、媼といった老人の仮面で現われ、人間化が進んでいます。アンガマは来訪の際、他界での生活について、生者たちとユーモラスで当意即妙なやりとりを交わすことで知られていますが、ここでは来訪神は、「他界の生類」ではなく、「他界の祖霊」という側面を強めているのが分かります。

わたしたちは、来訪神がどんな祭儀のなかに登場するのかということとは別に、その姿態や動きや言葉のなかに、「海彼《かいひ》からの来訪者」、そして「他界の祖霊」から「他界の生類」へと遡行する思考の深度を測ることができるのではないでしょうか。

仮面は遡行する

来訪神が農耕祭儀以前にさかのぼることができるのか、定かに言うことはできません。「時を定めて」という様式はおそらく農耕祭儀のなかで出現したものなのでしょう。けれど、そこに体現された思考は、農耕よりはるか以前にさかのぼれることを、わたしたちは見てきました。どうして、農耕という新しい装いのなかに、古い思考を宿すことができたのでしょうか。

その答えは祭儀の過程そのものの中には見つからないようです。むしろ、アカマタ・クロマタから、時を定めて訪れ来るという来訪神の性格をはぎ取って、仮面仮装の姿態そのものとして捉えると、明らかになることがあります。仮面仮装人は、はじめから来訪神だったのではなく、来訪神以前の姿を持っていました。

女性が殺害されることにわたしたちが衝撃を受けたマリンド・アニム族の祭儀は、男子結社によって行なわれますが、実はこの祭儀は、成人儀礼のクライマックスに置かれたものでした。成人儀礼では、子供たちは、生まれたばかりで何も知らない者として、生まれ変わりの過程を経ますが、そこでは衣服も飾りも、髪を結うことも、漁や狩り、さらに性行為も知らないこととされて、いちから教わることになります。そしてそれぞれの発明や発生について、男子結社員たちが、神話のなかの出来事として実際に演じるのですが、この時の結社員たちが仮面仮装の姿で現われるのです。そこでは仮面仮装の姿は神話の「祖先」や「カミ」であり、子供たちは「祖先」や「カミ」そのものとして仮面仮装人を見るのです。マヨ祭儀だけではなく、成人儀礼のなかでも神話は生きられているわけですね（吉田敦彦『縄文土偶の神話学』）。

アカマタ・クロマタでは、この祭儀に隠れるように成人儀礼が行なわれていましたが、仮面仮装人が来訪神化する前は、それは成人儀礼のなかの「カミ」や「祖先」だったのであり、琉球弧の場合もそうだったと想定しても無理はないと考えられます。

成人儀礼ばかりではありません。ニューギニア島とオーストラリア大陸のあいだにあるトレス海峡のプル島（二二八頁参照）では、葬制の一環として仮面仮装人が登場します。このときの仮面仮装人は、祖先やカミではなく、そのために葬儀をしている亡くなった「死者」そのものなのです。

成人儀礼や来訪神と同じように、男子結社員たちは女性や子供には秘密裡に、準備を進めます。そして遺族を前に、仮面仮装の「死者」は踊ったり、ときには笑わせたりしますが、これは、遺族が死後の生活を確信するために行なわれると報告されています（『他界観念の原始形態』）。わたしたちはプル島の儀礼が、死が生からの「移行」の段階の思考を表現していると理解することができますが、ここではその「移行」は、実際に死者が仮面仮装人として現われることで表現されているのです。

成人儀礼での「祖先」、「カミ」と死者儀礼での「死者」そのものという例は、来訪神以前の仮面仮装の衣裳の意味を教えます。仮面仮装人は農耕祭儀を通じて来訪神化するのだとしても、それは農耕祭儀以前から存在していました。そして、農耕祭儀以前の成人儀礼や死者儀礼のなかでは、仮面仮装人は、「祖先」や「カミ」、「死者」という意味をよりクリアに見せています。仮面仮装人が来訪神化したとき、そこに祖先と死者の二重性が見られるのは当然のことでした。「仮面」とは「死者」であり「祖先」なのです。そして、ここにいう「祖先」を、円環の思考にまで遡行させれば、これから生まれる者の意味をも含意させることになります。しかし、考えてみればそうであればこそ、来訪神は生と死の分離をつなぎ直すことができるわけです。

仮面の発生

ここまできて、わたしたちは仮面の発生を問うことができます。それはいつ出現の根拠を持ったのかと。このことに本質的に解答しているのも吉本隆明です。

わたしたちは以前、影や水に映った映像、肖像というイメージを経て霊魂という概念が成立してきたことを見てきました。吉本はここで、霊魂の成立は同時に、身体が霊魂の衣裳であると見なされることも意味していると言います。

未開の諸部族が顔や手に入墨をしたり、下唇や耳をひきのばして畸型にしたりすることは、裸身《ヌード》そのものが霊魂にとっての衣裳とみなされたからだ。もちろん霊魂はたんに個別的な身体のなかにあって、個別的な生命をつかさどり、個別的な身体から脱け出てゆくときに、身体が死ぬという概念にすぎないから、やがてもっと普遍的な「精神」という概念があらわれて、これにとってかわられる。霊魂の方はしだいに消滅してしまう。(『ハイ・イメージ論Ⅰ』)

身体には霊魂が宿ると思考されたとき、それは同時に、身体が霊魂にとって衣裳になるということも意味しました。そこで、霊魂の衣裳としての入墨も生まれたのです。そしてたしかに、琉球弧の女性たちも、霊魂の本体であるアマンをその手に刻んでいました。

「仮面」にも同じことが言えます。仮面仮装は、霊魂にとっての衣裳なのです。実際、メラネシアには「仮面」という言葉はないといいます。つまり、仮面仮装のなかには別の人物がいるとは考えられていないのです。仮面仮装の衣裳をつけるということは、そのものになるということであり、見る人にとっても仮面仮装人を、それが表わす祖先やカミ(神)そのものと見なしたということなのです。

このことも荒唐無稽に思ってしまうかもしれません。けれど、たとえば節分を思い出してみれば、幼児は鬼に扮した大人を真剣に怖がりますし、わたしたちだって子供の頃は、ウルトラマンや仮面ライダーなどのヒーローに成りきって遊んでいました。そのポーズを取れば本当に変身できる気がしたし、空を飛べる気にもなったではありませんか。あれに似ているのです。

身体が霊魂の衣裳になったということは、身体の装飾や衣裳が、霊魂を規定することも意味しています。そこで、アマンの「針突(入墨)」をすることは、アマンから生まれた人間になることを意味し、仮面をつけるということは、仮面が現わすものになることを意味していました。「針突（入墨）」と同様、「仮面」は、霊魂概念の成立以降に、発生の根拠を持ったのです。

原仮面《プロト》

さらに「仮面」には、原仮面《プロト》とも言うべき前段がありました。それは「頭蓋骨」です。民族美術研究家の小林眞は、東南アジアや南太平洋の民族誌をレポートしているのですが、なかでも魅せられたように「頭蓋骨」に執着して探究しています（『環太平洋民族誌にみる肖像頭蓋骨』）。それは、棚瀬の『他界観念の原始形態』で扱われていた葬制のなかから、頭蓋骨とそれにまつわる習俗をズームアップするみたいに、わたしたちの視野を細部に届かせてくれます。

小林の探究によると、北西ニューギニアでは死者の頭蓋骨はコルワルと呼ばれました。そして、コルワルは、頭蓋骨それ自体だけではなく、頭蓋骨をセットした木彫りの人体像もコルワルと呼ばれていました。わたしたちはここで、「仮面仮装」がそれを表わす死者や祖先そのものであることを知っているので、ひょっとしたら、頭蓋骨をセットした木彫りの人体像は、死者（祖先）像ではないかと察しをつけることができますが、やはり、そうなのです。

そして興味深いことに、セピック河中流域やニューギニアの北東に横たわるニューブリテン島とニューアイルランド島、そして、そこから東南に進んだニューヘブリデス諸島では、頭蓋骨を取りつけた木彫りの人形像が死者儀礼に、セピック河中流域では成人儀礼にも登場するではありませんか。

プル島では、仮面仮装人が死者そのものを表わし、マリンド・アニム族では、仮面仮装人は、カミや祖先を表わすのを、わたしたちは見てきましたが、人が仮面仮装を演じる前段には、木彫りの人形を揺らすことでそうしていたことが、ここから推定できるのです。もちろん、人形像が死者や祖先を表わせたのは、そこに頭蓋骨があるからにほかなりません。

つまり、「仮面」の前身は「頭蓋骨」だったのです。

ただし、頭蓋骨そのものではありません。樹皮をつけるだけの簡単なものから、粘土で肉づけをしたり、色をつけたり、目に宝貝などを埋め込んだりといった手の込んだものまでさまざまですが、頭蓋骨は装飾を施されて使われました。その装飾は、生前の姿というよりは、「祖先」に近づけて表現されますが、腐らないものである頭蓋骨は、そこに腐るものである「肉」に相当するものが装飾されることで、意味を持ったのです。

小林は、頭蓋骨をもとにしたコルワル像は、やがて頭部も、身体と同様に木でつくられた木像になっていくと指摘しています。しかし、頭蓋骨への装飾が省略されて木像化される流れとは、別の流れもあったようですよ。

そのことを教えてくれるのは、ニューギニア島の中央山地から北側へ流れるセピック河流域に住むイアトムル族（二二八頁参照）の仮面アヴァンです。

イアトムル族では、成人儀礼で仮面仮装人のアヴァンが登場しますが、その仮面は、なんと頭蓋骨に化粧を施して作られています。わたしは仮面の前身は頭蓋骨だと書きましたが、「仮面」そのものが「頭蓋骨」を元にしているのをここに見るのです。

ここからは、頭蓋骨をもとにしたコルワル像は、一方では木像へ、他方では仮面仮装の衣裳へと分岐したと考えることができます。後者の流れを想定すれば、死者や祖先、カミは、化粧を施された頭蓋骨を起点に、頭蓋骨製の仮面となり、次に、頭蓋骨から仮面が独立し、やがて来訪神化していったと考えられます。頭蓋骨に霊力の表現である装飾を施し、死者や祖先を表現したもの、それが原仮面です。

では、頭蓋骨そのものはどこへ行ったのでしょうか。実は、腐らないものとしての頭蓋骨は、それ自体の重要な役割を担っていました。

10 人、神となりて——御嶽

守護する頭蓋骨

わたしたちはここまできてようやく琉球弧の頭蓋骨について触れることができます。前に琉球弧の風葬を「台上葬」として捉えた時、そこには台上葬だけではない系譜も考えられました。松山が、それを「人間の霊が骨、特に頭蓋骨に留まるという信仰」と考えたように、頭蓋骨に対する関心が高いのです。来訪神の仮面が、頭蓋骨の装飾に由来することを見てきたわたしたちは、この関心には根拠があることを了解するところまでやってきました。

棚瀬が探究したところでは、膝を曲げた屈位の姿勢で埋葬し、死後ある期間を置いて頭蓋骨だけを取り出し保存する習俗は、メラネシアを中心に広く分布していました。取り出した頭蓋骨は、カニエト諸島（ニューギニア島の北）では、葉や羽根で装飾して家のなかにかけて置かれますし、ニューカレドニアの北にあるベレプ諸島では、墓地に並べられます。

琉球弧ではどうでしょう。たとえば、伊波普猷は国頭で聞いたエピソードを記しています。

ある旅人が晩おそく宿る所がなく、途方に暮れていたところが、幸い藪の中に一軒の小屋があったので、そこにはいって、一夜を明かした。翌朝目が覚めて、天井を見ると、芭蕉布の袋に何か入れたのが、いくつかぶら下がっているのを、ちょっと変だと思っていたら、すぐあとで死人の棺柩の側に寝ていたことがわかって、非常に吃驚《びっくり》した、云々。ぶら下がっていたものは、いうまでもなく洗骨した後の骸骨であった。

（「南島古代の葬制」）

旅人が一夜を明かした小屋は、喪屋だと思われますが、そこにぶらさがっていた骸骨に、わたしたちはメラネシアの島々の例と同じものを見ているのかもしれません。

棚瀬によると、この習俗を行なうのは農耕種族で、地下の他界を持つことに特徴があります。考古学は、原始的な農耕の存在について探究の途上にありますが、わたしたちは、琉球弧で地下の他界はしっかりと生きており、頭蓋骨に対する関心も濃厚なのを知っています。

酒井卯作は、洗骨のときには頭骨から洗い始めるのが一般的であり、頭骨が出てくると、女たちは泣きだすと記しています。わたしも祖父の洗骨でそれを経験しました。頭蓋骨を前に感情が込みあげてくるのは、生前の面影を最も宿す部位だからと理解することもできますが、どうもそれだけではない宗教感情が潜んでいるように見えます。

それでは、メラネシアを中心とした種族は、なぜ頭蓋骨を取り出し保存するのでしょう。小林眞は、頭蓋骨そのものも意味するコルワル像の機能について、こう書いています。

死者のシンボル的表象であり、遺族らによって原則的に屋内で祀られていた。生前と同様、儀礼・祭式に参加（参列）し、乞われれば呪術師モン（mon）を通して託宣を行なう。遺族たちを守護する役割を担っている。（同前）

頭蓋骨は死者の表象であり、それとともに遺族を守護するものであるといいます。頭蓋骨が「死者の表象」である点は、そこに装飾を施すと、まるで受肉したように死者そのものをあらわし、来訪神の仮面にもなった経緯を読み取ってきましたが、「遺族を守護する」という性格は来訪神とは異なる印象を受けます。

実は、小林は死者像とは異なるもうひとつのコルワル像の機能を「氏神化」だと指摘しています。

村や氏族の始祖や偉大な英雄・戦士を表した祖先像で、村落共同体単位で長い間祀られ祈願されてきた。村や氏族の行事については、呪術師モンを通して託宣を求められた。社会的規範への違反には厳しい罰をくだす神のような怖い存在でもあった。（同前）

死者の表象としてある頭蓋骨が家族内のものであるのに対して、この場合は村落共同体を象徴するものに転化しています。そして、小林が「氏神化」として挙げている機能は、琉球弧でも記録された例のなかに接点を見い出せます。それは、祝女をはじめとして英雄や始祖を祀る伝承が

御嶽（写真・イシイヨシハル　千歳栄『詩まんだら』）

残されているとともに、実際に人骨が埋められている場合もある、「御嶽《ウタキ》」のことです。

御嶽（ウガン、オンとも呼ばれます）は、神事には欠かせない、神事の中核となる場であり、男性は立ち入ることができない禁制が敷かれた聖域です。その多くは、クバの葉の茂った森のなかで、ふいに視野が開ける広場になっていて、奥の方に小さな石が置かれているだけの簡素なつくりをしていますが、そこには何ともいえない静けさが漂っています。岡本太郎は御嶽に心を揺さぶられ、「『何もないこと』の眩暈」（『沖縄文化論』）と表現しましたし、中沢新一は「明るい子宮」（『神の発明』）と書いていますが、それぞれに御嶽の表情を的確に浮かびあがらせています。

そして、「御嶽」と「骨」といえば、「添

い寝」の習俗でみた、古宇利島の神女が御嶽に入り、裸体になって頭蓋骨を洗うという儀礼が思い出されます。ここで、ニューギニア島の家族を守護する頭蓋骨と、「氏神化」する頭蓋骨、そして古宇利島の神女に洗われる頭蓋骨を並べてみると、ニューギニア島の「氏神化」の先に、氏神としての「御嶽の神」が出現するのを予想することができます。つまり、家族を守護する「カミ」の根拠だった頭蓋骨は、共同体を象徴する人物の頭蓋骨を介して、やがて村落共同体を守護する「神」を出現させたのです。

こうして、ニューギニアのコルワル像からアプローチすると、琉球弧での頭蓋骨に対する関心の意味が見えてきます。古宇利島の儀礼は、あれは「御嶽の神」が、頭蓋骨を根拠にしていることを明瞭に語るものだったのです。

実は、洗骨の名称にも、数少ないながら、「守り《マブ》神《カン》が立つ（奄美大島）」と、守護神化を表現したものがありました。ところが、わたしたちがそのとき、「きれいにする」「新しくする」「誕生祝い」という呼称から抽出したのは、再生の思考でした。「再生」と「守り神」というふたつは別の思考に属すると考えることができるでしょう。つまり、霊力思考が優位なときには、骨を根拠にした再生が思考されますが、霊魂思考が霊力思考から分離して前面化すると、頭蓋骨に対して関心が集まり、頭蓋骨は守護神化するようになるのです。だから、「人間の霊が骨、特に頭蓋骨に留まるという信仰」とは、霊魂思考の強まったところでの「骨」に対する思考を捉えたものだと言えます。これが、琉球弧で「骨神《フニジン》」と呼ばれる、「守り神としての骨」信仰の核心です。

円環が破れる

御嶽の神の性質について、加計呂麻島の神女はとても本質的な言葉を残しています。

> もしも神がこの世から一分でも去れば、この村の生活はとまる、何もできなくなって、例えばこうしてあなたと話すこともできなくなる。
> （『南西諸島の神観念』）

加計呂麻島

生活もコミュニケーションも支えているなんて、なんということでしょう。この言葉が意味するのは、家族を守護する頭蓋骨が、共同体を象徴する人物の頭蓋骨を介して神へと変容したとき、村落共同体を守護するというだけではなく、この神は「この世」の隅々まで秩序づける性格を持ったというのです。

この神女の言葉を聞き取ったヨーゼフ・クライナーは、「御嶽の神」の考え方について、書き記しています。

> つまりここではあの世とこの世の区別というものはない。世は一つ、この村だけであり、これと異なる他界のことは全然考える必要がない。神は常にここにいて下さるのであって、神のいないこの世というものは存

在しないのであるから、もはや来訪という考え方はないのである。

（『南西諸島の神観念』）

「御嶽の神」は、来訪神とはずいぶん性格を異にしているようです。「この世」と「あの世」の分離をつなぎ直すために来訪神が出現したのに対して、「御嶽の神」は「この世は一つ」で、「これと異なる他界のことは全然考える必要がない」というのですから。

わたしたちが「御嶽の神」と呼んでいるものは、神の観念の研究のなかでは、いと高き神という意味で、「高神《たかかみ》」と呼ばれています。この言葉からも想像できるように、高神は垂直に降下するイメージがあり、地下や海の彼方から水平的にやってくる来訪神とはこの点でも異なっています。また、来訪神が低次の対称性を保っているのに対して、高神は秩序づける存在として、島人とは非対称的な関係にあると言えます。垂直軸と水平軸といい、非対称性と低次の対称性といい、それぞれが独立した存在だということをうかがわせますが、実際、「この世」と「あの世」をつなぎ直すことと、「この世」を秩序づけることでは役割が全く違います。そしてそうでありながら、来訪神と高神の出現はひとつの事態に対して生まれたふたつの反応のようにも見えます。

実際それはそうなのだと、中沢新一は書いています。対称性を保っていた精霊（カミ）たちの世界から、高神が出現したことが、来訪神の出現を促したのだ、と。

高神が出現する。

するとその裂け目を埋めることによって、元の全体性を取り戻そうとする心の運動が、生まれてきます。切れ目を縫い合わせて、失われた対称性と全体性を取り戻そうという運動です。(中略)引き金を引いたのは「高神」の敢行したスピリットの対称性世界からの飛び出しですが、そのとき生じた不均衡を埋めるかのようにして、歴史と現実に抗する夢見がちな神々は出現したのでした。(同前)

以前、死が生からの移行である段階を考えたとき、一方向で直線的に進む霊魂思考の時間認識がさらに進めば、「霊魂思考」は「霊力思考」に対して、時間は循環や円環ではないと迫るときが来るのを予想しました。わたしたちはここで、「高神」の出現がそのときではないかという考えに導かれます。

そしてたしかに、共同体を象徴する人物の骨を介した「氏神化」は、非対称的な関係の出現であり、「円環」する時間の否定による「再生の原理」の終わりは、対称性の崩れを意味しています。中沢の理解をわたしたちの文脈に置きなおせば、家族や親族の水準を越えた共同体の守護神が出現するとき、「霊魂思考」は「霊力思考」に対して、時間は「円環」ではないと引導を渡すのです。

その契機は、生と死が分離する段階のなかで起こりました。

ただし、生と死の分離がすぐに高神の出現をもたらすわけではないようです。他界が遠隔化されて、死者の「あの世」への道行きに苦難がともなう南太平洋の島々の例をみても、高神のいないところが多く見い出されるからです。ハイヌウェレの神話を紹介したイェンゼンも、マリンド・アニム族等の神話上の存在が、神的であっても(わたしたちは「祖先」や「カミ」と表現してきました)、高神とは「全く異なった種類のもの」(同前)と指摘しています。わたしたちが見てきたなかでも、他界の遠隔化を鮮やかに伝えてくれたマンガイア島には、実は地下の他界以外に、戦死者の行く天界も観念されているのですが、そこに高神の存在は見当たりません。また、タミ族は高神の観念を生んでいませんが、ここでは来訪神が出現するのです。

どうも原理的には、生と死の分離により高神が生まれ、来訪神の出現を促すと言えても、個別には、そこに至るさまざまな道程がありそうです。マンガイア島では生と死は分離しているのに高神を生んでいませんし、タミ族では高神の観念を生んでいないのに来訪神は出現しています。また、高神を発生させたとしても、来訪神を出現させるポテンシャルを持たない場合も想定できます。

高神と来訪神をともに出現させた琉球弧の場合の道筋を捉えることが重要なのでしょう。わたしたちは、頭蓋骨という手がかりをせっかく持っているのですから、死者との関係からこの事態に迫ってみたいと思います。

「御嶽の神」の出現

霊魂思考が進展すると、頭蓋骨は守護神化していましたが、そこにはすでに高神的な性格が認められます。しかし、この守護神化は、どこまでいっても個々の家族のものであり、それが共同体全体に拡張されることはありません。しかも、守護するのは「神」ではなく、「頭蓋骨」というモノであり、かつ守護し続けるのは、家族がその死者を記憶に留めている間という限られた時間のなかのことでした。それなので、高神が生まれるには、共同体を象徴する人物の頭蓋骨を介する必要があります。しかも、その共同体を象徴する人物は、集落を開設した起点になる人物でした。そうだとすると、ここで重要なことが起きるのではないでしょうか。集落の開設者のおよそ四世代くらい経って以降の生者にとっては、その人物がどんな顔や姿をしていたのか、形姿がまったく分からなくなります。

家族の頭蓋骨が意味を持つのは、その死者を具体的に知っている生者にとってであり、記憶が薄れたり、世代が交代したりすれば、もはや守護する機能を持たなくなっていました。ところが、共同体の開設者の頭蓋骨の場合、生者がその形姿を思い出せなくなってからも、あらかじめ分からない場合でも、守護するという役割を保ち続けるわけです。ということは、ここで生者にとって、記憶の届かない過去という時間が立ち現われることになります。一方向に進む時間がそれまでせいぜい四世代の範囲に留まっていたものから引き伸ばされ、時間認識は更新されます。この、記憶の届かない過去という新しい時間認識は、島人に得体の知れない負荷をもたらすでしょう。

この、記憶の届かない時間の負荷がある閾値を超えると、霊魂思考は、「影」という実体を離れて「霊魂」という概念を発生させたように、開設者の頭蓋骨という実体を離れて、「高神」という概念を発生させるのではないでしょうか。

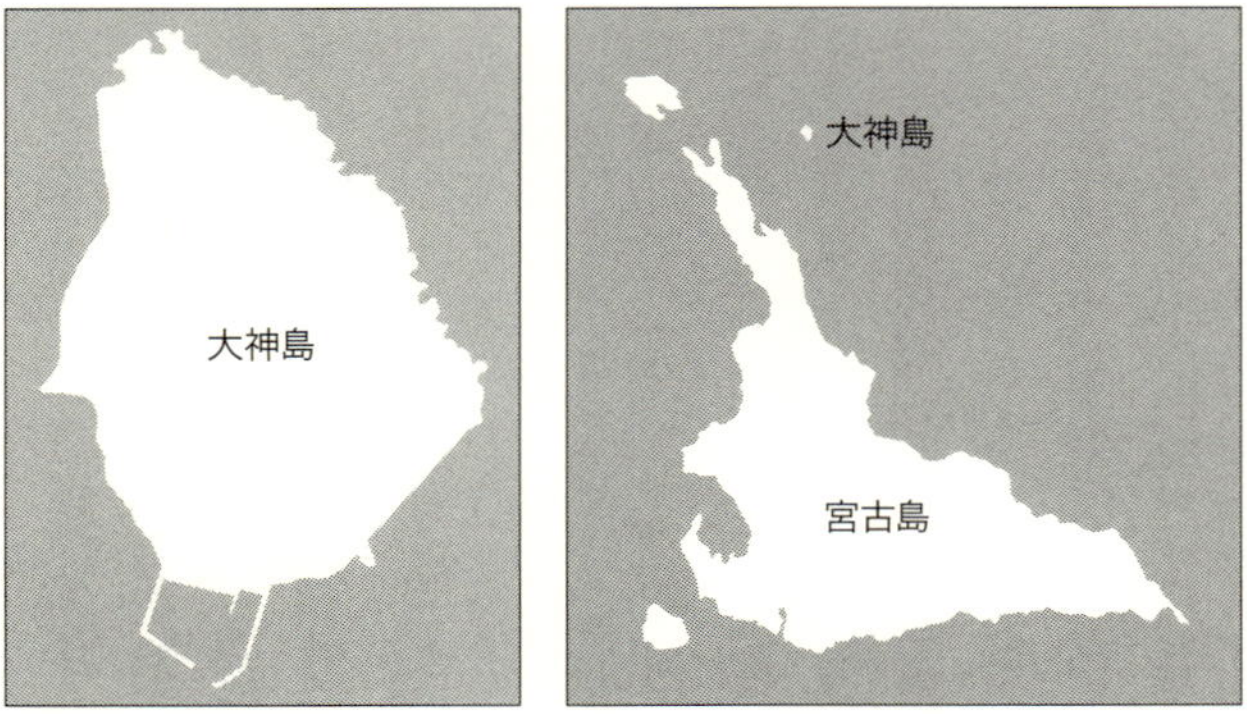

大神島

これを生と死の分離からの道筋として捉えてみます。まず、生者と死者は、共存していましたが、次には住む場所を区別され、やがて、まるで細胞分裂のように、生者と死者の住む場所は分離してしまいます。地上と地下は、生者と死者が住む場所だったのに、生と死が分離してしまうと、「あの世」は、「ニーラ底から耕せ」（前花哲雄）という手の届きそうな地下から「底知れぬ深さ」（大神島）へと、そして、呼べばすぐに来ることのできる「地先の島」から「海のはるか彼方」へと遠ざかっていきます。遠隔化されるということは、死者は、生者の住む世界から離れていき、他界は観念的な空間へと変容することを意味していました。

するとどうなるでしょう。死は生からの移行に過ぎなかったのに、分離して遠隔化されると、「あの世」は生者に先立つものになり、生者に時間の負荷とともに、関係の負荷をもたらすようになります。その負荷が、共同体を象徴する人物の頭蓋骨を介し、家族の水準を越えて共同体のものに転化されたとき、それが「御嶽の神」として疎外されるのではないでしょうか。

そしてこの転化には、生者と自然との関係がからんでいるはずです。もはや自分たちの手で復元するのは覚束ないほど自然に手を加えてしまったという自然からの乖離の意識が、死者たちとの関係の矛盾となり、生者への負荷として迫ってくるのです。そこで、共同体を守護する神の出現が要請されました。

置き換えられた「あの世」

また同時に、生と死が分離して「あの世」が観念のなかに移行するということは、生者と死者の住むこの世界から、死者のための場所が消えてしまうことを意味しています。「あの世」は、生者の住む場所とつながった島や山や地下だったのに、それが遠隔化されると、生者の世界とのつながりが絶たれて、地上から「あの世」が消えてしまうのです。このことは、クライナーが書いた、「あの世とこの世の区別というものはない。世は一つ、この村だけであり、これと異なる他界のことは全然考える必要がない」という「御嶽の神」の性質に、見事に符合しています。

それはつまり、御嶽は、遠隔化される以前の身近で地上的な「あの世」の象徴であることを意味するのではないでしょうか。

わたしたちは御嶽のクバの木や石が、霊力豊かな自然の象徴であることを知っています。けれど、御嶽は霊力豊かな自然の象徴として聖域であるだけではなく、生と死の分離以前の「あの世」の象徴でもあるとしたら、そこに神が降りてくる理由がよく分かってきます。高神が出現すると、かつての「あの世」を象徴化した場所に、神は降りてきました。しかも降りてくるだけではなく、「神は常にここにいて下さる」というように常在するわけです。すると、かつての「あの世」は抑圧されて見えなくなってしまうでしょう。「あの世」は見えなくなり、そして、代わってそこは「神のいますところ」となるのです。こうなったとき、島人の世界は、生者の住む「この世」と死者の住む「あの世」から、「この世」と「神のいますところ」に変換されます。それが、「世は一つ、この村だけであり、これと異なる他界のことは全然考える必要がない」という言葉が、真に意味していることなのではないでしょうか。

ここからみれば、「御嶽の神」とは、先験化した「あの世」の共同性が持った時間と関係の負荷の疎外であり、「御嶽」とは、置き換えられた「あの世」だと言うことができます。

わたしたちはここで、「御嶽の神」が、「あの世とこの世の区別というものはない」とし、「この世」しかないとする考えが、死者の場を地上から消すという「生と死の分離」のなかの表現に他ならないことを了解することができます。地上は、生者の場所であり、それを司っているのが神であると、「御嶽の神」はそう言っているのです。思い出せば、生と死の分離は、生者と死者の交流が矛盾するところに発生の契機を持っていました。「高神」は、その矛盾を解消するように立ち現われたことになります。

こうしてみると、御嶽の神（高神）は、先験化された「あの世」が共同化されたところに、出現の根拠を持っていると考えられます。そしてそうなら、先験化された「あの世」の時間の厚みを前に、霊力思考による「円環」は破れることになったと言うことができます。

世界は変わってしまった

ところで、形姿も分からない人物のイメージの空虚さと、高神が何の具体的なイメージも持たないこととは、よく対応しています。というより、高神が表象性を持たないということは、生者の記憶の届かない人物像の空虚さを踏み台にしているのでしょう。そして、あの、古宇利島の神女が御嶽の頭蓋骨を毎年、洗い清めるという儀礼行為も、それによく呼応しています。頭蓋骨を洗い清めるということによって浄化を続け、その人物の表象性を消していくのです。

これは同じ頭蓋骨を起点にしていても来訪神の場合とはまるで違う態度です。来訪神の場合は、頭蓋骨に装飾を施して、死者やトーテムの思考に届く祖先を受肉させようとしていましたが、高神の場合は、これとは反対に、直線的な時間のなかにある表象性を失くした祖先像に対応するように、洗い浄めるのですから。

ここまでくると、わたしたちは祖先崇拝の道筋についても言えることがでてきます。高神が発生する。それは、記憶の届かない過去という時間が立ち現われることを前提にしていました。そうなら、記憶の届く範囲で行なってきた近親者の「死者崇拝」は、そこから、記憶の届かない死者の系譜をたどってゆく「祖先崇拝」への舵切りを促したことでしょう。そしてわたしたちはその流れの先に、「祖先を見失うことは、人生最大の不幸で、あらゆる禍はそれから起るとさえ考えられている」(伊波普猷「あまみや考」)信仰を持つに至ったのです。

またここで、神女が頭蓋骨を洗い清める儀礼行為が、祖先の浄化を意味したとするなら、家族の死者の骨を洗い清める行為も、それに同調するようになるでしょう。洗骨の儀礼のなかで見たように、骨を洗うという行為は、再生のための儀礼でありえましたが、霊魂思考が前面化するとその意味は、祖先を浄化する行為へと意味を変換させるのです。この行為の同調は、家族の死者すら、浄化を続けることで、高神化するという観念の同調も生んだことでしょう。それが、高神は、集落の開設者がなるものでもあれば、歳月を重ねて家族の死者がなるものでもあるというあいまいな二重性をもたらしたと考えられます。

島人にとって変化したことはまだありました。生者と死者がこの世界にともに居場所を持っていたとき、生者と死者は似た存在でしたが、高神が出現すると、それは生者に先立つ存在になりますから、そこに非対称的な関係が生まれます。村落共同体のはじめには、御嶽を建て、その次に人間の住む空間が決められるという順番は、この非対称性をよく物語っています。

人間を取り囲むまわりの世界にも変化は起きました。それは精霊の世界から、高神と来訪神と精霊の世界へと変わります。琉球弧の精霊といえば、キジムナーやケンムンがよく知られていますが、それらは得体が知れないというだけではなく、死をもたらす悪霊（ムン）のように人間に敵対的にすらなってしまいました。

これは何もかもが変わってしまうような大きな変化だったのではないでしょうか。御嶽を起点に集落を開設するとき、そこに島人は新しい景観を見たはずですが、景観が新しいというだけではなく、世界の構造が変わってしまったという実感を強く抱いたに違いありません。生と死が分離するということは、それだけ大きな意味を持っていたのです。

生き神の出現

高神と来訪神、そして残された精霊の世界を、中沢新一は「多神教宇宙」と呼びました。そして実際には、変形や複雑な組み合わせがなされているので、「沖縄や奄美のように、あざやかなコントラストで表現されているところはむしろめずらしい」と指摘しています。

これは中沢の言うとおりかもしれません。なにしろ姿態の表象も豊かな来訪神と、高神の本質を述べることのできる神女も、ともに琉球弧にはいるのですから。けれど、琉球弧でも、さまざまな変形は加えられているように見えるので、その変化のさまは確認しておきたいところです。

この変化には、まず何といっても、人間が神になるという事態が挙げられます。この場合の神は、ニューカレドニアのカミであるバオも聖性を帯びていますが、あくまで人間と等身大だったのとは異なり、人間とは非対称的な存在になっています。

琉球弧の場合、「神の妻」である祝女が、神の妻と言うだけではなく、「私は神である」と自認し、また共同体もそう同一視したときに、「人間にして神」であるという存在になりました。するとどういう光景が出現するのでしょう。村船の新造や神女の家の落成のような集落全体にかかわる出来事の際、ウガン山から神を招く「神降り」が行なわれますが、奄美大島出身の文学者昇曙夢《のぼりしょむ》はその様子を、小さい頃（十九世紀末）の記憶として書いています。

その時の微かな記憶によると、この日は朝からウガン山の中で時々鉦《しょう》を急調子で叩くような音が聞こえて、今夜神降りのあることを予告させるような感じを与えた。いよいよ夜に入って真暗くなると部落民は神を拝もうとして、部落の広場《ミャ》に集まって地面に平伏している。と、やがてウガン山に神鉦の音が響いて、それがだんだん山を降りて広場に近づいて来る様子がわかる。いよいよ広場に来ると、白装束をした神々の行列（と言っても実は祝女や神人の行列）が神鉦を鳴らしながら広場の傍を通っていくのが闇の中でも微かに見える。この行列はそのまま浜に下りるのだが、浜で何をするかは判らない。多分新造船のまわりで送迎祭や豊年祝いと同じような行事をするのだろうと思われるが、それが済むと、ものの三十分を経たないうちにまた同じ道を同じ行列をつくって、神鉦を鳴らしながら元のウガン山に帰って行くのである。

（『大奄美史』）

わたしたちはここで、昇が近代知識人として書いていることに注意する必要があるでしょう。つまり、彼はここで「神降り」の場面の迫真性を語る代わりに、神といっても実は人だという視線で、迷信として退けたい場所から書いています。その分、神降りの闇の濃さが薄れるような白けた空気が漂っていますが、その近代知識人の視線を除くと、ここには、人間を神とみなして頭をあげずに、つまり見ることもはばかって伏している島人の姿が浮かびあがってきます。祝女は神だったのです。

そういうことだったのか、と思わずにいられません。わたしは長いあいだ、琉球弧の島人が太平洋戦争になぜ、のめり込んだのか不思議に感じてきました。そこには、「文明」と「野蛮」の対比のなかで「文明」の範疇にいると見なされること、本土の日本人と同族であること見なされることに躍起になった結果であるという理解はしてきました。しかし、その一方では、天皇を異族の神として見る視点がなぜ力を持たなかったのか、戦後にもなぜ天皇に対する信仰が色濃く残存するのか、ということは謎のように感じてきたのです。

しかし実は、人間を神として見る信仰は、琉球弧の方に強くあったということなのでした。わたしはむしろ、琉球弧よりはやく脱したはずの本土日本で、「生き神」という信仰が復活し強化されたことのほうに驚くべきだったのかもしれません。そしてそうなら、戦後、琉球弧は人間が神になる信仰の解明を担うことができたのではないかという問いも生まれます。

神の変形

人間が神であるという共同幻想が成立すると、人間が死後、神になるという意味も変容します。ニューカレドニアでは死体すらバオ（カミ）と見なされたように、人間からカミへの移行は連続的であり、かつカミは等身大の存在でした。ところが、「カミ」が「神」へと変容すると、神は連続的で等身大ではなく、人間とは非対称的な存在になるので、死者が神になるには、身体が骨になるのを待つことに始まり、いまでは三十三年にも及ぶ年数を必要とするようになりました。「カミ」が「神」となったことで、人間は自然との関係のなかではなく、人間に対する関係のみで神を思考する傾向を強め、かつ、人間の系譜の累積を考えるようになります。このさきに、現在も大きな流れになっている祖先崇拝が待っているでしょう。

人間が神になるという信仰は、別の変形も生んでいます。

それは、先の昇の書いた「神降り」の場面にも現われています。まず、祝女の場合、人間が高神的な神になるわけですが、それが山から降りるというように、歩行するという作為が可能になりました。御嶽の神は「常在神」とも呼ばれるように、御嶽に常にいてそこを離れないのがその性格ですが、それが、人間が神になることによって、移動するようになったのです。

この歩行という作為は、もうひとつあって、高神的な祝女、神女が歩行することによって来訪神の性格をも帯びるようになりました。もちろん、この場合、彼女たちは仮面をつけることはありません。しかし、ニライカナイからの来訪神を迎え、あるいは来訪神そのものとして振る舞うようにすらなったのです。もちろん、これは来訪神的ではあっても、ずいぶんと生真面目な神で、来訪神と呼ぶわけにはいかないのだと思います。高神的な来訪神ということ自体、矛盾しているのですから。この高神の歩行や来訪神化という作為は、島人の平伏に見られるように、神と人間との非対称性を際立たせ、強く印象づける働きをしたでしょう。

さらに、非対称的な関係はこれにとどまらず、しだいに島人の世界を覆っていきます。

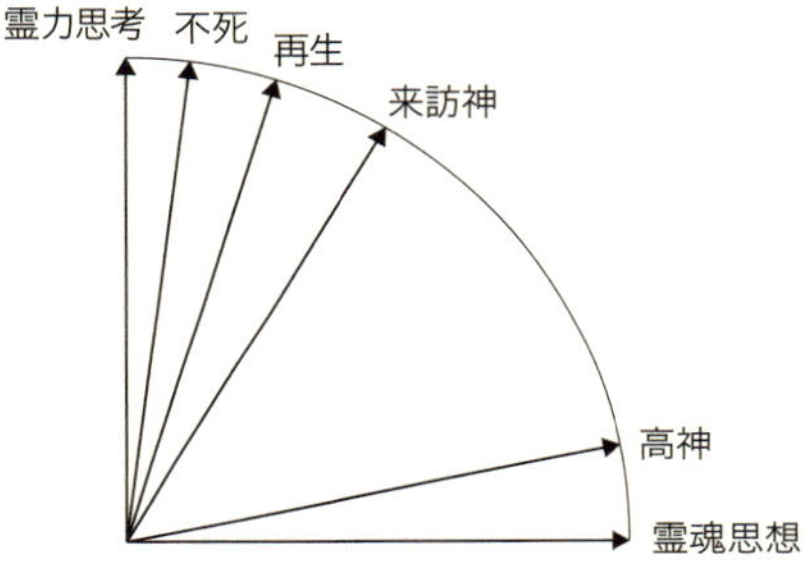

来訪神と高神

「按司」という首長とその姉妹である「祝女」が、初期の御嶽で村落共同体の開設の中心になった「根人」とその姉妹である「根神」に取って代わったとき、按司は、御嶽と集落を眺めおろす崖の上に、グスク（城）という居所を定めました。

このことは、垂直に降下する高神の持つ世界視線に、按司が同化する意味を持ちました。これは島人にとっては、按司や祝女を高神のように見なす錯誤を用意したでしょう。そしてやがて按司を上回る高さから視線を降ろす王が出現して、琉球王朝という国家が出現したと、史実は伝えています。

けれども、これまで見てきたように、生と死が分離した後にも、それをつなぎ直す来訪神を儀礼のなかで出現させ、またそれにとどまらず、分離するときもあるけれど、つながっているのが常態だとするような生活思想を珊瑚礁の思考は培ってきました。こうした、いつでも始原の時へと回帰する志向性を根強く保ってきたことからすれば、琉球弧には国家をつくる必然性はなかったのだと思えます。

島世

わたしたちはこれまで文字以前の琉球弧の思考を辿ってきましたが、どうやら来訪神と御嶽の神の出現は、決定的な意味を持っていたようです。いわば、霊力思考と霊魂思考は分離の度合いを深め、それぞれの表現形態を持ったのでした。この二神の出現は、未開の琉球弧が終わり、古代社会へと入っていく折れ曲がりを指し示しているようにみえます。琉球弧が文字を受容するのは、まだ少し先のことですが、もうここで探究を終えてもいいのだと思います。

そこで最後に付け加えておきたいことがあります。わたしはこれまで、アボリジニの魅惑的な言葉、「ドリームタイム（夢の時間）」に依存してきました。いささか頼りすぎだったかもしれません。そこで、琉球弧にもドリームタイムに類する言葉はなかったのだろうかと見渡してみると、可能性を持った言葉を見い出せるようです。それは、「世《ユ》」という言葉です。

英文学者の荒木博之は、日本語の「世」という言葉の持つ深層の意味について、琉球弧の祭儀を手がかりに探っています。

池間島で行なわれる、その名も「世乞イ《ユーク》」、「世を乞う」という祭儀です。「世乞イ」は豊穣儀礼のひとつですが、祭りの名に「世」がつくだけではありません。この祭儀には、女性の司祭者だけではなく、島の五十一歳から五十五歳までのすべての女性が参加するのですが、彼女たちを「世を乞う女（ユークインマ）」と呼びます。神女たちは、小屋で夜籠《よごも》りをしますが、そこでは神のための歌を歌ったり、「神懸りをする女性（カカランマ）」がトランス状態になって祝詞を唱え、踊ったりして過ごします。そして翌朝未明、神女たちには丸い大きなおにぎりが届けられますが、島人はそれを「ユ」と呼びます。そしてもうひとつ、朝食後に、神女たちは神拝みをした後に、海岸伝いに池間を一周し、その後いくつかの儀礼を経ると、神歌を唱和しながら集落に入っていきます。その神歌、「ユークイアーグ」は、一節ごとに「ユンティール」で終わるのですが、ユンティールとは「世を満たせ」という意味です。

「世乞イ」の「世」は「富」や「豊かさ」のことだと島人は言うけれども、として荒木は、「世」はそのことだけではない。おにぎりも「ユ」と呼び、ユンティールと、切なる唱和で、招きよせようともする「世」とは、「豊かさの根源としての力、生命力」として捉えることができると書いています。

その年新しく獲れた穀類、いもなどは、そういった力、生命力の発動の結果であり、丸い素朴なおにぎりの中には、穀霊とも一体視されるべき、力、生命力がにぎり籠められているのである。このような力ある食物を食することによってユークインマたちは、その年新しく更新されるべき「ユ」の誘い水をその肉体の中に用意することになる。

「世乞い」の祭りを通して島には、力、生命力の根源である「ユ」が満ち満ちる。そしてその満々たる「ユ」によって島には来るべき年の五穀の豊穣と島の繁栄とが約束されるのであった。

「ユ」はこのように五穀を豊かに実らせ、島に繁栄をもたらす力、生命力であると規定することができるのだが、「ユ」にはもうひとつ、一定の時間的長さにおいて繰り返し更新されてゆくものという別の側面がある。九月下旬キノエネの日に招き入れられた、力、生命力としての「ユ」はその年、五穀に豊かな結実を与え、島の安寧と繁栄とを助けてくれたわけであるが、それは再び九月下旬が回ってくるならば、厳しい種々の掟に支えられた儀礼を通して必ず更新されることを予想するものであった。このように「ユ」は、力、生命力の根源といった側面と、繰り返される一定の時間的距離という側面との二つの異なる表情をもっているのである。

（『やまとことばの人類学』）

生命力の根源としての「ユ」は豊かな霊力を示していると受け取ることができます。荒木は、「繰り返される一定の時間的距離」という側面から「よ」が「寿命」を意味することがあるのを見ているのですが、その場合、「一定の時間的距離」にアクセントを打って捉えているのでしょう。けれど、ここで「繰り返される」にアクセントを打てば、「ユ」には、反復する時間を捉えていると見ることも可能です。そして、生命力の根源と反復する時間とは、まさにドリームタイムの場が持っている性格に他なりません。

「世乞イ」は、農耕社会化された段階での祭儀になっていますが、そこで招来しようとする「ユ」とは霊力に満ちたドリームタイムの場であると受け止めることができます。神女たちもまた、来訪神とは別の仕方で、ドリームタイムの場を回復しようと努めてきたのでした。

アボリジニのドリームタイムは、琉球弧では、「ユ（世）」と呼びならわされてきたと見なすと、「世」は「島」に対しても深いつながりを持っているのが見えてきます。

福寛美は、文字で書かれた歌謡集「おもろそうし」には、「島世」という言葉があり、そこで用いられている「世」は、荒木の指摘する「ユ」の意味を想定できると指摘しています。そして、「島世」と「世」をつける場合だけではなく、「世」をつけずに「島」単独で使われている場合も同様で、「島はあたかも人間の如く命を内包し、齢を重ね、生命力である世を他界から乞い、その体内に満ち溢れさせる」（同前）と捉えられていると書いています。

島人は、島が生命を持つという感覚を、よく分かっていると言えるでしょう。島も生命を持つし、島は身体なのです。「島」に「世」をつけてもつけなくても、島は霊力を持っているという感覚が島人にはあります。それこそ、形あるものに生命を見い出す霊力思考に他ならないのですから。

「島」という言葉に対してばかりではありません。琉球弧では、世の始まりである「アマン世（クバヌハ世）」以降も、「按司世」、「唐世（奄美では那覇世）」、「アメリカ世」、「大和世」などと、時代に常に「世《ユ》」をつけて呼び慣わしてきました。琉球弧の島人は、時間が一方向に流れるようになってからも、循環する時間の流れにあるときの思考を、時代の呼称の核心に埋め込むことをやめずにきたのです。

　また、こうも言えるのでしょう。

　珊瑚礁という境界を通して、他界への入口がもっとも開かれる大潮のとき、「世」があふれ出し、他界からの贈り物のように子供が生まれます。「世」を通じた、島人の「珊瑚礁の思考」は、観念的な思想ではなく、身体を離れない生活思想でした。そして、目の前に見ている海の珊瑚礁だけではなく、琉球弧の初期の人類が生活した洞窟もまた、新人類が出現するはるか以前からの長い時間をかけて珊瑚礁が用意した場所でした。珊瑚礁自体もまた、琉球弧の反復する「世」の時間を表現するかのようです。

あとがき

思考が身体を離れることのなかった段階の心と精神の働きを、霊力思考と霊魂思考と呼び、そのふたつの思考の織物として野生の琉球弧の精神（心）史を探究したのが本書だ。

取り組んだ契機から言えば、本書はきわめて情況的な産物だけれど、島人の野生の精神（心）を浮かびあがらせたいという思いは、長く持ち続けてきたものだ。愛着はそちらのほうにあるので、私的なモチーフを書いておきたい。

子供の頃、朝に夕に、祈りを欠かさないひたむきさに、内心おどろきながら、ぼんやり祖母を眺めていたことがある。視線に気づいた祖母はこちらに向きなおり、微笑みながら、「お前たちには神のことは分からないね」と、琉球語で語った。その言葉には、失望は含まれていなかったが、大きな諦念は込められていただろう。わたしはそのとき黙ったままで、「教えて」と返せなかった、そのことが、長くひっかかっていた。動物や植物や自然物と並々ならない親和感で結ばれていたような女性だった。彼女はいったいどんな世界を見ているのだろう、何を感じとっているのだろう。祖母が見ている世界を、わたしも感じてみたい。そして、「少しわかったよ」と祖母に伝えたい。そういうモチーフがずっとあった。

もうひとつは、六年前に『奄美自立論』を書いたとき、四〇〇年前のことをまるで昨日のことのように感じられることを、奄美の豊かさとして描きたかった。しかし、現在に連なる辛さにかかわるだけに、島人の姿が、自分の思いとは裏腹に、貧しさに傾いてゆくのをどうしようもなかった。それはやむをえないことでもあれば、資料は少ないとはいえ、文字に振り回されていることも意味していた。そこで貧しさに傾く島人の姿にたいして、もともとそうではなかったのではないかという思いがつきまとったが、その、もともとの姿がはっきりしない。そこにイメージを与えたかった。

そして三つめに、「南島論」から『アフリカ的段階について』までにいたる、吉本隆明の一連の南島論に対して返礼をしたかった。そこにわたしは、琉球弧にも語るべきことはあるという励ましを常に受け取ってきたからだ。充分な返礼になっていないことは重々承知しているし、返礼たりえているのかも覚束ないが、そういうモチーフのあったことは記しておきたい。

本書は多くの先人の労のうえに成り立っている。とくに、酒井卯作《うさく》の『琉球列島における死霊祭祀の構造』と棚瀬襄爾《じょうじ》の『他界観念の原始形態――オセアニアを中心として』の二書に依るところが大きい。前者は、琉球弧の民俗の事例と原典へのハブとして、後者は南太平洋の民族誌例と原典へのハブとして、素材を提供してくれた。この二書がなければ、視界は大きく遮られてしまっていただろう。さらに、南ヤポネシアの考古学の成果も、たくさんの示唆を与えてくれた。

探究を通じて、島人の世界がおぼろげに見えてくる。するとこんどは、それを島人がみたようにビジュアル化したいという願望が生まれるが、ぼくの目にはそれをこそ表現していると思える写真家の仲程長治さん、得難い写真で目を見張らせてくれる写真家のみなさん、島人との付き合いも長い生き物たちや風景の写真を提供してくれた島の友人たちに、特に感謝したい。

既刊書籍の傾向からいえば、少なからず逸脱しているだろう本書のような企画の刊行を快諾してくれた藤原書店の藤原良雄さん、わたしにはない視点で書き続ける過程に刺激を与えてくれた編集の小枝冬実さんにも感謝申し上げる。

これに取り組んだ一年余りのあいだに、わたしはものの感じ方がまるで変わってしまったようだ。価値観が変わったというのではない。それまで内部で蠢《うごめ》いていたものが、溢れ出してきたような感じだ。それは、これまで使ったこともなかった「霊力」という言葉に、生命が宿っていく過程でもあった。その感覚まで、読む方と共有できたら、とても嬉しいと思う。

本書を、祖母《バーバー》と母《アンマー》に捧げる。

喜山荘一

参考文献

青木正次「生命の自己表出史──多層自己論（日本文学に読む）（1）原論」『藤女子大学国文学雑誌』二〇〇〇
──「プロト・タイプ論　自己表出の史的段階像2　母界論」『藤女子大学・藤女子短期大学紀要 第一部』一九九七
荒木博之『やまとことばの人類学──日本語から日本人を考える』朝日新聞社、一九八五
A・E・イェンゼン『殺された女神』大林太良・牛島巌・樋口大介訳、弘文堂、一九七七
池田末利「魂・魄考」『中国古代宗教史研究──制度と思想』東海大学出版会、一九八九
池間栄三『与那国の歴史』琉球新報社、一九七二
市川重治『南島針突紀行──沖縄婦人の入墨を見る』那覇出版社、一九八三
伊藤幹治「奄美の神祭亜──加計呂麻島ノロ神事調査報告」『國學院大學日本文化研究所紀要』一九五八
伊藤慎二「琉球縄文文化の枠組」『南島考古 13号』一九九三
──「ヒトはいつどのように琉球列島に定着したのか?──琉球縄文文化の断続問題」『月刊考古学ジャーナル』二〇一〇
──「先史琉球社会の段階的展開とその要因　貝塚時代前I期仮説」「琉球列島の新石器化と現代化をめぐる景観変化」『先史・原史時代の琉球列島ヒトと景観』高宮広土・伊藤慎二編、六一書房、二〇一一
──「先史琉球の文化景観形成」『第四紀研究』二〇一二
──「琉球貝塚文化における社会的・宗教的象徴性」『祭祀儀礼と景観の考古学』二〇一二
伊波寿賀子「沖縄先史時代における漁撈活動についての予察──ナンヨウブダイの体長復元をもとに」『比較考古学試論』増田精一編、雄山閣出版、一九八七

伊波普猷「生長する石」「南島古代の葬制」「をなり神」『をなり神の島 1』平凡社、一九八二
――『をなり神の島 2』平凡社、一九八二
――「琉球の神話」『古琉球』岩波書店、二〇〇〇
今井彰『蝶の民俗学』築地書館、一九七八
岩倉市郎『喜界島昔話集』三省堂、一九四三
岩崎蝶仙「鼠の花籠」『旅と伝説』三元社、一九三一
上勢頭亨『竹富島誌　民話・民俗編』法政大学出版局、一九七六
内山達也「樺太アイヌの埋葬形態についての一考察」「物質文化研究」『物質文化研究』編集委員会編、二〇〇六
M・エリアーデ『シャーマニズム 上・下』堀一郎訳、筑摩書房、二〇〇四
――『神話と夢想と秘儀』岡三郎訳、国文社、一九七二
R・エルツ『右手の優越――宗教的両極性の研究』吉田禎吾・内藤莞爾・板橋作美訳、筑摩書房、二〇〇一
遠藤庄治編『本部町の民話 上巻（昔話編）』本部町教育委員会、二〇〇四
大林太良「琉球神話と周囲諸民族神話との比較」『沖縄の民族学的研究――民俗社会と世界像』日本民族学会編、民族学振興会、一九七三
――『葬制の起源――葬制からみた日本文化の起源』角川書店、一九七七
――「南島稲作起源伝承の系譜」『南島の稲作文化与那国島を中心に』渡部忠世・生田滋編、法政大学出版局、一九八四
岡正雄『異人その他　他十二篇　岡正雄論文集』大林太良編、岩波書店、一九九四
尾形一郎、尾形優『沖縄彫刻都市』羽鳥書店、二〇一五
岡本太郎『忘れられた日本――沖縄文化論』中央公論社、一九九六
小原一夫『南嶋入墨考』筑摩書房、一九六二
折口信夫「民族史観における他界観念」『折口信夫全集20』中央公論社、一九九六
――「琉球の宗教」「若水の話」『古代の研究Ⅰ　祭りの発生』中央公論新社、二〇〇二
――「古代人の思考の基礎」『古代研究Ⅱ　祝詞の発生』中央公論新社、二〇〇三
――『古代研究Ⅲ　国文学の発生』中央公論新社、二〇〇三

F・カーター『リトル・トリー』和田穹男訳、めるくまーる、一九九一
柏常秋『沖永良部島民俗誌』凌霄文庫刊行会、一九五四
――『沖永良部島民俗誌 続』南日本出版文化協会、一九六五
片桐千亜紀「琉球列島における先史時代の崖葬墓」『琉球列島先史・原史時代の環境と文化の変遷』六一書房、二〇一四
片山一道『ポリネシア海と空のはざまで』東京大学出版会、一九九七
加藤三吾『琉球の研究』小川書店、一九四一
金久正『奄美に生きる日本古代文化』南方新社、二〇一一
河名俊男「琉球列島におけるサンゴ礁形成史と地震・津波」『先史・原史時代の琉球列島――ヒトと景観』高宮広士・伊藤慎二編、六一書房、二〇一一
菅浩伸「琉球列島のサンゴ礁形成過程」『琉球列島先史・原史時代の環境と文化の変遷』六一書房、二〇一四
喜舎場永珣『八重山民俗誌 上巻』沖縄タイムス社、一九七七
木下尚子「貝交易からみた異文化接触――温帯と亜熱帯の接触」『考古学研究』二〇〇五
久保寺逸彦「北海道アイヌの葬制――沙流アイヌを中心として」『民族學研究』日本民族学会編、一九五六
黒住耐二「胎生淡水産貝類からみた先史時代の沖縄諸島における根裁農耕の可能性」『南島考古 26号』二〇〇七
――「貝類遺体からみた沖縄諸島の環境変化と文化変化」『琉球列島先史・原史時代の環境と文化の変遷』六一書房、二〇一四
――「サンゴ礁の貝を利用し続けた沖縄の人々」『文明の盛衰と環境変動――マヤ・アステカ・ナスカ・琉球の新しい歴史像』青山和夫・米延仁志・坂井正人・高宮広士編、岩波書店、二〇一四
小島瓔禮「自然的概観」『イザイホー調査報告――久高島イザイホー民俗文化財特定調査』沖縄県教育委員会、一九七九
後藤明『「物言う魚」たち――鰻・蛇の南島神話』小学館、一九九九
――『南島の神話』中央公論新社、二〇〇二
――「海彼世界への魂の旅――オーストロネシア（南

島）語族における死者の島の諸相」『万葉古代学研究所年報』二〇〇八
小林眞『環太平洋民族誌にみる肖像頭蓋骨』里文出版、二〇〇六
西郷信綱『古代人と死――大地・葬り・魂・王権』平凡社、一九九九
酒井卯作「祝女独身性をめぐる問題」『南島研究 第十三号』一九七二
――「水撫での話」『南島研究 第十四号』一九七三
――「南島産育資料」『南島研究 第十七号』一九七六
――「宮古島多良間の入墨」『南島研究 第二十六号』一九八六
――『琉球列島における死霊祭祀の構造』第一書房、一九八七
――「幻の島――琉球の海上信仰」『琉球弧――重なりあう歴史認識』吉成直樹編、森話社、二〇〇七
――『柳田国男と琉球――『海南小記』をよむ』森話社、二〇一〇
坂井信二「アフリカの霊魂観（古代世界の霊魂観）」『アジア遊学』勉誠出版編、二〇〇九
酒井正子『奄美・沖縄――哭きうたの民族誌』小学館、二〇〇五
崎山理「オセアニア・琉球・日本の国生み神話と不完全な子――アマンの起源」『国立民族学博物館研究報告』一八巻一号、一九九三
茂野幽考「奄美大島葬制史料」『民族』民族発行所、一九二七
島尾敏雄「ヤポネシアの根っこ」『島尾敏雄全集 第一六巻 南島エッセイI』晶文社、一九八二
――「回想の想念・ヤポネシア――沖縄・奄美・東北を結ぶ底流としての日本」「ヤポネシアと琉球弧」『島尾敏雄全集 第一七巻 南島エッセイII』晶文社、一九八三
島尾ミホ『海辺の生と死』中央公論社、一九八七
島袋源七、佐喜真興英『山原の土俗 付・南島説話』沖縄郷土文化研究会、一九七〇
島袋源一郎『沖縄県国頭郡志』沖縄県国頭郡教育部会、一九一九
新里貴之「南西諸島における先史時代の墓制（II）トカラ列島・奄美諸島」『地域政策科学研究』二〇一〇
――「南西諸島における先史時代の墓制（III）沖縄諸島」『地域政策科学研究』二〇一一

鈴木大拙『日本的霊性』岩波書店、一九九三
住谷一彦・J・クライナー『南西諸島の神観念』未來社、一九九九
C・G・セリグマン *The Melanesians of British New Guinea.* 1910
薗博明「復帰後の奄美の変容」『奄美戦後史——揺れる奄美、変容の諸相』南方新社、二〇〇五
E・B・タイラー『原始文化——神話・哲学・宗教・言語・芸能・風習に関する研究』比屋根安定訳、誠信書房、一九六二
高橋恵子『沖縄の御願ことば辞典』ボーダーインク、一九九八
高橋一郎「奄美・神の行方——ノロ・異人・弁財天」『奄美学——その地平と彼方』「奄美学」刊行委員会編、南方新社、二〇〇五
高宮広士・千田寛之「琉球列島先史・原史時代における植物食利用」『琉球列島先史・原史時代の環境と文化の変遷』六一書房、二〇一四
高宮広士『島の先史学——パラダイスではなかった沖縄諸島の先史時代』ボーダーインク、二〇〇五
高良勉「うふゆー論序説」『琉球弧の喚起力と南島論』河出書房新社、一九八九
田中仁彦『ケルト神話と中世騎士物語——「他界」への旅と冒険』中央公論社、一九九五
棚瀬襄爾『他界観念の原始形態——オセアニアを中心として』京都大学東南アジア研究センター、一九六六
谷川健一『南島文学発生論』思潮社、一九九一
——『民俗の思想——常民の世界観と死生観』岩波書店、一九九六
——『日本人の魂のゆくえ——古代日本と琉球の死生観』冨山房インターナショナル、二〇一二
——『蛇　不死と再生の民俗』冨山房インターナショナル、二〇一二
田畑英勝『奄美大島昔話集・全国昔話資料集成』岩崎美術社、一九七五
——『奄美の民俗』法政大学出版局、一九七六
田村浩『琉球共産村落之研究』岡書院、一九二七
E・デュルケム『宗教生活の原初形態 上・下』古野清人訳、岩波書店、一九七五
樋泉岳二「脊椎動物遺体からみた琉球列島の環境変化と文化変化」『琉球列島先史・原史時代の環境と文化の変遷』六一書房、二〇一四
当山昌直「沖縄島の古風葬とオカヤドカリ類との関連

について（予報）」『史料編集室紀要』沖縄県文化振興会史料編集室編、二〇〇六
登山修『蘇刈（奄美大島瀬戸内町）民俗誌』瀬戸内町教育委員会、一九七八
――『奄美民俗の研究』海風社、一九九六
鳥越憲三郎『琉球宗教史の研究』角川書店、一九六五
N・ナウマン『生の緒――縄文時代の物質・精神文化』檜枝陽一郎訳、言叢社、二〇〇五
中沢新一『森のバロック』せりか書房、一九九二
――『神の発明　カイエ・ソバージュⅣ』講談社選書メチエ、二〇〇三
――『対称性人類学　カイエ・ソバージュⅤ』講談社、二〇〇四
――『古代から来た未来人　折口信夫』筑摩書房、二〇〇八
――「ムスビの神による人類教」『現代思想』二〇一四
仲原善忠『仲原善忠全集　民俗篇 第三巻』沖縄タイムス社、一九七八
仲松弥秀『神と村』伝統と現代社、一九七五
――『古層の村――沖縄民俗文化論』沖縄タイムス社、一九七七
――「沖縄のグスクと聖域」『日本考古学論集9』斎藤忠編、吉川弘文館、一九八七
西田正規『人類史のなかの定住革命』講談社、二〇〇七
N・A・ネフスキー『月と不死』平凡社、一九七七
野口才蔵『与論島の俚諺と俗信』一九八二
昇曙夢『大奄美史――奄美諸島民俗誌』南方新社、二〇〇九
萩原秀三郎『地下他界――蒼き神々の系譜』工作舎、一九八五
U・ハルヴァ『シャマニズム――アルタイ系諸民族の世界像1・2』田中克彦訳、平凡社、二〇一三
比嘉政夫『沖縄民俗学の方法――民間の祭りと村落構造』新泉社、一九八二
比嘉康雄『日本人の魂の原郷・沖縄久高島』集英社、二〇〇〇
東恩納寛惇「琉球人名考」『東恩納寛惇全集6』琉球新報社編、第一書房、一九九三
L・A・フォイエルバッハ『フォイエルバッハ全集第3巻』船山信一訳、福村出版、一九七四
福寛美『沖縄と本土の信仰に見られる他界観の重層性』DTP出版、二〇〇三
レヴィ・ブリュル『未開社会の思惟 上・下』山田吉

彦訳、岩波書店、一九九一
――*Die Seele der Primitiven.*「霊魂観の研究史（ハンス・フィッシャー）」『東北宗教学3』相澤里沙訳、二〇〇七
J・G・フレイザー『初版金枝篇 上』吉川信訳、筑摩書房、二〇〇三
――*The Belief in Immortality and the Worship of the Dead. v. 2. The Belief Among the Polynesians.* 1913
前花哲雄「定説に対する疑問」『八重山文化論集』八重山文化研究会、一九七六
増田和彦「新城島上地の来訪神」『日本民俗学』一九八七
松木武彦『列島創世記――旧石器・縄文・弥生・古墳時代』小学館、二〇〇七
松島泰勝『琉球独立論』バジリコ、二〇一四
松本信広「柳田國男の『海南小記』と『海上の道』」『どるめん13号』一九七七
松山光秀『徳之島の民俗1・2』未來社、二〇〇四
馬淵東一「沖縄の穀物起源説話」『馬淵東一著作集 第二巻』社会思想社、一九七四
B・マリノフスキー『未開家族の論理と心理』青山道夫・有地亨訳、法律文化社、一九六七
――『未開人の性生活』泉靖一、他訳、新泉社、一九七八
――『バロマ――トロブリアンド諸島の呪術と死霊信仰』高橋渉訳、未來社、一九八一
――『マリノフスキー日記』谷口佳子訳、平凡社、一九八七
――『西太平洋の遠洋航海者――メラネシアのニュー・ギニア諸島における、住民たちの事業と冒険の報告』増田義郎訳、講談社学術文庫、二〇一〇
K・マルクス『経済学・哲学草稿』長谷川宏訳、光文社、二〇一〇
R・R・マレット『宗教と呪術――比較宗教学入門』竹中信常訳、誠信書房、一九六四
三木成夫『ヒトのからだ――生物史的考察』うぶすな書院、一九九七
――『胎児の世界――人類の生命記憶』中央公論社、一九九八
――『内臓とこころ』河出書房新社、二〇一三
S・ミズン『心の先史時代』松浦俊輔・牧野美佐緒訳、青土社、一九九八
南方熊楠「トーテムと命名」『南方熊楠コレクション

Ⅳ（動と不動のコスモロジー）』中沢新一編、河出書房新社、一九九一
源武雄「宮古島の民俗――産育と葬祭を中心として」『南島論叢』沖縄日報社、一九三七
宮城正勝「琉球語の「チム（肝）について」『猫々だより99』猫々堂、二〇一〇
宮良高弘「八重山群島におけるいわゆる秘密結社について」『〈沖縄〉論集成　叢書わが沖縄　第五巻』谷川健一編、日本図書センター、二〇〇八
村瀬学『「食べる」思想――人が食うもの・神が喰うもの』洋泉社、二〇一〇
目取真俊『風音』リトル・モア、二〇〇四
マルセル・モース『贈与論　他二篇』森山工訳、岩波書店、二〇一四
森山公夫「解離論の新構築」『解離の病理――自己・世界・時代』柴山雅俊編、岩崎学術出版社、二〇一二
――「トーテミズムと人類文化の発祥（2）」『精神医療』二〇一四
D・モントゴメリー『土の文明史』片岡夏実訳、築地書館、二〇一〇
柳田國男『海上の道』岩波書店、一九七八
――「先祖の話」『柳田國男全集13』筑摩書房、一九九七
――『南島旅行見聞記』酒井卯作編、森話社、二〇〇九
山崎幸治「アイヌの霊魂観（古代世界の霊魂観）」『アジア遊学』勉誠出版編、二〇〇九
山下欣一『南西諸島の兄妹始祖説話をめぐる問題』昔話伝説研究会、一九七一
――『奄美のシャーマニズム』弘文堂、一九七七
――『奄美説話の研究』法政大学出版局、一九七九
山下文武『奄美の針突――消えた入墨習俗』まろうど社、二〇〇三
山田実『与論島の生活と伝承』桜楓社、一九八四
山田康弘『人骨出土例にみる縄文の墓制と社会』同成社、二〇〇八
吉田敦彦『縄文土偶の神話学――殺害と再生のアーケオロジー』名著刊行会、一九八六
吉成直樹・石井龍太「琉球列島における喫煙習俗の多角的研究」『財団法人たばこ総合研究センター助成研究報告』二〇〇九
吉成直樹『マレビトの文化史――琉球列島文化多元構成論』第一書房、一九九五

――『琉球民俗の底流――古歌謡は何を語るか』古今書院、二〇〇三
――『琉球の成立――移住と交易の歴史』南方新社、二〇一一
吉野裕子『日本人の死生観――蛇信仰の視座から』講談社、一九八二
吉本隆明『カール・マルクス』試行出版部、一九六六
――『共同幻想論』角川書店、一九八二
――「詩魂の起源」「現代詩手帖」一九八七
――「南島論」『〈信〉の構造3〈全天皇制・宗教論集成〉』春秋社、一九八九
――『アフリカ的段階について――史観の拡張』春秋社、一九九八
――「島・列島・環南太平洋への考察」『日本の島島宇宙が育む日本文化、再発見』二〇〇三
――『ハイ・イメージ論1』筑摩書房、二〇〇三
――『母型論』思潮社、二〇〇四
――『南島論　吉本隆明資料集99』猫々堂、二〇一〇
――『吉本隆明〈未収録〉講演集2〈心と生命について〉』筑摩書房、二〇一五
吉本隆明・梅原猛・中沢新一『日本人は思想したか』新潮社、一九九九
A・R・ラドクリフ＝ブラウン *The Andaman Islanders: a Study in Social Anthropology*. 1922
M・レーナルト『ド・カモ――メラネシア世界の人格と神話』坂井信三訳、せりか書房、一九九〇
C・レヴィ＝ストロース『構造人類学』荒川幾男（等）訳、みすず書房、一九七二
――「われらみな食人種」『思想』二〇〇八
――『パロール・ドネ』中沢新一訳、講談社、二〇〇九
R・ローラー『アボリジニの世界――ドリームタイムと始まりの日の声』青土社、二〇〇二
湧上元雄「祭祀・年中行事の位相」『沖縄――自然・文化・社会』九学会連合沖縄調査委員会編、弘文堂、一九七六
――『沖縄民俗文化論――祭祀・信仰・御嶽』榕樹書林、二〇〇〇
『アイヌ神謡集』知里幸惠編訳、岩波書店、二〇〇九
『現代語訳古事記』福永武彦訳、河出書房新社、二〇〇三
『日本昔話通観　第二六巻（沖縄）』稲田浩二、小沢俊夫責任編集、同朋舎出版、一九八三

著者紹介

喜山荘一（きやま・そういち）

1963年、与論島生まれ。マーケター。東京工業大学工学部卒。西武百貨店、ドゥ・ハウス、ぐるなび、ノバレーゼを経て、現在、マーケティング・クオリア代表。ユーザーの声を起点にしたマーケティング活動を行なう。著書に、『奄美自立論』、『ビートルズ――二重の主旋律』、『聞く技術』、『10年商品をつくるBMR』等がある。

blog（与論島クオリア）

http://manyu.cocolog-nifty.com/yunnu/

E-mail soichi.manyu@gmail.com

珊瑚礁《さんごしょう》の思考《しこう》――琉球弧《りゅうきゅうこ》から太平洋《たいへいよう》へ

2015年12月30日　初版第1刷発行©

著　者　喜山荘一

発行者　藤原良雄

発行所　株式会社 藤原書店

〒162-0041　東京都新宿区早稲田鶴巻町523

電　話　03（5272）0301

FAX　03（5272）0450

振　替　00160-4-17013

info@fujiwara-shoten.co.jp

印刷・製本　中央精版印刷

落丁本・乱丁本はお取替えいたします

定価はカバーに表示してあります

Printed in Japan

ISBN978-4-86578-056-7

琉球文化の歴史を問い直す

別冊『環』❻

琉球文化圏とは何か

〈対談〉清《ちゅ》らの思想　海勢頭豊＋岡部伊都子

〈寄稿〉高嶺朝一／来間泰男／宇井純／浦島悦子／安里英子／石垣金星／渡久地明／高江洲義英／松島泰勝／名護博／嘉手納安男／安里進／真久田正／豊見山和行／後田多敦／比嘉道子／又吉盛清／島袋まりあ／前利潔／下地和宏／石垣博孝／上勢頭芳徳／米城惠／比嘉政夫／西岡敏／波照間永吉／具志堅邦子／金城須美子／ルバース吟子／高嶺久枝／前嵩西一馬／多和田真助／田川満信一／島袋純／高良勉／屋嘉比収／目取真俊／仲康博／与那嶺功／米倉外昭／幸喜良秀／仲本瑩／宮城公子／西里喜行／比屋根照夫／伊佐眞一／石川友紀／中根学／真栄平房昭／三木健／宮城信勇／稲福日出夫／宮城晴美／由井晶子／新崎盛暉

〈シンポジウム〉岡部伊都子／川勝平太／松島泰勝／櫻井よしこ／上原美智子／我部政明／仲地博／大城常夫／高良勉

菊大並製　三九二頁　**三六〇〇円**
（二〇〇三年六月刊）
◇978-4-89434-343-6

沖縄から日本をひらくために

真振　MABUI

海勢頭豊
写真＝市毛實

沖縄に踏みとどまり魂（ＭＡＢＵＩ）を生きる姿が、本島や本土の多くの人々に深い感銘を与えてきた伝説のミュージシャン、初の半生の物語。喪われた日本人の心の源流である沖縄の、最も深い精神世界を語り下ろす。

＊ＣＤ付「月桃」「喜瀬武原」

Ｂ５変並製　一七六頁　**二八〇〇円**
（二〇〇三年六月刊）
◇978-4-89434-344-3

卑弥呼はヤマトの救世主だった！

卑弥呼コード

龍宮神黙示録

海勢頭豊

沖縄の聖域ウタキと日本の聖地との係りから、卑弥呼は沖縄の平和思想を広め、倭国の世直しをした救世主だったことを明かす。平安座島の龍宮神を祀る家に生まれた著者が、島の言葉やしきたりの謎を解いていくドキュメンタリーに、小説「神の子姫子の物語」を織り交ぜ、ヤマトが知らなかった卑弥呼の真実に迫る。

Ａ５並製　三七六頁　**二九〇〇円**
（二〇一一三年五月刊）
◇978-4-89434-916-2

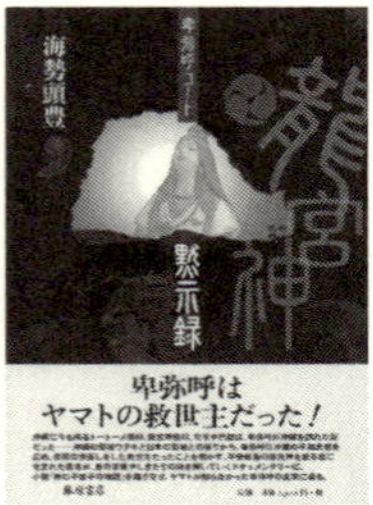

いま、琉球人に訴える！

琉球の「自治」

松島泰勝

軍事基地だけではなく、開発・観光のあり方から問い直さなければ、琉球の平和と繁栄は訪れない。琉球と太平洋の島々を渡り歩いた経験をもつ琉球人の著者が、豊富なデータをもとにそれぞれの島が「自立」しうる道を模索し、世界の島嶼間ネットワークや独立運動をも検証する。琉球の「自治」は可能なのか!?

附録　関連年表・関連地図

四六上製　三五二頁　**二八〇〇円**
（二〇〇六年一〇月刊）
◇978-4-89434-540-9